Wiltrud Miethke

Quantenzauber

Brücke zwischen Spiritualität und Wissenschaft

Bitte fordern Sie unser kostenloses Verlagsverzeichnis an:

Smaragd Verlag
In der Steubach 1
57614 Woldert (Ww.)
Tel.: 02684-97848-10
Fax: 02684-97848-20
E-Mail: info@smaragd-verlag.de
www.smaragd-verlag.de

Oder besuchen Sie uns im Internet unter der obigen Adresse.

© Smaragd Verlag, 57614 Woldert (Ww.)
Deutsche Erstausgabe: Juni 2012
Cover: pre Data
(Unter Verwendung des Lichtsymbols von
sangermaine – Mode im Licht.
Sabine und Sandra Theile
Umschlaggestaltung: preData
www.sangermaine.com)
Foto Autorin: Nele Bendgens
Satz: preData
Printed in Czech Republic
ISBN 978-3-941363-76-2

Wiltrud Miethke

Quantenzauber

Brücke zwischen Spiritualität und Wissenschaft

Smaragd Verlag

Über die Autorin

Wiltrud Miethke ist Jahrgang 1946. Seit 1987 befasst sie sich mit spirituellen Themen, ist hellhöriges Medium und hat zahllose Artikel über Wellness und Spiritualität verfasst. Sie ist Diplompolitologin, war TV-Journalistin und Chefredakteurin, unter anderem der „Apotheken-Umschau" und der „Zentralen Food-Redaktion" im Bauer Verlag in Hamburg. Veröffentlichungen: „Karma-Clearing – Die Geheimnisse der Lichtarbeit" und der Roman „AKASHA-Code". Sie lebt auf Mallorca und in Düsseldorf.

w.miethke@gmx.net.

INHALT

Vorwort

Wir leben in einer verrückten Welt. Viele Menschen reden von schrecklichen Ereignissen, die am Ende des Jahres 2012 auf uns zukommen sollen, weil uns die Maya ein Kalendersystem überliefert haben, das uns angeblich das Ende der Welt ankündigt.

Dabei haben die Maya nur auf ein „Zeitfenster" hingewiesen und das Ende eines Zeitalters berechnet. Um die damit verbundenen Schwierigkeiten zu erkennen, brauchen wir eigentlich keine alten Kalender, sondern müssen uns nur in unserer Welt umschauen: Finanz- und Wirtschaftssysteme brechen zusammen, die Kontraste zwischen Arm und Reich werden immer größer, die Atomkraft gleitet uns aus den Händen, die medizinisch-pharmazeutische Forschung beherrscht die Welt, und das Gesundheitssystem ist so krank, dass es sich gerade noch selbst erhält. Immer mehr Naturkatastrophen schütteln unsere Welt. Das sind nur einige Erscheinungen, die unsere Zivilisation betreffen.

Wir leben bereits im Armageddon, und jeder Einzelne von uns hat mit den Wogen zu kämpfen, die sein Leben, seine Lieben, ja, seine ganze Welt überrollen.

Gleichzeitig erleben wir eine Zeit, in der sich Menschen immer mehr ihrem Glauben zuwenden – Spiritualität jeder Couleur, Engel, Maria, Jesus und andere Aufgestiegene Meister in ihr Leben treten lassen und damit Heilung auf allen Ebenen erfahren. Was für ein Kontrastprogramm!

Die moderne Forschung versucht, Wunder durch wissenschaftliche Methoden zu beweisen, dabei werden kleine Pflanzen oft durch groß angelegte Doppelblind-Studien erschlagen. Ganz am Rande der gigantischen Forschungsindustrie ist es jedoch spirituellen Forschern gelungen, „en passant" die Geheimnisse uralter Mysterienkulte durch die moderne Quantenphysik zu beweisen. Das habe ich auf der Suche nach meiner eigenen Wirklichkeit entdeckt und für Sie in einem rasanten Zeitraffer durch die jüngste Geschichte der Esoterik zusammengefasst.

Sie profitieren also mit diesem Buch über den QUANTENZAUBER von meinem eigenen Entzücken an den vielfältigen Brücken zwischen uralten magischen Formeln und Geheimnissen und brandneuen, astro- beziehungsweise quantenphysikalischen Erkenntnissen. Davon gibt es bereits so viele, und ich wundere mich, dass noch kein Forscher auf den Gedanken gekommen ist, das Wissen aus den sogenannten Smaragdtafeln des Hermes Trismegistos zur „Theory of Everything" zu deklarieren und es dann zum Nobelpreis einzureichen. Aber vielleicht haben wir keine Zeit mehr dazu?

Selbsternannte Propheten nehmen den Maya-Kalender zum Anlass, uns vor dem Untergang unserer Erde durch Kometen, Sintfluten, kosmische Strahlung, tödliche Sonnenwinde, Polsprung, Erdplattenverschiebungen und vor allem dem Zusammenbruch unseres Erdmagnetfelds zu warnen. Das ist nicht ganz aus der Luft gegriffen, und ich habe mich hier mit diesen Themen beschäftigt, denn auch der Maya-Kalender hat mit Quanten- und Astrophysik zu tun.

Ich entdeckte, dass die Berechnungen der Maya uns eher neue Hoffnungen und Informationen geben, als dass sie uns in die Katastrophe entlassen. Sie zeigen uns, dass wir uns mit jedem neuen Zeitalter weiterentwickeln, aufsteigen, näher zu den Göttern kommen. Das entspricht vielen anderen Voraussagen. Und ich bin sicher, dass gleichzeitig auf zellulärer und galaktischer Ebene etwas Wichtiges mit uns Menschen geschieht, denn die Zeit ist reif, das haben meine Recherchen und die vieler anderer aufmerksamer Zeitgenossen ergeben. Ob *wir* für die Zeit reif sind, ist eine andere Geschichte.

Es wird gesagt, dass Energie dem Bewusstsein folgt. Darum weigern sich viele Lichtarbeiter, auch nur einen Gedanken auf diese Warnungen zu verschwenden, sich etwa den Keller mit Kerzen, Kartoffeln oder anderen wichtigen Vorräten für Katastrophenfälle vollzupacken. Das mache ich auch nicht. Aber ich informiere mich, um nicht ganz blauäugig in die nächsten Zeiten zu dackeln. Denn es geschieht etwas mit unserer Mutter Erde, daran ist nicht zu rütteln. Und in diesem Buch werde ich Ihnen erzählen, was geschieht und wie wir uns darauf vorbereiten können. Ohne in große Panik zu verfallen.

Die spirituelle Szene hat viele sehr praktische Ratschläge und Erkenntnisse parat, die jedem Menschen guttun, wenn er sich ihnen öffnet. Ich beschäftige mich seit über 25 Jahren mit Spiritualität – notgedrungen, weil ich plötzlich hellhörig wurde und natürlich wissen wollte, warum mir das geschieht und was los ist in dieser spirituellen Welt. Dadurch wurde ich bestens vorbereitet auf diese Zeit.

Um auch Ihnen eine Überblick zu verschaffen, habe ich all mein Wissen hier zusammengetragen, um uns allen die Angst zu nehmen und ins Vertrauen zu kommen. Denn alles geht nach einem großen Plan, und alles hat seinen Sinn. Wir stehen mitten in einem großen Menschheitsspiel, das wir umso besser mitspielen können, je mehr wir die Regeln verstehen.

Es steht uns allen ein Bewusstseinssprung bevor. Das ist die wichtigste Erkenntnis meiner Suche. Und unsere Wissenschaftler sind dabei, sich immer mehr den Erkenntnissen der alten Meister anzunähern. Und wenn wir „Normalos" in unserem Herzen zentriert bleiben, können uns auch die dunklen Mächte, die in allen Verschwörungstheorien heraufbeschworen werden, nichts anhaben. Denn in unserem Herzen sind wir alle miteinander, mit der Erde und dem Herzen der Galaxis verbunden. Das lässt sich wissenschaftlich nachweisen. Lassen Sie sich hier nicht irritieren!

Immer wieder werden unsere Ängste geschürt und ein drohendes Armageddon heraufbeschworen, weil panische Menschen sich so schön kontrollieren und ausnutzen lassen, um Neuerungen einzuführen, die angeblich unserer Sicherheit dienen.

Dieses Mal ist es der Maya-Kalender, der immer wieder zitiert wird. Dabei haben die Maya lediglich das Ende eines Zeitalters angekündigt, keinen Weltuntergang! Und dennoch geschieht etwas mit uns und unserer Erde am Ende dieses Zeitalters. Und darauf können wir uns sehr bewusst einstellen.

Ich war lange Zeit Einzelkämpferin und habe nach ersten bitteren Erfahrungen mit der spirituellen Welt versucht, die Hintergründe meiner vielen unerklärlichen Erlebnisse zu recherchieren. Das war vor 25 Jahren kaum möglich, alles wurde als Unsinn abgetan und belächelt. Einzig einige Heilpraktiker wussten, wovon ich sprach, und die Jünger der indischen Gurus, die auf der Suche nach dem Sinn des Lebens der westlichen Karrierewelt in Richtung Asien entflohen waren.

Bis zur Jahrtausendwende hatten die meisten „Normalbürger" nur ein müdes Lächeln für die spirituelle Bewegung und die daraus entstandenen vielen neuen Therapieformen übrig. Das bedeutete: Tausende von „logischen" Erklärungen für Wunder und seelisch Bewegendes. Außenseiterdasein für diejenigen – meist Frauen –, die bemerkten, dass mehr dahinter steckte als eine Fluchtbewegung Stressgeplagter.

Hunderte neugieriger Westler, die indischen Gurus folgten, die ihnen die Kopflastigkeit austrieben und selige Nirwana-Zustände zum neuen Ziel erklärten. Natürlich auch viele warnende Zeitungsartikel, die die Umtriebigkeit und korrupte Art dieser Gurus anprangerten, ohne dass die Autoren wussten, was wirklich hinter diesen Lehren steckte und was in den „Ashrams" gelehrt wurde. Ein gewaltiger Esoterik-Boom, der wider Erwarten in der Buchbranche begann und den man sich offiziell mit der „Sinnsuche-Lücke" erklärte, die von der ihren Einfluss verlierenden katholischen Kirche hinterlassen wurde. Nach der Jahrtausendwende brach der Boom abrupt ab nach dem Motto: „Wir sind noch einmal davongekommen", doch viele Erwachte machten weiter – zuerst als Einzelkämpfer und dann immer mehr in Gruppen.

Ich war Journalistin und arbeitete von 1984 bis 1988 für das erste deutsche Privatfernsehen. Es war eine aufregende Zeit. Wir erfanden morgens früh bei der Konferenz die Sendungen, drehten sie in der Mittagszeit, vertonten und schnitten am Nachmittag und präsentierten und moderierten am gleichen Abend. Das ging so drei bis vier Jahre, wurde immer professioneller und steigerte sich von Tag zu Tag, natürlich auch übers Wochenende; die Tendenz zur Selbstausbeutung und der Spaß verwandelten sich in absoluten Stress. Ich war plötzlich nicht mehr so gesund, dann brach auch noch eine große Liebe entzwei. Ich war furchtbar traurig, biss jedoch tapfer die Zähne zusammen und machte weiter.

Eine alte Dame, die ich kennenlernte, als wir eine Sendung über Übersinnliches machten, schenkte mir ein Pendel. Ich machte natürlich alle möglichen Versuche mit diesem Ding. Eines Abends bemerkte ich, dass es sich alleine bewegte, es schrieb Buchstaben, und daraus entwickelte sich das sogenannte Astralschreiben bei mir: Ich schrieb mit meiner eigenen Hand wie unter Zwang meine eigenen früheren Leben auf, ohne dass ich wusste, was da geschah. Und dann erlebte ich plötzlich seltsame Dinge in meinem kleinen süßen Hexenhäuschen. Ich hörte plötzlich Stimmen und sah Gespenster, war auf dem Weg, durchzudrehen und verrückt zu werden. Dieser Zustand zog sich über viele Wochen hin und blieb auch manchen

Kollegen nicht verborgen. Heute würde ich sagen: Ich hatte eine Aura wie ein löchriger Käse und musste mich alle anderthalb Stunden geistig kräftig „putzen", um diese Geister loszuwerden.

Meine Aura war so brüchig, dass sich fremde Energien an mich gehängt hatten. Ich war im wahrsten Sinne des Wortes „besetzt" und hatte große Probleme, das, was an mir hing, wieder loszuwerden – so, wie einige junge Leute, die das Gläserrücken-Spiel machen und Tote um ihr Erscheinen bitten. Nur hatte ich es unfreiwillig auf mich gezogen und wurde erst dadurch, dass mir jemand das Meditieren beibrachte, einigermaßen stabil. Später begegnete ich sogenannten Lichtarbeitern, die mir erklärten, was mit mir geschehen war, und mir dann die Technik beibrachten, mich von diesen fremden Seelen zu befreien. Liebevoll und nicht wie die wilden Exorzismen mancher Priester, die dabei die besessene Person meist mit zerstören.

Seitdem kann ich mich nach Belieben aus unserer Dritten Dimension in die sogenannte Astralwelt, die Vierte Dimension, einklinken und mich mit verstorbenen Seelen unterhalten, die ihren Weg nicht ins Licht oder zu Gott gefunden haben und stattdessen an Menschen hängen, die sie lieben oder hassen und nicht loslassen können. Eine sehr heilsame Gabe, denn es gibt mehr Menschen, die unter diesen Erscheinungen leiden, als Sie sich vorstellen können. Die Nervenheilanstalten sind voll davon. Aber dieser Gang in die andere, in die Astralwelt (Vierte Dimension), ist auch sehr gefährlich. Wer nicht richtig damit umgeht, bringt zu viel Seelenmüll von dort mit zurück.

Ich habe es in den letzten Jahren vorgezogen, meinen Weg in die Fünfte statt in die Vierte Dimension einzuüben und diesen Weg auch für andere vorzubereiten.

Warum erzähle ich Ihnen das alles?

Weil ich durch eigene Erfahrungen gemerkt habe, dass man diesen Zustand weder ertragen, noch mit Tonnen von Medikamenten bekämpfen muss. Ich gehe davon aus, dass in den nächsten Jahren die Lichtarbeit, die mir damals geholfen hat, so selbstverständlich wird wie eine Operation und diese irgendwann vielleicht sogar ersetzen wird.

Ich habe also nicht nur selbst erlebt, was es heißt, eine Sensitive, Spirituelle oder ein Medium zu sein, sondern auch in unzähligen Büchern, Seminaren und Gesprächen viele Hinweise gefunden, warum und wie das Unsichtbare arbeitet. Und eine erstaunliche Welt dabei entdeckt.

Um es gleich zu sagen: Ich bin der Ansicht, dass wir keine Angst vor Zerstörung in den nächsten Jahren haben müssen, wenn wir uns richtig vorbereiten. Es ist gar nicht so schwer, unser Karma zu erkennen und trotz aller Anfechtungen und Probleme in unserer Mitte zu bleiben. Und uns vor allem nicht verrückt machen zu lassen von den vielen Weltuntergangsprognosen, die uns zurzeit von allen Seiten bedrängen. Wenn wir die Erscheinungen dieses Übergangs richtig einordnen können, seine zerstörerischen Kräfte für unsere Weiterentwicklung nutzen, wie Karatekämpfer die Angriffskraft ihrer Gegner, und anderen helfen, die härtesten Auswirkungen gemeinsam zu überstehen, werden wir den Quantensprung* in eine andere Welt bald sehr bewusst erleben können.

Wir sind mitten im „Zeitfenster" zu einer anderen Welt, in der wir verstehen werden, auf welches gigantische Spiel wir uns eingelassen haben. Wie seine Komponenten aussehen, die Abläufe, Regeln, Bausteine und Gesetze. Und wie wir damit leben und unser Leben dennoch genießen können. Damit wir als Sieger und nicht als Verlierer aus diesem Spiel herauskommen.

---

* Umgangssprachlich wird heute von einem *Quantensprung* gesprochen, wenn von einem großen oder ungewöhnlichen Fortschritt die Rede oder eine neue Stufe einer Entwicklung zu bezeichnen ist. Diese Metapher ist zwar verbreitet, aber falsch. Wir haben dieses Wort in unserem Text dennoch gebraucht, da es sich im Alltag mittlerweile durchgesetzt hat.

Die Zeitenwende

Vor einigen Wochen sprach mich ein alter Freund auf die Voraussagen der Maya für den 21. Dezember 2012 an. Er meinte, dass diese Panikmache doch übler Humbug sei und „bei allem Respekt vor dem esoterischen Glauben" nichts, aber auch gar nichts zu diesem Termin geschehen würde. Das wäre doch wie der 31. Dezember 1999 und die damalige Computer-Hysterie: viel Lärm um nichts. Und er würde den Teufel tun, sich auf den Weltuntergang vorzubereiten. Ob ich denn auch dieser „Religion" verfallen sei?

Er wusste, dass ich mich seit über 20 Jahren mit spirituellen Themen und wissenschaftlichen Erkenntnissen im Zusammenhang mit Spiritualität befasse. Ich erklärte ihm ganz ruhig, ich würde davon ausgehen, dass dieses Datum der Maya von sehr weisen Menschen erarbeitet worden sei und eine Art Zeitfenster beschreibe. Das Datum sei das Ende einer Zeitrechnung, die unsere Welt in Zyklen sieht, und das Ende unseres Zeitalters zugleich der Anfang einer Neuen Zeit.

Die Maya besaßen nicht nur ein sehr komplexes Schriftsystem, sondern kannten sich mit astronomischen Berechnungen über Jahrtausende hinweg sehr gut aus. Sie errechneten die Umlaufbahnen aller Planeten exakt, und das ohne unsere technischen Hilfsmittel. Sie entwickelten drei Kalender, die unsere Historiker in große Verwirrung gestürzt haben. Das ist alles in vielen Büchern nachzulesen, die auf der Vorlage unter anderem des

Dresdner Codex entstanden sind. Das Original steht in der sächsischen Landes- und Universitätsbibliothek in Dresden.

Der wichtigste der drei Maya-Kalender ist der Tzolkin. Er berechnet mit der „Langen Zählung" die Tage und Jahre vom Schöpfungsdatum an. Das wäre – nach unserem gregorianischen Kalender berechnet – am 13. August 3.114 vor Christus gewesen. Der Tzolkin endet am 21.12.2012. Das ist bald. Er geht damit über den Zeitraum von 5.125 Jahren, einen Zeitraum, den die Astronomen der Maya oder ihre Vorgänger mit Hilfe ihrer Himmelsbeobachtungen berechneten. Sie kannten bereits die Präzession der Äquinoktien (Frühlingsbeginn), die jeweils 2.000 Jahre andauernde Wanderung unserer verlängerten Erdachse durch den Tierkreis – sie dauert insgesamt 26.000 Jahre vom Widder bis zu den Fischen. Dann kommt das Wassermannzeitalter, in dem wir uns jetzt befinden.

Die geheimnisvolle Welt der Maya

Die Geschichte der Maya zieht sich über 1500 Jahre hinweg, ihre Zivilisation ist nur von cirka 600 vor bis 900 nach Christus nachweisbar. Wir kennen sie von über 300 Fundorten: Tempeln, Gräbern, Stelen, Palästen und lianenüberwucherten Relieftrümmern und Ballspielplätzen in Tikal, Palenque, Chichen Itza, Tulum, Cohan oder Monte Albán. Nur wenige Texte entgingen der Vernichtungsaktion der goldbesessenen Spanier.

Als Hernando Cortez im Jahr 1518 mit elf Schiffen, 500 Soldaten und einigen Pferden über das Land auf der Halbinsel Yucatán herfiel und auf seiner wahnhaften Suche nach Gold eroberte, was von den Städten noch übrig geblieben war, war das große Volk der Maya längst verschwunden: in alle Winde zerstreut, an Seuchen gestorben, von Dürre und ständigen Bürgerkriegen aufgerieben oder gar von den Göttern vernichtet. Die übrig gebliebenen kleinen Siedlungsgemeinschaften besaßen viele Texte, die allerdings von den Eroberern in ihrem inquisitorischen Wahn systematisch vernichtet wurden.

Lediglich die akribischen Aufzeichnungen des Bischofs Diego de Landa (Bericht aus Yucatan), den wohl angesichts der Zerstörungen das schlechte Gewissen packte, zeichnen uns heute noch ein Bild vom Leben der Maya. Er schilderte sie als kindlich zurückgeblieben, teufelsbesessen, schamlos und gefährlich in ihrer heidnischen Götzenverehrung. Vor allem die eigenwilligen Festtagszeremonien der Maya-Priester mit ihren horrenden Besäufnissen und Ritualen hatten es ihm angetan, bei denen Ohrläppchen, Zungen und Geschlechtsorgane durchstochen wurden, um den Göttern beziehungsweise dem Teufel Blut zu opfern. De Landa war nicht der Einzige, der über diese heidnischen Sitten berichtete, denn diese lieferten den Spaniern die Gründe für ihre brutalen Morde. Er war aber der Erste, der über das erstaunliche Kalendersystem berichtete und die Hieroglyphen zu entziffern versuchte.

Vor den vernichtenden Zugriff der Spanier gerettet wurden die verschiedenen Codices – doppelseitig bemalte Faltblätter –, auf denen die Maya ihr astronomisches Wissen von Sonnen- und Mondfinsternissen, Umdrehungen der Venus und des Mars um die Erde und astrologische Weissagungen hinterließen. Sie werden heute in Mexiko, Madrid, Paris und vor allem in Dresden aufbewahrt (sächsische Universitäts- und Landesbibliothek).

Erhalten ist auch das Chilam Balam – eine im 16. bis zum 18. Jahrhundert von den Nachfahren der Maya zusammengestellte Textsammlung, in der unter anderem der Hinweis zu finden ist, dass die Götter wiederkommen werden. Und das berühmte Popol Vuh (Buch der Gemeinschaft beziehungsweise der gemeinen Dinge) der Quiche-Maya mit dem Schöpfungsmythos, der von einem Ort namens Tulan „jenseits des Meeres" kommen soll. Das ist alles, was uns von den Maya-Texten übrig geblieben ist.

Die Entzifferung ihrer Hieroglyphen war ein internationales Rennen um die Zeit, das unter Archäologen und Maya-begeisterten Laien ausgetragen wurde. Die Schriften wurden auf Türstürzen, Treppensäulen, in den geretteten

Faltbüchern oder auf unzählig wunderschönen Keramiken entdeckt. Sie ähneln in ihren fast barocken Formen den orientalischen Hieroglyphen und werden in Zweierkolonnen von oben nach unten und von links nach rechts gelesen. Sie haben oft zwei- bis vierfache Bedeutungen. Beispielsweise bedeutet „chan": der Hund, der Himmel oder die Zahl Vier.

Die Hieroglyphen erzählen vor allem von der Geschichte der Herrscherhäuser, ihren Verbindungen untereinander, ihren Kriegen, Eroberungen, Gefangennahmen, todbringenden Ballspielen und Opferritualen. Aber auch vom Schöpfungsmythos und den Riten bei den vielen Festen ihrer Götter.

Die kalligrafische Schönheit der Bilderschrift und ihre poetischen Feinheiten fielen weitestgehend der Zerstörungswut der spanischen Konquistadoren zum Opfer, es gab Wahrsagebücher, Geschichtsbücher und vor allem die kleinen Bildgeschichten auf den Keramikgefäßen. Man „beseelte" zum Beispiel Kakaogefäße durch die Bemalung.

Das Volk, das so viele Rätsel hinterließ, an denen sich unsere Archäologen heute noch die Zähne ausbeißen, hatte nur eine kurze Blütezeit: von 300 bis 900 nach Christus, also ganze 600 Jahre. In ihrer besten Zeit bewohnten etwa 20 Millionen Maya eine Fläche, die der heutigen Bundesrepublik entspricht. Ihre Kultur war hoch entwickelt und vergleichbar mit der sumerischen, griechischen und ägyptischen Hochkultur. Ihre Kunst- und Bauwerke wurden in den Anfängen von den Azteken und deren Hauptstadt Teotihuacan beeinflusst, entwickelten dann aber ein künstlerisches Eigenleben mit klassischen Merkmalen.

Die Maya-Architektur – heute verblasst und von Jahrhundertelangen Regenfällen verschlammt – soll früher mit strahlenden Farben ausgestattet gewesen sein. Sie zeichnet sich durch fast barock anmutende Reliefstrukturen im üppigem Mörtel/Kalkmauerwerk aus, vor allem die Paläste, deren Innenräume vergleichsweise klein waren, dicke Mauern und viele zum Himmel geöffnete Außenbezirke besaßen und für ihre Oberschicht, die Herrscherdynastien und die Priester, gebaut wurden.

Es fanden unzählige Kriege um die Kontrolle der Handelswege für Nahrungsmittel, Kakao, Jade, Obsidian usw. statt. Und immer wieder sieht man Bilder von Gefangenen, die den Göttern geopfert wurden.

Der Untergang der Maya um 900 nach Christus soll nach Aussage der Forscher durch Seuchen, etwa Malaria, das Klima, das Versagen der Landwirtschaft, Machtspiele unter den Herrschenden und Bürgerkriege um Ressourcen, durch Ernteschäden, aber auch durch die horrende Angst vor den Göttern erfolgt sein.

Durch die immer schnellere Entstehung großer Siedlungsräume für die stark wachsende Bevölkerung sei ein ökologisches Ungleichgewicht entstanden: Erosion und Ausbeutung der Böden, Brandrodungen für den Mais, Bürgerkriege und schließlich die Zersplitterung der Herrschaftsgebiete ließen diese Zivilisation untergehen wie einst die Griechen oder Römer. Also ganz „normal" im Rahmen der Geschichte. Die Spanier fanden jedenfalls keine ernstzunehmenden Gegner mehr vor, deshalb hatten sie leichtes Spiel.

Einige der heutigen Maya halten es für möglich, dass ihre Vorfahren geschlossen in eine andere Dimension verschwunden sind, weil sie Zeitreisende waren.

Das Volk, das aus den Sternen kam

Das Wissensgut dieses alten Indianervolkes geht weit über den Kalender hinaus. Der aktuelle Präsident Don Alejandro Cirilo Perez Oxlaj trat im Mai 2011 für 440 Stämme aus Guatemala, Belize, Honduras und Mexiko mit der Information an die Öffentlichkeit, dass die Maya ihr Wissen über zwei Polsprünge, also viele Tausend Jahre, bewahrt haben.

Die ersten Maya sollen „von den Sternen" nach Atlantis gekommen sein, vermutlich vom Maya-System innerhalb der Plejaden. Sie erzählen, dass sie ihre Kalender nicht selbst erarbeitet, sondern von ihren Ahnen geerbt haben, die einst aus dem sagenhaften Atlantis kamen.

In Atlantis sei die Priesterkaste „Maya" genannt worden. Sie wanderten von ihrem Inselreich vor cirka 8.000 – 6.000 Jahren aus, bevor Atlantis unterging, und nahmen ihr Wissen mit zu den atlantischen Kolonien, nach Yucatan, Mittel- und Südamerika, Ägypten, Sumer und ins Industal. Ein Polsprung habe ihre Welt zerstört und sie mit einer Sintflut überspült, von der in den Legenden aller Naturvölker der Welt berichtet wird. Das alles wird uns erzählt von Drunvalo Melchizedek, der mit seinen Büchern von der „Blume des Lebens" und seinen Merkabah-Seminaren so viel Aufsehen bei den spirituellen Menschen erwarb.[1]

Träger des Maya-Wissens sollen 13 Kristallschädel sein, sie werden jeweils 1.000 Jahre lang von besonders ausgewählten Frauen der Maya-Stämme unter Verwendung einer speziellen uralten Technik mit Wissen „gefüttert" wie ein Computer mit Programmen.

Ich nehme solche Legenden sehr ernst, denn in ihnen steckt mehr als ein Körnchen Wahrheit. Ohne diesen Glauben hätte Heinrich Schliemann niemals Troja gefunden! Ich habe festgestellt: Der Glaube ist das stärkste elektromagnetische Element dieser Erde. Die Placebos der Ärzte demonstrieren täglich seine Macht.

Natürlich können Sie, liebe Leserinnen und Leser, genau wie einst die Spanier die Legenden und das Wissen der Maya als Aberglaube und dumme Götzenverehrung abtun. Es empfiehlt sich aber ein Blick hinter die Kulissen oder, besser, eine Reise in die tieferen Schichten ihres Kalendersystems. Sie geben uns Einblick in uralte Auslegesysteme, die weit über astrologische Entschlüsselungen hinausgehen und astronomische Kenntnisse der Mysterienkulte erkennen lassen, die sicherlich nicht erst in 600 Jahren Blütezeit erworben wurden. Da ist eher galaktisches Wissen zu vermuten.

Die drei Kalender der Maya sind, oberflächlich gesehen, entschlüsselt und interpretiert. Wie bei allen wichtigen Relikten der Vergangenheit gibt es auch hier unterschiedliche Auslegungen. Nicht beim HAAB, der wie unser gregorianischer Kalender die 365 Sonnentage zählt und vor allem für das tägliche Leben gebraucht wurde, sondern beim berühmten TZOLKIN scheiden sich die Geister.

Er ist – ähnlich wie die Kalender der anderen süd- und mittelamerikanischen Völker – auf einen runden Stein eingemeißelt oder gemalt worden und zeigt die 20 Symbole der Götter (Nahuales) und ein (binäres Strich- und Punkt-) Zählsystem von 13 Tagen.

Uneingeschränkt bewundert von allen Forschern wird der sogenannte LONG COUNT, eine Kombination aus Tzolkin und Haab, mit der die Maya Jahrtausende in die Vergangenheit und die Zukunft rechnen konnten und sich als Meister der astronomischen Berechnungen zeigten.

Der TZOLKIN (CHOLQ´IJ) wurde bei der Berechnung der Geburtszeichen benutzt, das Wort hieß übersetzt so viel wie BUCH DER BESTIMMUNG. Dieser Kalender stellt die Grundlage der spirituellen und sozialen Ordnung der alten Maya dar. Über Jahrhunderte hinweg war die Berechnung und Auswertung des Horoskops mithilfe des TZOLKIN den Schamanen vorbehalten, die sich auf die Arbeit mit dem Heiligen Kalender und seinen 260 (20 x 13) Nahuales spezialisiert hatten. Wer mag, findet auch heute im Internet einige Interpreten, die astrologische Tzolkin-Auswertungen für Interessierte anbieten. (Meistens die Anhänger des schwedischen Maya-Forschers Dr. Carl Callmann, der auch das Ende des Maya-Kalenders auf den 28.Oktober 2011 vorgezogen hat.)

In der Mitte des Tzolkin sehen wir das Bild des Gottes der Unterwelt, der die Zunge herausstreckt. In alten Heilsystemen der indigenen Völker (zum Beispiel im Tao Yoga) sind die Zunge und das Herz eins. Man weiß von den embryonalen Phasen, dass sich in der Fruchtblase zunächst die Zunge und dann das Herz des neuen Lebens bildet.

Vier weitere Götterbilder umgeben die Tzolkinmitte, sie kennzeichnen die vier Himmelsrichtungen: Westen steht bei der Horoskopauslegung für die Vergangenheit, das, was wir in dieses Leben mitbringen und unsere erste

Aufgabe im Leben. Der Osten zeigt die Tendenz für die Zukunft an, also die Fähigkeiten, die noch in uns schlummern, aber auch die Qualitäten, die wir jetzt und in der Zukunft fördern sollten. Der Norden symbolisiert alles, was von außen kommt und was wir selbst nach außen spiegeln. Er steht für unsere Gedanken. Der Süden zeigt unsere innere Wirklichkeit, unsere Gefühle, verborgenes Wissen, Fähigkeiten, die wir tief in uns tragen, aber auch unsere verborgenen Wünsche.

Die zweite Ebene, die im TZOLKIN zum Ausdruck kommt, ist (nach Martin Strübin vom „Blaubeerwald"[2]) „der Evolutionszyklus der 20 solaren Siegel (Uinal oder Himmel), der die zwanzig Entwicklungsstufen des Bewusstseins beinhaltet. Diese zwanzig Archetypen sind physikalisch mit den informationstragenden Photonen zu vergleichen – als Ergänzung zu den dreizehn kräftewirkenden Elektronen/Positronen. Die zwanzig solaren Archetypen als übergeordnete kollektive Bewusstseinsfelder enthalten die Informationen des Dharmas, speichern aber zugleich unsere Reaktionen/Verhaltensweisen (das Karma) ab, um sie uns immer wieder von neuem in unseren individuellen wie kollektiven Alltag einzuspielen."

Doch es gibt noch eine dritte Interpretationsebene, die des im März 2011 verstorbenen Anthropologen und Visionärs José Arguelles. Und hier wird es spannend für uns Kinder des Quantenzeitalters, denn es verbindet sich der Zauber der Vergangenheit mit dem der Zukunft – eben Quantenzauber. Wir erfahren gleich mehr darüber.

Die Ankunft des Goldenen Zeitalters

Der Älteste der Maya, Don Alejandro, warnte am 17. Mai 2011 die Welt vor dem nächsten Polsprung. Er forderte im Namen seines Volkes ein Ende der Experimente mit unkalkulierbaren Energien, was ich sehr ernst nehme.

Immer mehr Menschen dieser Welt achten auf die Anzeichen eines weltweiten Wechsels: Sie suchen in den alten Prophezeiungen eines Nostradamus oder des „schlafenden Propheten" Edgar Cayce nach Informationen, die uns mehr über die vielen Katastrophen, den drohenden Klimawechsel, die schwindende Ozonschicht oder eventuelle Meteoriteneinschläge erzählen. Man spricht von einem Dimensionswechsel, der mit diesen Warnungen verbunden sein soll. Wir sollen alle zusammen mit unserer Erde in die nächste Dimension, in die Fünfte, „springen" oder gleiten. Das Ganze wird „Aufstieg" oder Erleuchtung genannt.

In der spirituellen Welt sind folgende Dimensionen bekannt. Sie entsprechen dem Bewusstseinsstand der lebendigen Natur unseres Universums, wie es mir „durchgegeben" wurde.

Erste Dimension:	Der Erdkern, das kristalline Herz der Erde
Zweite Dimension:	Die tellurischen – minerale und kristalline Kräfte und ihre Elementarwesen (Naturgeister)
Dritte Dimension:	Wir Menschen

Vierte Dimension:	Feen, Elfen, Märchengestalten, aber auch Teufel und Dämonen, Hölle und Paradies, Engel und die Archetypen, dann unsere Träume, verlorene Seelen und Geistführer
Fünfte Dimension:	Sternenwesen wie die Plejadier
Sechste Dimension:	Bewohner von Sirius
Siebte Dimension:	Bewohner von Arkturus
Achte Dimension:	Bewohner des Orionsystems
Neunte Dimension:	Andere Galaxien
Zehnte Dimension:	Unsere Ursprungswelt Wega/Leier
Elfte Dimension:	Der Synchronisationsstrahl
Zwölfte HUNAB KU:	Das Herz unserer Galaxis
Dreizehnte Dimension:	Das Universum hinter unserem Universum

Unser Dimensionssprung würde uns demnach innerhalb dieser Skala von der Dritten in die Fünfte, also in die Dimension der Plejadier bringen. Die Vierte Dimension soll mit uns gemeinsam hinübergleiten.

Die Stärke der Auswirkungen dieser Veränderung soll mit unserem eigenen Bewusstsein und unserer Wahrnehmung der Erde zusammenhängen, sagen die Sternengeschwister, die sich immer öfter über mehr oder weniger saubere Channelmedien melden. Ob wir selbst unser Karma geklärt haben und es damit schaffen, immer in unserer „Mitte" zu bleiben, in Liebe mit unserer Welt umzugehen. Ob wir in der Lage sind, dazu beizutragen, dass das Magnetfeld der Erde durch unser Denken, Fühlen und Handeln gestärkt wird. Das heißt, dass wir es selbst in der

Hand haben, ob wir untergehen oder ins „Goldene Zeitalter" rutschen, das Wassermannzeitalter. Es soll 2.000 Jahre dauern.

Die Zeit des Übergangs ist nahe, beziehungsweise man sagt, wir sind mittendrin. Sollte es ein Polsprung werden, sind drei Tage absoluter Dunkelheit damit verbunden, sagen die Alten. Sollte es mit den gefürchteten großen Sonneneruptionen verbunden sein, wird mit Sicherheit kein elektrisches Gerät mehr funktionieren, einzig Photonenenergie bleibt bestehen. Und damit ein Riesendesaster in unserer Welt.

Keine Ahnung, ob das stimmt, aber die Wissenschaftler haben erkannt: Unser Erdmagnetfeld ist so reduziert, dass wir vor der kosmischen Strahlung kaum noch geschützt sind. Es werden Untersuchungen der NASA zitiert. Unsere gesamte Zivilisation könnte zusammenbrechen. Und alle Ängste unserer Zeit vor Klimawechsel, Ozonschicht-Schwund, abtauenden Eiskappen, Meteoriten usw. würden von einem einzigen weltweiten Zusammenbruch der Systeme bestätigt.

Das Verrückte dabei: Alle Zeichen deuten auf einen neuen Polsprung hin, unzählige Erdbeben und Flutkatastrophen kündigen die Änderung der Erdatmosphäre an. Doch diese Erwärmung wird auf Umweltverschmutzung und ähnliche hausgemachte Gründe zurückgeführt, ohne dass die Menschheit weiß, was wirklich geschieht. Inzwischen sind sie uns allen fast selbstverständlich geworden: Die Erderwärmung und die zunehmenden Katastrophen, im schlimmsten Fall der Totalkollaps der Erdatmosphäre.

Die Meteorologen warnen seit Jahren vor dem Umkippen des Klimas. Einige reden sogar davon, dass das alles normal und schon viele Male in der Erdgeschichte geschehen sei. Und damit haben sie recht.

Ein Strahl vom Herzen der Galaxis

Offenbar hatten die Maya Einblick in uralte und feste Abläufe, nach denen sich unsere Erde und unser gesamtes Sonnensystem um die Wintersonnenwende 2012 an einer bestimmten Stelle befinden würden: Die Erde überquert in unserer linsenförmigen Galaxie den Äquator, der die obere von der unteren Hälfte unserer Milchstraße trennt. Das geschieht alle 26.000 Jahre. Unsere Erde gerät damit in eine bestimmte Stellung zum geheimnisvollen Herzen unserer Galaxis und steht in einer Reihe mit unserer Sonne und dieser zentralen Energiequelle.

Ein „Synchronisationsstrahl" aus dem Herzen der Galaxis, die Maya nannten es Hunab Ku, wird uns beim Übergang helfen, schreibt Maya-Forscher José Argüelles („Der Maya-Faktor")[3]. Der Anthropologe Argüelles entschlüsselte den Tzolkin, den heiligen Kalender der Maya, als Lichtmatrix. Er enthält seiner Interpretation nach ein multidimensionales Organisationsschema für die Evolution. Basis ist eine Matrix von 260 Feldern, die, wie wir bereits wissen, aus dreizehn Zahlen und zwanzig Symbolen gebildet sind. Zusammen formen sie die 260 Nahuales, die Göttersymbole des Tzolkin. Die Zahlen stehen laut Argüelles „für dreizehn grundlegende Muster von Strahlungsenergie (Radioimpulse), die sich jeweils durch ein Spektrum von zwanzig Frequenzbereichen hindurch transformieren".

Der TZOLKIN hat also offenbar über seine Horoskopgrundlage hinaus eine übergeordnete Bedeutung und einen Bezug zu anderen Ordnungssystemen. Er liefert mit seinen Zahlen und Symbolen quasi das Ausgangsmaterial für das große Schöpfungsmuster, aus dem sich unsere Wirklichkeit ergibt. Argüelles nennt es eine elektronisch-resonatorische Kode-Bank unserer Galaxie beziehungsweise den „Webstuhl der Zeit".

Innerhalb der Kombinationen des TZOLKIN finden sich viele übergeordnete Harmonien und Verhältnisse, José Argüelles wies sogar die Verbindung zum I-GING und den 64 Codons (3er Verbindungen der Basenbausteine des Lebens) unserer DNS nach, die im Zentrum des TZOLKIN in einem magischen Quadrat kodiert sind.

Es ist anzunehmen, dass die zwanzig „solaren Siegel" eine Entsprechung in den zwanzig Aminosäuren unserer DNS finden. Wie im Kleinen, so im Großen, heißt das alte Gesetz des Hermes Trismegistos, auf das ich später eingehen möchte.

Unser System befindet sich laut Argüelles nach einer längeren Periode der Dunkelheit und Bewusstseinstrübung seit dem Jahr 3114 vor Christus wieder im galaktischen Synchronisationsstrahl, der uns im Jahr 2012 in volle Übereinstimmung mit dem galaktischen Zentrum bringen wird. Zu diesem Zeitpunkt ist unsere Bewusstseinsbegrenzung überwunden und die Transformation der Materie abgeschlossen. Erde und Menschheit erfahren einen Dimensionswechsel. Das letzte, dreizehnte Strahlungsmuster ist seit 1618 wirksam und leitet die Transformation der Materie über verschiedene Vorbereitungsschritte ein. Die eigentliche Transformationsphase hat erst mit dem zweitletzten Frequenzabschnitt ab 1973 begonnen, und der letzte Abschnitt von 1992 bis 2012 vollendet sie.

Auch in den alten Texten der hinduistischen Veden finden wir Hinweise zu unserer heutigen Zeit. Dort steht, dass wir das „Kali-Yuga", das Zeitalter der „Dunklen Nacht" mit seinen Kriegen und Katastrophen, erst hinter uns bringen müssen, ehe wir in den Genuss eines fast 2.000 Jahre langen Goldenen Zeitalters kommen. Es gehört zu der geheimnisvollen Strahlung aus dem Herzen der Galaxis.

Die 1500 vor Christus geschriebenen hinduistischen Veden nennen es Devapara-Yuga. Sie beschreiben die vier Yugas wie die vier Jahreszeiten – in 26 Jahrtausenden gerechnet. Das zerstörerische Kali-Yuga ist fast schon vorbei. Wir sind quasi in der letzten Phase. In den Veden wie im Maya-Kalender wird das Ende unseres Zeitalters der Finsternis als kriegerisch leidvoll, voller Exzesse und Ungerechtigkeiten geschildert. Wir befinden uns halt mit unserer Galaxis an der entferntesten Stelle – von unserer Zentralsonne aus gesehen. Doch wir sollen die Reise durch die dunkelste Passage in unserem Kosmos bald geschafft haben. Es war das Fischezeitalter. Jetzt kommt der Wassermann. Wir sind mitten in der Wendezeit.

Die achtzehn Bücher der Veden, die Puranas, beschreiben enorme Zeitspannen, die YUGAS, und erzählen, wie unser Universum in Laufe gigantischer Zeiträume immer wieder erschaffen und zerstört wurde. Die Yugazyklen besitzen unterschiedliche Längen: Kali-Yuga 1200 Jahre, Dvapara-Yuga 2400 Jahre, Treta-Yuga 3600 Jahre, Krita-Yuga 4800 Jahre, also alle im Verhältnis 1:2:3:4. Auch in den Veden beginnt unser jetziges Zeitalter um 3102 vor Christus, bei den Maya 3114 vor Christus. Es endet nach 5000 beziehungsweise 5125 Jahren, also jetzt.

Ich gehe davon aus, dass auch das Horrorszenario unserer Zeit zu den festen Zyklen gehört: Die kosmische Strahlung verstärkt sich zu bestimmten Zeiten, das Erdmagnetfeld nimmt ab, die Desorientierung steigt an, gleichzeitig schmelzen die Polkappen ab und die Überflutungen nehmen zu, weil die Erde ihr eigenes Kühlsystem einschaltet und gleichzeitig einen Generalputz macht, um sich wie die Natur im Winter von ihren menschlichen Parasiten zu befreien. Alles hängt mit allem zusammen.

Mir erscheint das Ganze so, als ob wir Menschen jetzt – in einem vertrauten Bild gesprochen – auch als biologische Masse von analog auf digital umgestellt würden. Klar, dass das zu heftigen Turbulenzen in unserem Universum führt. Und natürlich in uns selbst.

Das geheimnisvolle Erdprogramm

Als der Amerikaner Sheldan Nidle sein Buch über den „Photonenring"[4] am Ende der Neunzigerjahre des letzten Jahrhunderts auf den Markt brachte, erfuhren wir plötzlich, was mit dem Aufstieg, dem Dimensionswechsel der Menschheit, gemeint war, von dem unter spirituellen Insidern immer öfter berichtet wurde. Er channelte im Namen einer Gruppe von geistigen Führern, die vom Siriussystem kamen, was innerhalb der nächsten Jahre mit uns und unserer Erde geschehen würde. Das machte die Horrorprophezeiungen eines Nostradamus, Edgar Cayce oder gar der Bibel griffiger, gab den Endzeitvisionen der eingeborenen Naturvölker dieser Erde sozusagen eine natürliche Erklärung innerhalb des galaktischen Geschehens.

Aber vom Photonenring oder vom Synchronisationsstrahl haben die wenigsten Menschen bisher gehört. Kein TV-Bericht, keine GEO-Reportage, keine Dokudramaverfilmung, die uns diesen ominösen Photonenring demonstriert, in dessen alles umwälzenden Einfluss die Erde sich inzwischen befinden sollte.

Astrophysiker hatten allerdings seit 1973 eine verstärkte kosmische Strahlung beobachtet, redeten von sogenannten Gamma-Ray Bursts. Das sind kosmische Strahlen unbekannter Herkunft, deren Energie so groß ist, dass die Grenze physikalischer Gesetze überschritten ist und eine immaterielle Quelle vermutet wird. Erst heute haben wir durch das Gammastrahlen-Teleskop FERMIT der NASA mehr darüber erfahren. Es wurde im Sommer

2008 auf seine Mission geschickt und hat eine bisher unbekannte riesige Struktur im Herzen unserer Galaxis entdeckt: zwei voluminöse, Gammastrahlen emittierende Blasen, die sich 25.000 Lichtjahre weit nördlich und südlich des galaktischen Zentrums erstrecken. Sie waren bisher im Gammastrahlen-Grundrauschen verborgen, berichtete das Scinnex Wissensmagazin am 13. November 2010.

Was uns allen unheimlich erscheint, soll zu den normalen kosmischen Zyklen gehören, die in mystischen Zirkeln bekannt waren, von unseren Wissenschaftlern aber erst jetzt erarbeitet werden.

Dahinter steckt alten und neuen Quellen nach folgende kosmische Entwicklung: Alle 11 bis 12.000 Jahre kommen die Erde und unser Sonnensystem bei ihrem spiralförmigen 26.000 Jahre dauernden Weg um unsere zentrale Sonne Alcyone in den Plejaden und um das frisch entdeckte galaktische Zentrum in den Genuss dieser „Photonenring" genannten Erscheinung, dem sogenannten Manasischen Ring.

Sieht man den Tierkreis um unsere Zentralsonne als Hologramm, haben wir es mit einem Ring oder, besser, einer Ellipse zu tun. Sie zieht sich rund um das Sternbild der Plejaden und seiner Zentralsonne, sagen die Medien der Plejadier.

Der Ring hat laut Nidle „die Form eines Krapfens, mit dem Durchmesser von ungefähr 2.000 Sonnenjahren oder 1.223.381 Kilometern." Es kann sich meines Erachtens nur um denselben Zeitabschnitt handeln, der auf der einen Seite des Tierkreises die 2.000 Jahre des

Wassermannzeitalters, auf der gegenüberliegenden das Löwezeitalter umfasst – einst die goldene Zeit von Atlantis. Er gehört zum Strahl, der uns alle vereint und aus dem Herzen der Galaxis kommt, sagen die Wesen von Sirius und der Wega. Er soll unsere Erde und damit auch uns Menschen innerhalb der nächsten Jahre aus der Dritten in die Fünfte Dimension führen, uns also in der galaktischen Spirale kräftig anheben.

Was auch immer an diesen Durchsagen ernstzunehmen ist, sie sagen alle das Gleiche über unsere Zukunft. Wir haben im Verlauf der nächsten 2.000 Jahre mit einer um ein Vielfaches verstärkten kosmischen Strahlung zu tun, die uns entweder durch Sintfluten und Erdbeben vernichtet, oder uns in einen gewaltigen Evolutionssprung stößt.

Shirley McLaine, die hochspirituelle Schauspielerin, hat mit ihren Büchern die gesamte esoterische Szene auf ein neues Niveau erhoben. Sie erklärte in „Weiser, nicht leiser!"[5], dass dieser Photonengürtel ein Energiering sei, der aus hochgeladenen Lichtpartikeln bestehe. Sie seien extrem leistungsstark und würden zurzeit unsere Astralwelt, unser Karma und damit unsere Antimaterie aktivieren, die Vierte Dimension zunächst in unsere Dritte integrieren. Wie bereits erwähnt: Alle 26.000 Jahre durchqueren wir diesen Lichtgürtel, und es dauert 2.000 Jahre, bis wir hindurch sind.

Der Strahl vom Herzen der Galaxis bringt das gleiche Szenario wie der Photonenring. McLaine schreibt: „Eine Zeit, in der unser menschliches Bewusstsein, Selbsterkenntnis und im Endeffekt auch Gott selbst in uns aktiviert werden. Gleichzeitig kommen aber auch Chaos, Wut und Negativität zum Zug. Unser Karma wird beschleunigt und gelöst, wir gehen durch Heilungsprozesse, Schmerzen, Traumen, Verzweiflung, Ängste, Hass – das ganze Spektrum unserer Gefühle kommt hoch, unsere Seele will entgiften. Daraus resultieren erhöhte Kriminalitätsraten, mehr Einlieferungen in Krankenhäuser und Nervenheilanstalten."

Letztendlich soll die Erde ihr negatives Karma ablegen, um in eine neue, friedliche „goldene" Zeit einzutreten.

Ein Mangel, der Erleuchtung bringt

Wissenschaftler sind noch sehr vorsichtig, was die Entwicklung der nächsten Jahre angeht. Aber auch sie haben das große Lied der Prophezeiungen im Visier. Der Biophysiker Dr. Dieter Broers beispielsweise spricht zwar nicht vom Photonenring, aber von Sonnenaktivitäten, die im Endeffekt die gleiche Wirkung haben wie der Photonenring beziehungsweise der Synchronisationsstrahl vom Herzen der Galaxis.[6] Auch er kennt die Zyklen unseres Universums.

Man weiß unter Wissenschaftlern, dass die Sonneneruptionen im Verlauf von elf Jahren ansteigen und abflachen. Der Sonnenflecken-Rhythmus hatte immer wieder längere Pausen als normal. Die Folge ist, dass sich dadurch der uns schützende Erdmagnetismus reduziert. Unser Gedächtnis schwindet, die räumliche Orientierung nimmt ab, die Wale und Zugvögel verlieren ihren Orientierungssinn, und die Flughäfen in aller Welt müssen ihre „Leitlinien" seit Jahren neu justieren. Sie mussten für ihre Flughafenkarten ohnehin schon die magnetische Fehlerberichtigung für den magnetischen Norden ändern, um automatische Instrumente nutzen zu können. In den letzten 30 Jahren konnte man sehr eigenartige Veränderungen im Magnetfeld beobachten. Die Zugvögel ziehen nicht mehr zu ihren üblichen Orten zurück.

Vögel benutzen Magnetlinien als Navigationshilfe, um den Weg nach Hause zu finden, und diese Linien haben sich dramatisch geändert. Ich glaube, dass das auch der

Grund ist, warum Wale und Delfine stranden, denn auch sie orientieren sich auf ihren Wanderungen an diesen Linien. Viele Magnetlinien, die immer entlang der Küste verliefen, haben sich nun landeinwärts verlagert. Wenn die Cetaceen ihnen folgen, stoßen sie auf Land und stranden.

Irgendwann schließlich wird das geomagnetische Feld wahrscheinlich zusammenbrechen und auf Null fallen. Das ist in der Erdgeschichte schon viele Male vorgekommen. Wenn das geschieht, wären mehrere Szenarien denkbar. Das Feld könnte sich umkehren, und es könnte zu einer Vertauschung der Pole kommen. Oder das Feld könnte, nachdem der Nullpunkt erreicht ist, zur gleichen Pol-Konfiguration zurückkehren, nur mit einer völlig anderen Achse. Das Interessante ist: Zur gleichen Zeit beginnt etwas Neues.

Dr. Dieter Broers berichtet, dass bei Experimenten mit magnetischen Feldern, die niedriger waren als das Magnetfeld der Erde, Patienten Gott sahen, das Drogen ähnlich wirkende DMT 9 im Gehirn produziert und das Bewusstsein der Menschen automatisch erhöht wurde. Und dass seine Probanden dann vitaler wurden. Das kommt auf uns zu. Die Astronauten berichteten von ähnlichen Erlebnissen, bis man ihnen ein künstliches Magnetfeld mit auf den Weg gab.

Wir werden also wahrscheinlich einen Bewusstseinssprung trotz (oder wegen) der schwindenden Gravitation und des daraus entstehenden Gedächtnisschwunds erleben.

Die Zeichen stehen auf Sturm

Es gibt tatsächlich genügend wissenschaftliche Belege für eine weltweit drohende Katastrophe, die auf uns wartet und sich seit Jahren aufbaut. Ob es zur Umkehrung unserer Pole kommt, wissen wir alle nicht. Ich bin nicht bereit, im Horrorszenario mitzumischen, aber ich will vorbereitet sein. Es ist mir wichtig, die universellen Hintergründe zu erkennen, die mit diesen weltweiten Änderungen zusammenhängen. Die wichtigste Erkenntnis: Genau hinschauen und sich zwischen öffentlicher Panikmache und Beschwichtigungsarien ausbalancieren, große Zusammenhänge erkennen und versuchen, das „Spiel" zu durchschauen. Alles hängt in unserem Universum mit allem zusammen und entwickelt sich in Zyklen. Auch die Menschheit.

Das dramatische Zeitfenster, das die Maya und alle Eingeborenenvölker uns vorgeben, zeigt sich schon seit Jahren in seiner heftigsten Form: Vermehrte Erdbeben und Überflutungen, das zentimeterweise Verrutschen der Erdachse, die Reduzierung des Erdmagnetfelds, die Beschleunigung der Schumann-Frequenz (Hertz-Frequenz unseres Planeten) und die alarmierende Änderung der Sonnenaktivitäten beschäftigen unsere Wissenschaftler – allen voran die NASA. Es werden immer feinere Warnsysteme installiert, um die Sonnenstürme zu beobachten, die unsere elektronischen Geräte und die gesamte Infrastruktur zu zerstören drohen. Dazu kommen Eiszeit-Warnungen, dass durch einen Zusammenbruch der Bewegungen im Golfstrom für uns alle eisige Zeiten anbrechen könnten.

Die moderne Wissenschaft beginnt erst jetzt, die großen Zusammenhänge zu entdecken, und demnächst werden wohl einige Vorkämpfer verkünden, dass die Position der Erde auf ihrer Reise durchs All mitsamt ihrer 23,5°-Neigung und ihren Unregelmäßigkeiten Zyklen hervorruft, die alles beeinflussen, vom Ozonloch oder Klimawechsel bis zur Polvereisung und zum ständig schrumpfenden Magnetfeld der Erde. Und man wird den Nobelpreis für Erkenntnisse vergeben, die uns frühere Zivilisationen bereits hinterlassen haben. Die Maya sagen, die heutige Situation wäre immer wieder in unserem Sonnensystem aufgetaucht. Sie zählten vier Zivilisationen, die ausgelöscht oder auch gerettet wurden. Wir wären die fünfte Menschheit, die das erlebt. Zu unserer Lebenszeit. Jetzt und in den nächsten Jahren.

Der Biophysiker Dr. Dieter Broers untersuchte den Sonnenflecken-Rhythmus und dessen Korrelation zu den Einlieferungen von Herzkranken, Nervenkranken und Kriminellen in Gefängnisse und Krankenhäuser. Er stellte deutliche Parallelen fest und erkannte, dass fehlende Sonnenaktivitäten uns bis in die kleinsten Gehirnzellen beeinflussen. Warum fehlende Sonneneruptionen? Weil sich parallel dazu die Schutzfunktion unseres Erdmagnetfelds reduziert und dann die kosmischen Strahlen ungefiltert in unsere Erdatmosphäre eindringen. Das hat ernstzunehmende Konsequenzen, die ich wiederhole, damit Sie es nicht vergessen, wenn es so weit ist.

Nicht nur, weil wir den kosmischen Strahlen dann ungeschützt ausgesetzt sind, sondern weil die Reduktion des Magnetfelds zu halluzinatorischen Zuständen bei uns Menschen führt und unser materialistisches Weltbild zusammenkrachen lässt. Das hat Broers mithilfe der wissenschaftlichen Aufzeichnungen über Astronauten festgestellt, die durch künstliche Magnetfelder inzwischen vor diesen Auswirkungen geschützt werden. Seine und irdische Experimente des US-Neurologen Michael Persingers mit Astronautenhelmen und verminderten Magnetfeldern haben die Probanden in meditative, der Erleuchtung ähnliche Stimmungen versetzt, bei denen ihr Gehirn selbst DMT[7] produzierte, das der Wirkung von LSD entspricht. Sie sahen Gott, fremde, engelähnliche Wesenheiten, fühlten sich eins mit dem All und durchschauten das Spiel der Lichtelemente im Reigen der Naturwesen.

Ist es also die Erleuchtung, die automatisch auf uns wartet, wenn die Sonnenaktivitäten weiterhin ausbleiben und dann plötzlich und geballt über uns herfallen, wenn es am 21.12.2012 Mitternacht schlägt? Werden wir dann von den kosmischen Strahlen gebraten, die ungehindert vom Erdmagnetfeld unsere Erde überfluten sollen, wenn der nächste Sonnenfleckenzyklus wieder einsetzt? Jedenfalls warnen die Wissenschaftler vor einem plötzlichen und verstärkten Ausbruch dieser „Flares" genannten Sonnenstürme, die uns 2012/2013 heimsuchen könnten. Armageddon ist angesagt.

Spirituelle Menschen sehen das, wie gesagt, anders. Sie sprechen von einer Riesenchance für uns Menschen, vom Sprung in die Fünfte Dimension: vom Aufstieg.

Seit das US-Medium Sheldon Nidle vom Photonen-ring berichtete, in dem wir uns seiner Voraussage nach seit 1973 bereits mit unserer Erde befinden, hat sich der Informationsaustausch unter naturwissenschaftlich gebil-deten Spirituellen rasant beschleunigt. Die Esoterik hat einen Quantensprung hingelegt, den konservative Wis-senschaftler in dem ihnen gemäßen Tempo noch nachvoll-ziehen müssen, um die Beweislage zu optimieren. Dabei bedarf es nur eines kleinen Gedankensprungs, um eine Adaption esoterischer Weisheiten in die Wege zu leiten.

Beispielsweise der Akzeptanz, dass jedes Element, jede Strahlung dieser und anderer Welten belebt ist und Informationen transportiert, die in unserer Welt Gestalt annehmen. Dass Quanten miteinander auf einer zeitlosen Basis korrespondieren. Dass das geringe Spektrum un-seres Lichts verhindert, dass der Mensch in anderen Fre-quenzen andere Welten und Wesen sehen kann. Dass wir in einem erbärmlich engen Weltbild mit einem armseligen Verstand agieren und die Vorstellung von Göttern, Engeln und planetarischen Brüdern brauchen, um uns aus dem Sumpf des irdischen Kontrastprogramms zu befreien.

Wenn unsere Wissenschaftler mit Radioteleskо-pen den Himmel absuchen, sehen sie andere Formen der Sterne als im sichtbaren Licht. Wenn wir sie hören könnten, gäbe es ein Ultraschallbild, dann hätten wir Töne im Ohr, die uns vielleicht mehr über den Urton, Gott und die Entstehung unseres Weltalls erzählen könnten, als wir bisher wissen und im sogenannten Grundrauschen des Universums entdecken können.

Wenn wir die Sonnen und Sterne ansehen, sehen auch sie uns an und zeigen uns genau das, was wir uns vorstellen. Sie sind genau wie wir Beobachter im Sinne der „Heisenbergschen Unschärferelation" – das ist ein fester Begriff aus der Quantenphysik, der gleich beschrieben wird. Und auch die Sterne und Planeten sind aus den Derivaten des Wasserstoffs entstanden, den ich Ihnen auch ein wenig näherbringen will, weil wir ihn neu definieren müssen.

Im Folgenden werde ich versuchen, Brücken zwischen Esoterik und Wissenschaft zu bauen. Sie sind bereits da, wie alles in diesem Universum. Sie müssen nur von uns „angezapft" oder imaginiert und in unsere Wirklichkeit gezogen werden.

Folgen Sie mir in eine neue Welt, in der einander zugehört und nicht gleich kritisiert und auseinandergenommen wird, weil nicht sein kann, was nicht sein darf.

Der Quantensprung

Vor einigen Monaten fand ich einen Satz im Internet, der mich sehr amüsierte. Da stellte ein anonymer Physiker fest, dass er wohl eine erstaunliche Entwicklung verpasst habe: „Auf einmal sprechen Menschen, die eigentlich keine Ahnung von Physik haben, vom Quantensprung, von Photonen, von Nullpunktenergie, sogar von Heisenbergs Unschärferelation. Ich frage mich, ob sie überhaupt begreifen, worum es dabei geht, denn es sind alles esoterische Schwarmgeister, die eigentlich mit unserer Wissenschaft nichts am Hut haben."

Diese „Schwarmgeister" – er meinte damit Esoteriker beiderlei Geschlechts, aller Couleur und jeden Alters – haben selbstverständlich ein Interesse an allem, was die Quantenphysik an Wissen liefert, denn Quanten sind Licht, und der größte Teil alternativer therapeutischer Arbeit besteht aus Imaginationsübungen mit Licht. Wer mit Licht und Imagination arbeitet, benutzt Tag für Tag die Erkenntnisse der Quantenphysik. Wer mit Quantenphysik umgeht, beweist Tag für Tag die Erkenntnisse mystischer und esoterischer Lehren. Lichttherapeuten bewegen sich schon lange in dieser Quantenwelt, weil ihre Absicht und die Visualisierungstechnik die Wellen zu Teilchen machen.

Wissenschaft und Naturwissenschaft sind im Begriff, eine alte Fehde beizulegen, haben sich fast unbemerkt und nebenbei auf einer Ebene angenähert, die als der Inbegriff der wissenschaftlichen Geistesakrobatik gilt. Quantenphysiker wie Albert Einstein, Max Planck oder auch

Stephen Hawking liefern sozusagen das Material, aus dem die Esoterik ihre Beweismaterialien für die Existenz von CHI, ORGON, Mutter Erde und Vater Sonne schöpft. Für die Kraft von positivem Denken und die Gesetze eines Hermes Trismegistos, der vor Jahrtausenden mit seinen Smaragdtafeln[8] so etwas wie die „Theory of Everything", also die dringend gesuchte physikalische Weltformel, aufgestellt hat.

Das Quantenwissen der Atlanter

Es soll ein Weiser aus Atlantis mit Namen Thoth gewesen sein, der sein Wissen den alten Ägyptern vermachte. Seine Informationen wurden als Smaragdtafeln bekannt, uns unter dem Namen von Hermes Trismegistos von esoterischen Geheimzirkeln überliefert, von Alchemisten und von Freimaurern, die aus dem Orden der Templer hervorgingen. Auf eine einfache Formel gebracht, sagt Thoth in diesen Schriften: „Wie oben, so unten, wie im Kleinen, so im Großen, wie außen, so innen, und heute ist gestern und morgen. Alles ist zweifach, alles ist Schwingung." Das umfasst nicht nur physikalische, chemische und elektromagnetische Zustände, sondern auch die Quantenbewegungen der Elemente, die aus dem Wasserstoff seit dem Urknall entstanden sind.

Ich bin kein Physiker, aber ich denke, dass diese Formeln gleichbedeutend mit den anerkannten vier physikalischen Kräften sind: schwache Kraft, starke Kraft, elektromagnetische Kraft und Gravitation. Die Atlanter wussten offenbar auch darüber Bescheid. Und mit Sicherheit noch mehr!

Stephan Erdmann („Geheimakte Bundeslade")[9] erfuhr von einem deutschen Freimaurer-Großmeister, dass der innere Kern des Templerordens einst neunzehn Sarkophage unter dem Tempel von Jerusalem ausgrub, die unter anderem uralte Aufzeichnungen der Atlanter enthielten. Die Templer brachten diese Artefakte nach Frankreich. All ihr Wissen und Können und ihr imponierendes Handelsimperium fußten auf den Funden in diesen Steinsärgen, sagt Erdmann. Das Wichtigste für unser Thema: Sie beschrieben uns unter anderem die Einrollbewegungen von Quanten in Pyramiden und im Kubus. Besser gesagt, der Spins, die sich in den Kanten von Würfeln beziehungsweise Pyramiden bilden. Ihre Bewegung erklärt eines der wichtigsten Rätsel dieser Welt, nämlich warum Leben im Würfel gefangen bleibt und stirbt, aber in der Pyramide ewig weiterexistieren kann.

Die Templer erfuhren aus den Aufzeichnungen der Atlanter, dass der gesamte Kosmos mit strukturierten Teilchen, den Myon-, Tau- und Elektro-Neutrinos ausgefüllt ist – wir nennen sie heute auch Quanten, Elektronen und Photonen. Dass diese das gesamte kosmische Geistfeld bilden, eine Art Urplasma, das eine gesetzmäßig erkennbare Eigenbewegung besitzt, die von uns durch die Kraft der Gedanken bewegt werden kann. Das Wissen um Quanten ist also ein uraltes und gleichzeitig hochaktuelles Thema, mit dessen Hilfe wir uns die Welt neu erschließen können.

Für spirituelle Menschen ist es gut, sich klarzumachen, was die wichtigsten Schlüsselbegriffe aus der Quantenphysik bedeuten, um die Welt der Wunder besser erklären zu können. Denn der Markt wird zurzeit überschüttet von Büchern und Seminaren über Quantenheilung[10], die Göttliche Matrix[11] und weitere Geheimnisse unseres Universums. Die Forscher sind auf der Spur des Kleinsten und des Größten in unserem Universum und entdecken dabei Gesetze, die bereits von den Alten auf ihre Art formuliert

wurden. Kein Wunder, dass in ihrem Schlepptau die esoterischen Schwarmgeister auftauchen.

Es geht um dunkle Energie und dunkle Materie, um
Quantenwellen, Quantenschaum, Tachyonen, Neutrinos,
Spins und Biophotonen, um den Beobachter, Morphogenetische Felder, Hologramme und Parallelwelten und
Fraktale, um all diese quantenphysikalischen Begriffe, die
zurzeit auch in esoterischen Internetseiten – richtig eingesetzt und verstanden – das Unsichtbare sichtbar machen
sollen.

✩✩✩

Am Anfang war der Wasserstoff

„Wir Menschen sind Sternenstaub. Ein Großteil der Atome, die unseren Körper bilden, ist das Resultat von Milliarden Sternentoden. Aus den Tiefen des Weltalls kam das Material, aus dem wir alle geformt sind. Es bestand aus den Konglomeraten einfacher anorganischer Verbindungen, die ihrerseits all die Elemente enthielten, die es heute noch auf der Erde gibt. Diese Elemente selbst wiederum waren die Abkömmlinge des Urelements Wasserstoff, des ersten und leichtesten aller Elemente", war in der Zeitschrift GEO zu lesen[12].

Hoimar von Ditfurth schrieb in „Am Anfang war der Wasserstoff": „Es war der Wasserstoff, aus dem der Big Bang hervorgegangen ist. Alles begann mit riesigen Wasserstoff-Wolken, die sich unter der Schwere ihres Gewichts zu Sternen der ersten Generation zusammenballten. Im Zentrum dieser Sonnen wurden dann alle schweren Elemente durch atomare Fusion leichterer Atomkerne zusammengebacken. Die gewaltigen Explosionen dieser alten Sonnen zu Supernova gaben dann diese Elemente als feinen Staub wieder in den Weltraum ab".[13]

Und dieser feine Staub sammelte sich dann auf der Erde, um irgendwann im Verlauf der Evolution das Weltraumprodukt Mensch zu erzeugen – so weit die traditionelle wissenschaftliche Seite.

Überall wird unter Forschern nach dem einen Ursprung der Dinge gefahndet und nach der Erklärung, was unsere Welt zusammenhält. Der Mensch kommt mir vor wie ein Roboter, der sich selbst erkennen will, er will die Logistik der Natur erklären und eine Gebrauchsanleitung für die sich wiederholenden Verhaltensmuster, die universelle Ordnung. Die Wissenschaft geht heute zweigleisig vor, sie versucht, die Umstände des Urknalls, aber auch die kleinsten Teilchen der Materie zu erklären.

Forscher haben Moleküle, Atome und in deren Kern wiederum Protonen, Neutronen und Elektronen gefunden, die als Teilchen, aber auch als Welle gesehen werden können in diesen Teilchen, die sich auch als Wellen zeigen: Es gibt Bosonen, Hadronen, Photonen und schließlich die Quanten und Quarks, die sich mit Lichtgeschwindigkeit bewegen. Noch schneller sind nur noch Tachyonen, die schneller als das Licht sein und sich rückwärts in der Zeit bewegen sollen, man nennt sie sogar Träger der Urenergie und der Skalarwellen. Man einigte sich schließlich auf den SPIN, auch Superstring genannt, die Spirale als wichtigstes Element der unsichtbaren Welt. Einzig die Gravitation hat zwischen Himmel und Erde immer noch keine befriedigende Erklärung gefunden.[14]

Das Weltbild der Physik war von Newton und Darwin linear geprägt, dazu gehört auch die lineare, evolutionäre Entwicklung. Die Zeit war etwas Absolutes, Partikel (Teilchen) wurden beobachtet. Bis dann zu Einsteins Zeiten das Universum relativ wurde, die Zeit variabel und das Universum gekrümmt. Der Schwerpunkt war ab diesem Zeitpunkt nicht mehr das einzelne Teilchen, sondern das sich wiederholende Muster atomarer Prozesse.

Wir wissen: Die Zeit ist relativ und hängt vom Standpunkt des Beobachters ab. Geschichte wird immer vom Sieger geschrieben. Zeit dehnt sich in der Jugend und wird im Alter immer schneller. Zeit ist nicht in Bewegung, sondern du bewegst dich durch die Zeit, weil dein Bewusstsein sich von Ereignis zu Ereignis bewegt. Dennoch: Sie wird auf dieser Erde mit der sehr exakten Vibrationsrate von CÄSIUM-Atomen in Atomuhren gemessen, deren Schwingungen bis zur Tausendstelsekunde unsere eigene Halbwertzeit innerhalb unseres Wasserstoff-Universums verraten: 15 Milliarden Jahre gibt uns dieser Takt vor. Eine unendliche Spirale von Ereignissen.

Spiralen beherrschen das Universum

Um dieses Wissen einordnen zu können, müssen wir die kreisförmige, zyklische Natur unseres eigenen Daseins im Zusammenhang mit dem gesamten Universum begreifen. Das Spiralmuster der Milchstraße auf ihrer ewigen Bahn durch das Weltall und um seine Zentralsonnen gleicht der Form unserer DNS, des genetischen Kodes, der wiederum alle Muster vom Wachstum eines Tieres oder Menschen enthält. Das kleinste Atom hat mit seinen SPINS eine Dynamik wie die Sonne und ihre Planeten. Wir sind Glieder einer Kette, die sich im Kleinen und Großen, im Mikro- und im Makrokosmos wiederholt – in Form von Spiralen. Hier einige Beispiele:

- Blumen klettern spiralförmig, haben ihre Samen spiralförmig angeordnet (Sonnenblume).
- Muscheln, Schnecken bilden Spiralen.
- Wasser fließt spiralförmig in den Abfluss.
- Wettermuster bewegen sich spiralförmig um die Erde.
- Hochs und Tiefs und die Golfströme.
- Die Form der Umlaufbahn von Planeten um die Sonne ist spiralförmig.
- Die Milchstraße und andere spiralförmige Galaxien.
- Blut fließt spiralförmig.
- Im menschlichen Körper arbeiten Licht und die DNA spiralförmig zusammen.

Auf der Suche nach dem Ursprung der Materie haben Physiker entdeckt, dass die allerkleinsten Teilchen (Neutrinos) aus einem Spin/Superstring bestehen – eine unendliche Spirale. Dadurch ist es der Natur möglich, beides zu koordinieren, den Kreis und die Linearität. So entstehen zyklische Vorgänge auf jeder Seinsebene – bis zum Ursprung des Universums. Die verschiedenen Zyklen des Hyperraums sind dabei durch Energiewälle von anderen Realitäten getrennt. Nur durch bestimmte Techniken und Portale sind sie zu überwinden.

In der Spiritualität gibt es viele Formen von Schöpfungstheorien, eine davon beschreibt Zeit in Zyklen, die kreisförmige, ewige Wiederkehr alter Muster, auch „Gewebe der Zeit" genannt. „Indira-Gewebe" sagen die Inder, „das Netz von Großmutter Spinne" die Hopis.

Der US-Physiker Gregg Braden, einer der Vorkämpfer auf dem Weg der Verbindung von Naturwissenschaft und Esoterik, nennt es in seinem Buch „Fractal Time"[15] Fraktale. Er behauptet, dass Ereignisse kalkulierbar werden, weil sich ihre Voraussetzungen immer wiederholen. Er sieht Zeit als Essenz und baut Szenarien, die sich immer im Kleinen wie im Großen wiederholen. Man kann sie erkennen und berechnen, wenn man die Koordinaten kennt, sagt er. Der BIBEL-CODE scheint es zu beweisen. Der israelische Mathematiker Dr. Eliyahu Rips entdeckte in der Bibel einen raffinierten Computerkode, der sogar vom Pentagon und den Universitäten von Yale und Harvard überprüft und anerkannt wurde. Er stellte fest, dass alle Personen und Ereignisse, die in Zeit und Raum der Erde aufgetreten sind, schon vor Hunderten von Jahren in der Bibel verschlüsselt genannt wurden.[16]

Diese ewigen Zyklen unseres Universums werden in der Spiritualität als in sich geschlossene Systeme gesehen und an den Spiral-(String-)Bewegungen unserer Galaxis um eine galaktische Zentralsonne gemessen. Von den Astrophysikern wird dieses galaktische Zentrum neuerdings in einer Ansammlung von schwarzen Löchern (im Bereich Schütze/Skorpion) vermutet. Ob die riesigen Gasblasen, die dort entdeckt wurden, das Herz unserer Zentralsonne sind, wissen wir nicht, können es aber annehmen. Unsere planetarischen Geschwister von den Plejaden und von Sirius sagen allerdings, dass wir uns um ihre jeweiligen Zentralsonnen drehen. Wahrscheinlich stimmt alles, man muss das Gesamtgebilde nur in Form eines riesigen kegelförmigen Strahls sehen, der, von diesen Blasen beziehungsweise den schwarzen Löchern ausgehend, unsere gesamte Galaxis umfasst.

Die galaktische Reise unserer Erde wurde in alten Zeiten schon als kreisförmiger Weg durch die zwölf Tierkreiszeichen erkannt. Wenn man die heutige Geschwindigkeit der Erde durch den Kosmos zugrunde legt, dauert unsere gesamte Reise durch alle Konstellationen 25.625 Jahre, die Zeit, die der Tzolkin als festen Zyklus beschreibt. Die zwölf Tierkreiszeichen sind ein wichtiger Bestandteil des irdischen Energiesystems. Auch die Maya und die alten Inder kannten diese Spirale der Zeit: Der längste Zyklus dauerte für beide Völker cirka 26.000 Jahre, alle 5.125 Jahre begann auch für sie ein neues Zeitalter. Unsere Sonne schreitet rückwärts von einem Zeichen des Tierkreises ins nächste, was „Präzession" genannt wird. Und jetzt kommen wir ins Wassermannzeitalter beziehungsweise sind schon mittendrin.

Die Zyklen der Weltzeitalter sind in den Veden, den alten Schriften Indiens, noch präziser beschrieben: Kali Yuga 1.200 Jahre, Dvapara Yuga 2.400 Jahre, Treta Yuga 3.600 Jahre, Krita Yuga 4.800 Jahre, also alle im Verhältnis 1:2:3:4. Auch in den Veden beginnt unser Zeitalter um 3.100 vor Christus. Es endet nach 5.000 beziehungsweise 5.125 Jahren, also jetzt.

Ich gehe davon aus, dass auch das Horrorszenario unserer Zeit zu den festen Zyklen gehört: Die kosmische Strahlung verstärkt sich zu bestimmten Zeiten, das Erdmagnetfeld nimmt ab, die Desorientierung steigt an, gleichzeitig schmelzen die Polkappen ab und die Überflutungen nehmen zu, weil die Erde ihr eigenes Kühlsystem einschaltet und gleichzeitig einen Generalputz macht, um sich wie die Natur im Winter von ihren menschlichen Parasiten zu befreien. Alles hängt mit allem zusammen!

Es gibt keine Materie

Wer sich mit Quantenphysik beschäftigt und wie ich keine Hemmungen hat, Wikipedia zu nutzen, muss zunächst sein Weltbild total revidieren. Die wichtigste Erkenntnis: Materie ist aus der Perspektive feinster Elektronenmikroskope nichts weiter als verdichtete Energie. Wenn Sie ein kleines Stückchen Haut betrachten und es immer mehr vergrößern, sehen Sie in der stärksten Vergrößerung, dass sich die noch sichtbaren Moleküle unendlich weit voneinander entfernt haben – die Zeitschrift PM hat das allerdings vor vielen Jahren schon sehr schön dargestellt. Sie zeigte einen Ausschnitt der menschlichen Hand, der immer feiner wird, bis er aus Sicht der Quantenforscher zeigt, dass unsere Zellen aus 99 Prozent leerem Raum bestehen.[17]

Diese Erkenntnis ist nichts Neues. Der Vater der Quantenphysik, Max Planck, verkündete bereits 1926 in Florenz: „Ich sage Ihnen nach meinen Erforschungen des Atoms: Es gibt keine Materie an sich. Alle Materie ent- und besteht nur durch eine Kraft, die die Atomteilchen in Schwingung bringt und sie zum winzigsten Sonnensystem des Atoms zusammenhält. Da es aber im ganzen Weltraum weder eine intelligente noch eine ewige Kraft gibt, müssen wir hinter dieser Kraft einen bewussten, intelligenten Geist annehmen. Dieser Geist ist der Urgrund aller Materie. Da es aber Geist an sich nicht geben kann, müssen wir annehmen, dass es ein Geistwesen gibt: Gott!"[18]

Albert Einstein sagte kurz und bündig: „Materie ist nur verdichtete Energie."[18] Und der Schweizer Atomphysiker

Dr. Carlo Rubbia erhielt 1984 den Nobelpreis für die Aufstellung einer mathematisch entwickelten Naturkonstante, eine Verhältniszahl der Relation von notwendigen Energieträgern für die Entstehung nur eines einzigen Materieteilchens auf der Erde: $1 : 9.746 \times 10^8$, also nahezu eine Milliarde Energieeinheiten für eine Materieeinheit in Form von Masse. Das heißt, die Verdichtung der feinstofflichen Ebene zur grobstofflichen Materie ergibt sich aus einem nachvollziehbaren Naturgesetz.[18]

Die Kraft, die die Atomteilchen in Schwingung bringt und sie im winzigsten Sonnensystem des Atoms zusammenhält, ist von unseren Forschern bis in die kleinsten Details erkannt und beschrieben worden. Zunächst geht es um ein Phänomen, das mit der Spiralform, den Strings und Spins der Quanten zusammenhängt. Die Bewegung, die Atome in Bewegung hält.

Unser Universum, das wahrscheinlich mit dem Urknall vor etwa 15 Milliarden Jahren entstand, kam wahrscheinlich aus einem schwarzen Loch und war am Anfang erbsengroß wie ein Atom, und alles war darin enthalten – eine vollendete Matrix. Wobei es sich eigentlich um ein Bi-versum handelte, denn jedes Teilchen Materie, das dabei entstand, hatte ein Antiteilchen, die Antimaterie.

Die Ausdehnung des Universums schuf diese Dualität und außerdem zwei Familien von Elementarteilchen (Quanten). Man kann sie auch den Begriffen von Yin und Yang zuordnen: Die YIN-Familie ist die materielle Welt, sechs Quarks (Up-, Down-, Strange-, Beauty-, Charme- und Truth-Quark). Zwei dieser Quarks (Up und Down) schließen sich zu Gruppierungen zusammen, die wir als Proton und Neutron bezeichnen.

Die YANG-Familie ist Energie. Die den Quarks entsprechenden Teilchen werden Leptonen genannt, und auch hier gibt es sechs Arten, die in zwei Gruppen zerfallen: 3 Elektronen und 3 Neutrinos. Elektronen verbinden sich mit Protonen und Neutronen zur atomaren, also zu unserer materiellen Welt. Sie überleben in jeder Form von Materie in diesem Universum, weil sie atomare Strukturen erschaffen. Diese existieren Sekunden oder Jahrtausende, bis sie zerfallen und wieder neu entstehen.

Der sogenannte Superstring, der mal rechts-, dann linksdrehend sein kann, ist gebaut wie der Wasserstoff-String, der auf dieser Erde nur in zweifacher (dimerisierter) Form vorkommt. Er besitzt einen SPIN (in winzigen Kugeln sind unsichtbare, bis zu 10 Dimensionen wie Schnüre zusammengerollt). Dort, wo der Spin am höchsten ist, ist keine Materie mehr zu sehen, es gibt nur noch Schwingungsmuster und geht dort in den Hyperraum über, wo die dunkle (Anti-)Materie beginnt.

In Experimenten der Teilchenbeschleunigung zeigt sich, dass Energie immer paarweise zu gleichen Mengen in Materie und Antimaterie umgewandelt wird. Auch nach den bisher gefundenen theoretischen Gesetzen gibt es in der Natur keinen prinzipiellen Unterschied zwischen dem Verhalten von Materie und Antimaterie. Somit sollte man erwarten, dass nach dem heißen und dichten Anfangszustand des Universums Materie und Antimaterie in gleichen Mengenverhältnissen entstanden sind.

Trotzdem zeigen alle bisherigen Beobachtungen im Kosmos nur die „normale" Materie. Sobald Antimaterie auf normale Materie trifft, vernichtet sich beides gegenseitig unter Freisetzung enormer Energiemengen. Diese Erkenntnis und viele andere unerklärliche Phänomene haben dazu geführt, dass unsere Wissenschaftler auf die Existenz eines Anti-Universums gestoßen sind und einer anderen Form von Energie und Materie, die den größten Teil des bekannten Universums ausmachen soll: die dunkle Energie und die dunkle Materie. Genauer gesagt soll die dunkle Ener-gie unser Universum auseinandertreiben und die dunkle Materie mit ihrer Gravitation dazu dienen, dass Galaxien zusammengehalten werden. Die dunkle Energie macht etwa 70 Prozent des bekannten Universums aus und die dunkle Materie 30 Prozent. Nur 5 Prozent davon ist die uns bekannte sichtbare Materie aus Planeten, Sonnen, Sternen und Galaxienhaufen.[19]

Für mich ist die dunkle Materie identisch mit den von unseren Wissenschaftlern weitestgehend ignorierten esoterischen Gesetzen, die ich Urkodes des Lebens nenne. Sie warten darauf, von uns durch unsere Träume, Wünsche, Imaginationen, Gefühle, dem Glauben und schließlich unserem Willen in die Materie verwandelt zu werden, die unsere Realität prägt.

Der Standpunkt des Beobachters

Ich beziehe mich im Folgenden voller Dankbarkeit wieder auf meine Recherchen in Wikipedia, deren zusammenfassende Erklärungen meine kleine Politologenwelt in den letzten Jahren um Quantensprünge erweitert haben:

Kleinste Teilchen, die Quanten, bestimmen die Materie. Ein Quant ist die Mengenbezeichnung kleinster Teilchen, wenn das materielle und nicht das wellenartige Verhalten bezeichnet wird. Manchmal wird damit aber auch die Energie eines Teilchens benannt. Elementarteilchen sind Quanten (koppeln und abstoßen) oder Strings (einrollen nach rechts oder links). Wobei, wie erwähnt, nur 5 Prozent des Weltraums Materie in unserem Sinn genannt werden kann. 95 Prozent des Universums ist also unbekannte, nicht-atomare dunkle Energie sowie dunkle Materie. Keine Leere!

Das Leben auf der subatomaren Ebene des Lichts – der Quantenwelt – ist vor einigen Jahrzehnten von den Quantenforschern in einer ihrer eigenwilligsten Varianten entdeckt worden. Es ging um die Frage, ob Licht ein Teilchen oder eine Welle ist. Dabei entdeckte man, dass diese Quantenwelt sich nach der Absicht dessen richtet, der sie erforschen will, „Heisenbergsche Unschärferelation" oder auch „Bells Lehrsatz" genannt. Allein die Absicht des Beobachters reicht, um ein Teilchen Licht zur Lichtwelle umzuwandeln. Das ist eine ungeheuerliche Erkenntnis und erklärt die wichtigsten Dinge in unserer Welt, sogar wie Gott oder die Götter uns erschaffen haben, wenn man sie konsequent zu Ende denkt.

Im sogenannten Doppelspalt-Experiment ließen Wissenschaftler einen Elektronenstrahl (Licht) eine Blende mit erst einem, dann zwei Spalten passieren, bevor er auf eine Wand/Fotoplatte traf. Dort hinterließ er zunächst ein Muster, das auf ein Teilchen schließen ließ, dann auf eine Welle, wenn man es länger beobachtete.

Die Erkenntnis, dass jede Materie (Elektronen, Protonen, Moleküle, Atome...) nicht nur Teilcheneigenschaft besitzt, sondern auch als „Welle" beschrieben werden kann, ist eine der wichtigsten Errungenschaften der Quantenphysik (die „De-Broglie-Gleichung"). Sie ist abhängig vom Standpunkt des Beobachters und der eigentliche Grund für eine Annäherung von Physik und Esoterik. Physiker müssen die mögliche Interaktion zwischen ihnen als Beobachter und den beobachteten Vorgängen in Betracht ziehen. Merken Sie sich diesen Ausdruck, auch wenn er ein Zungenbrecher ist: Heisenbergsche Unschärferelation wurde die Erkenntnis genannt, dass ein Teilchen auch eine Welle sein kann und umgekehrt. Naturwissenschaftlich gebildete Männer geraten in Entzücken, wenn man ihn flott über die Lippen bringt!

Die Konsequenz für den spirituellen Alltag: Wenn es unser Bewusstsein und die reine Absicht, also unser Wille, sind, die diese Quantenwelt formen können, dann können wir uns das zunutze machen und jede Art von Materie mit Bewusstsein durchdringen. Denn Materie wird damit lebendig und intelligent, sozusagen beseelt und individuell. Das gilt übrigens nicht nur für die Materie, aus der sich unser Körper zusammensetzt.

Sprechen Sie mit Ihrem Auto und Ihrem Computer, geben Sie ihnen Namen und bitten Sie alle scheinbar leb- und seelenlosen Geräte um Mitarbeit, statt vor Wut auf ihnen herumzuhämmern, wenn sie nicht funktionieren. Sie werden sehen, was es mit dieser Erkenntnis auf sich hat.

Wer nicht gleich an Naturgeister glauben kann, die unsere Materie beleben und beseelen, sollte folgende Überlegung konsequent zu Ende denken: Wenn sich in der Vierten Dimension, der Astralwelt, die ein Teil der dunklen Materie ist, unsere Gedanken, Gefühle, Absichten und Ideen als Wellen mit den Naturelementen verbinden, sodass sie sich in unserer Dimension als Teilchen materialisieren können, muss es doch irgendjemanden/irgendetwas geben, der/das diesen Wechsel verursacht...

Für mich fügen sich diese Erkenntnisse der Quantenphysik mit denen der spirituellen Welt zusammen und erklären, warum die Dinge so funktionieren, wie sie funktionieren, wenn wir sie beabsichtigen.

Unser Wille ist für diese winzigen Naturwesen kraftvoll genug, um die Verdichtung der Quanten mit Hilfe ihrer natürlichen Kräfte zu veranlassen. Und diese Kräfte sind größer als unsere eigenen: Sie sind aus Licht.

Morphogenetische Felder

Der britische Biophysiker Rupert Sheldrake fand durch die Beobachtung von Affen auf Inseln in der Südsee, die Süßkartoffeln vor dem Verzehr wuschen, eine Übertragungsart vor, die auf die Entfernung funktionierte. Er nannte sie „Morphogenetisches Feld". Ohne irgendwelche Kontakte begannen die Affen auf der Nebeninsel, ebenfalls ihre Süßkartoffeln zu waschen, bevor sie diese fraßen.

Früher wurde Telepathie genannt, was heute als riesiges Feld erkannt worden ist. Das Universum ist nicht leer, sondern ein Informationsfeld, Strings – die kleinsten Einheiten des Universums – bilden darin die Energiemuster der Wirklichkeit. Photonen, die miteinander „verschränkt" sind, sagen die Wissenschaftler.

Jede Zelle, jedes Gewebe, jedes Organ ist ein Morphogenetisches Feld aus dem morphischen Gesamtfeld der Gattung Mensch. Unsere DNA ist wie eine Antenne, die das jeweilige Programm wie ein TV-Gerät empfängt. Bilder und Filme sind die Lichtblitze der Elektronen. Jede Idee und deren Ausführung besitzt mit ihrem energetischen Kern ein Morphogenetisches Feld (zum Beispiel Berufswissen, aber auch Religion). Und morphische Felder beeinflussen alles: Pflanzenwachstum, Wanderrouten der Tiere, das kollektive Unbewusste, Jungs Archetypen und auch Musik.

Der Urknall zerriss mit Hitze und Schall die Leere, was ein Energiemuster ins Universum brachte, das die Vorlage unseres gesamten Universums ist. Und alles ist immer noch mit allem verbunden. Alles im Universum Existierende, vom Atom bis zur Milchstraße, ist nichts anderes als eine Zusammenballung von Energiefeldern, die im Laufe der Zeit wiederkehren – im ewigen atomaren und galaktischen Energiefluss. Zu jedem gegebenen Zeitpunkt gibt es unzählige Möglichkeiten/Welten, die gleichzeitig existieren. Vergangenheit, Gegenwart und Zukunft sind aufs innigste miteinander verbunden im „Gefäß der Zeit", der „Göttlichen Matrix". Sie besteht aus unendlich vielen Realitäten/Parallelwelten. Der amerikanische Bestsellerautor Gregg Braden sagt, es sind 10 hoch 23 Universen, die wie Hologramme, Energieblasen, die Unendlichkeit ausfüllen.[20]

Es besteht die Möglichkeit, morphische Felder durch Rituale, Gefühle, Imaginationen, gerichtete Absicht oder Glauben zu beeinflussen, sie sind wie Schlüssel zur universellen Datenbank. Unsere Realität ist nur eine mögliche Wirklichkeit, jeder hat eine andere. Man spricht, wie gesagt, von Parallelwelten. So ist im Quantenbereich Krankheit eine Möglichkeit der Anordnung von Atomen, Zellen, Elektronen usw. Es gibt aber nicht nur dieses eine Muster hochenergetischer Photonen. Sie können auch anders konfiguriert werden, je nachdem, wie wir sie beobachten. „Also seien Sie von der Unwirklichkeit des Problems/der Krankheit überzeugt!", sagen Matrix Energetics Praktizierende wie Frank Kinslow[21] und nennen es „Quantenheilung". Verkörpert man diesen energetischen Kern und glaubt ihm, ist man laut Kinslow mit einem energetischen Kraftgitter verbunden und verbindet sich mit der riesigen Datenbank seines Morphogenetischen Feldes.

Er rät, dass wir diese Parallelwelten am besten imaginieren und so tun sollen, als wenn sie bereits in unserer Welt existieren, das ziehe sie in unsere Wirklichkeit. Wichtig sind dabei Freude und Erfolgsgefühl, sie wirken wie ATTRAKTOREN. Denn die Sprache der Quantenwelt lebt von Gefühlen, Imagination und Intuition.

Moleküle der Gefühle

Imagination kann uns durch die Grenze zwischen Wirklichkeit und Unwirklichkeit „schubsen", Glaube kann Berge versetzen, von einer Parallelwelt in die andere. Die Matrix verbindet alles im Universum auf der kleinsten Ebene (Quanten und Photonen). Die göttliche Matrix ist holografischer Natur, das heißt, jedes Teil des Feldes enthält die Essenz des ganzen Feldes. Effekte im Quantenbereich sind ihrer Natur nach nicht lokal, aber ihre Informationen sind auf der Ebene der Photonen miteinander verschränkt, was zeitgleiche Reaktionen trotz großer Entfernungen erklärt.

Der Karatekämpfer stellt sich vor, dass ein Stein oder Brett bereits zerschlagen ist, um genau dieses Ziel zu erreichen. Menschliche Gefühle sind das wichtigste Medium, mit dem wir mit der Matrix im Austausch stehen. Das erklärt, warum ein Gebet dort wirkt, wo es hingelenkt wird.

Wer die Forschungsergebnisse der Wissenschaft aufmerksam verfolgt, weiß, dass die spirituelle Welt immer stärker in den Forschungsmittelpunkt rückt, auch wenn offiziell nicht darüber gesprochen wird. Denn mit der Schulmedizin allein ist das Gesundheitssystem nicht zu retten und die Heilkraft des Glaubens nicht erklärbar. Neurobiologen schieben betende Nonnen in Kernspin-Tomographen, Ärzte studieren die gesundheitsfördernde Wirkung von Akupunktur und Gebeten, Molekularbiologen suchen nach einem Gottes-Gen. Eine Variante des Gens VMAT2 scheint direkt mit der Fähigkeit verknüpft, sich selbst zu transzendieren, behauptete der US-Molekularbiologe Dean Hamer in der ZEIT.[22]

Offiziell ist die Gefühlsforschung noch ein wenig unterentwickelt, wenn man bedenkt, dass es sich um den evolutionsmäßig ältesten Teil unseres Gehirns handelt, um den es hier geht: das limbische System im Zwischenhirn, Hippocampus und Amygdala oder den präfrontalen Cortex. Man erkennt per Magnetresonanz-Tomographie Gefühle wie Trauer oder Freude als elektrische Signale und „feuernde Nervenzellen".

Und die US-Forscherin Candace Pert hat sogar ein Buch über die „Gefühle der Moleküle" geschrieben[23], in dem sie glaubwürdig und wissenschaftlich stichfest unsere Gefühle auf die Ebene der Informationstechnik hebt. Ein beeindruckendes Werk, in dem sie nicht nur ihre eigenen Gefühlsdramen in der Forscherwelt, sondern auch den Einfluss von Gefühlen auf unser Immunsystem erklärt.

☆☆☆

Die „Theory of Everything"

Die Welt der Naturwissenschaften sucht noch immer nach der Weltformel, mit der alles beschrieben werden kann, der „Theory of Everything (TOE)", eine hypothetische Theorie von Mathematik und Elementarteilchen-Physik, mit der die allem zugrunde liegenden Wechselwirkungen der Natur erklärt werden sollen und die zusammen alle bekannten physikalischen Phänomene gänzlich verknüpft. Doch es gibt noch eine heftige Lücke im Erklärungsgerüst.

Die Gravitation verleiht zwar allem ein Gewicht und ist eine Eigenschaft des gekrümmten Raums, aber sie entzieht sich den Erklärungen der vorherrschenden Präzisionskosmologie, alle anderen Kräfte funktionieren über den Austausch der Kräfte und innerhalb der Quantentheorie.

Auch die rätselhafte dunkle Energie und die dunkle Materie überziehen das Weltall wie ein Netz, in dem sich alles sammelt. Aber es sind keine Neutrinos darin enthalten, also kann sie nicht definiert werden. Stephen Hawking behauptet, die Weltformel gefunden zu haben, aber er findet keine Erklärung für Liebe oder Vertrauen. Das „Wie" wird erklärt, aber nicht das „Warum". Kleine Randerscheinung: Wo Lücken im Verständnis auftauchen, spricht man wieder von Gott.

Es gibt ein Band, das alle Überlieferungen, Schöpfungsmythen und Sagen dieser Welt, Religionen und Glaubenssysteme, Philosophien und Gesellschaftsformen miteinander verbindet. Wer versucht, die Synthese herzustellen und vom Osten zum Westen, vom weiblichen zum männlichen Wissen, von der Intuition zum Verstand der rechten und zur linken Gehirnhälfte eine Brücke zu schlagen, muss heute in die Quantenverknüpfung einsteigen, von der Materie in die Antimaterie.

Die Ähnlichkeit von Galaxien und atomaren Strukturen gehört zum unaufhörlichen Prozess des Absterbens und neuen Entstehens, alles im Universum ist gestaltet nach Gesetzen der Selbstähnlichkeit – wie eine Puppe in der Puppe, wie im Großen, so im Kleinen, wie außen, so innen, wie oben, so unten und gestern ist heute, ist morgen. Die Lehrsätze des Hermes Trismegistos oder Thoth und die heiligen Smaragdtafeln lassen grüßen. Seine Erkenntnisse wurden bereits neu belebt: Wenn sich ein Muster immer wieder auf ähnliche Weise in unterschiedlichen Maßstäben wiederholt, nennt man es FRAKTAL, und das Fraktal gehört zur Wissenschaft der Kybernetik.

Wir können nur hoffen, dass es inzwischen genügend Physiker gibt, die alte Quellen aufmerksam studieren und somit zu einer Weltformel kommen, die im Endeffekt die alte Formel eines Hermes Trismegistos auf Quantenniveau hebt und damit für unsere Welt aktualisiert.

Das wäre ein wirklicher Quantensprung, denn „Das größte Problem in der Annäherung von Wissenschaft und spirituellem Wissen ist die Definition der benutzten Begriffe, da die Wissenschaft die erkannten Einsichten früherer Kulturen neu entdeckt hat und nun mit anderen Namen versieht. Ein Beispiel dafür ist die Idee der Reinkarnation, die heute den Namen „Genetik" führt", schreibt A.T. Mann[24].

Die Spur der dunklen Energie und Materie

Ich gehe davon aus, dass die Erkenntnisse der esoterischen Welt auch die Gesetze der geheimnisvollen DUNKLEN ENERGIE und der DUNKLEN MATERIE wiedergeben, auf deren Spur sich zurzeit die Quanten- und Astrophysiker in aller Welt befinden. Die dunkle Materie lässt sich nämlich nicht in die Quantentheorie einfügen, besteht, wie gesagt, weder aus Neutrinos noch aus anderen Teilchen und zeigt keine Spur von Wechselwirkung. Sie macht allerdings 25 Prozent unseres Weltalls aus und scheint gemeinsam mit der DUNKLEN ENERGIE (70 Prozent) für seine Form und Struktur verantwortlich zu sein.

Die Weisen und Eingeweihten kannten die Gesetze, die im Weltall herrschen, und haben sie bis in unsere Zeit untereinander weitergegeben. Bis sich die Bucharchive öffneten und auch uns Uneingeweihten bekannt wurde, was im Hintergrund und nur unter Menschen, die auf der Suche waren und die ihre „Meister" fanden, weitergegeben wurde. Sie sind auch heute nur denen bekannt, die sich mit allen alternativen Methoden auskennen oder einfach nur die Wahrheit erfahren wollen – über sich selbst, den Sinn des Lebens und das göttliche Gesetz, das uns lenkt.

Das ist auch unsichtbar. Es gibt unserer Welt und dem Weltall Struktur, ein Netz, eine Form, die sich an Zahlen, geometrischen Regeln, Symbolen, Ritualen und immer wiederkehrenden Zyklen orientiert. Lichterscheinungen und Biophotonen, die von einer Dimension in die andere „wechselwirken", aber nur auf einer Seite sichtbar sind.

Die „Matrix" des Dunklen ist gleich nebenan, aber sie gehorcht eben nur den Gesetzen der Esoterik, und die sind immer noch ein verachtetes Stiefkind in unserer wissenschaftlichen Welt.

Dabei wurde dieses Wissen einigen einst von den Göttern vermittelt, die auf dieser Erde wandelten und dabei auch ihr Unwesen trieben. Lange ist es her, und vieles ist vergessen oder niemals erzählt worden. In den Siebzigerjahren des letzten Jahrhunderts kamen dann plötzlich Bücher auf den Markt, die uns völlig neue alte Geschichten erzählten, die unsere offizielle Forschung und Schulbildung gar nicht kannten. Auf einmal war von medialen Menschen die Rede. Menschen, die Stimmen von Engeln und Außerirdischen oder sogenannten Aufgestiegenen Meistern hörten oder gar durch sich sprechen ließen.

Doch davon handeln die nächsten Kapitel, in denen ich Ihnen erzählen möchte, welche Arbeiten und Legenden in dieser eigentlich sehr ernst zu nehmenden „Spinner"-Welt die Runden machen. Bei manchen musste ich lachen, bei anderen staunen, und bei einigen Werken zückte ich den Stift, um die Gedanken festzuhalten, die perfekt in mein eigenes Gefühl von der Wahrheit passten. Das Puzzle, das letztendlich dabei herauskam, ist sicherlich nur von Wenigen nachzuvollziehen, doch mein übergreifendes Weltbild würde der endlosen Feindschaft von Wissenschaft und Esoterik endlich den passenden Rahmen bieten. Das eine als Ergänzung des anderen akzeptieren. Dann hätte mein Weg das Ziel gefunden, und der überstrapazierte Spruch: „der Weg ist das Ziel", hätte endlich ein Ende.

Zunächst soll jedoch der Weg beschrieben werden, den so viele Alternative wie ich plötzlich entdeckten, weil sie mit dem normalen Leben und dem, was unsere Ärzte uns zur Lösung anbieten, nicht mehr zufrieden waren. Der Weg in eine Welt, in der es vor allem um Licht geht.

Therapieren mit Quanten

Naturwissenschaftler wie der US-Atomphysiker Fritjof Capra, der britische Biologe Rupert Sheldrake oder der deutsche Biophysiker Fritz Albert Popp haben sich bei der Suche nach den Geheimnissen der subatomaren Welt an den Rand einer mit Messmethoden so gerade eben noch erfassbaren Welt begeben. Die Chaos- und Photonenforschung, die Kybernetik, Quanten- und Stringtheorie finden neue Erklärungsmodelle für das Funktionieren von Leben in unserer Welt.

Es häufen sich die Erkenntnisse, dass es in unserem Körper und in der Natur eine Kommunikationsform gibt, die über das chemische und physikalische Netz hinaus auf elektromagnetischem und noch feinerem Weg stattfindet: Zellen „unterhalten" sich über Lichtsignale. Elektromagnetische Wechselwirkungen (Anziehen, Abstoßen, präzises Andocken) sind die elementarsten und ältesten Koppelungen, die in Lebewesen vorkommen.[25] Unser Körper reagiert offenbar wie ein „flüssigkristallines Riesenmolekül"[26] auf die kleinsten Impulse, ohne dass dieses hochsensible Eigenleben bisher in die offizielle Forschung Eingang gefunden hat.

Es gibt Tausende Therapeuten und Laien, die einfach nur die Energie, dieses Licht in unseren Zellen, verstärken wollen, um den Körper den Änderungen in unserer Welt anzupassen. Sie bezeichnen sich deshalb als Lichtarbeiter. Einige fortschrittliche und für die Ideen der alternativen Therapien aufgeschlossene Mediziner sprechen bei dieser Arbeit inzwischen von Quantenmedizin – diese

Quanten sind die feinstofflichen Bestandteile unserer Atmosphäre, die sich jenseits des Greifbaren feststellen lassen, sich aber jeder direkt messbaren Methode entziehen.

Wobei unter Lichtarbeitern mit „Licht" nicht nur das normale Tageslicht gemeint ist, sondern das, was wir auch unter „göttlichem Licht", CHI, PRANA, ORGON oder der „Strahlkraft der Engel" verstehen können. In dieser Arbeit ist es selbstverständlich geworden, mit Quanten, Photonen, Elektronen oder der sogenannten Nullpunktenergie zu arbeiten, denn diese fürs Auge unsichtbaren Informationen haben die Lichtarbeit immer stärker beeinflusst.

Im „Tao-Yoga" wird beispielsweise spiralförmiges Licht von oben (Himmel) und von unten (Erdmitte) in den Körper „gezogen", wenn die Meditation des „inneren Kreislaufs" beginnt. Der Astrophysiker Adalbert W.A. Pauldrach („Dunkle kosmische Energie, S.185) spricht vom „Zwitterverhalten" der dunklen Energie, einem positiven Druck, der zugleich Sog produziert und damit unser Universum zusammenhält. Wahrscheinlich geht es hier um die gleiche Dynamik. Der Wissenschaft ist sie noch ein Rätsel, die Spirituellen arbeiten seit Jahrhunderten mit ihr.

Die US-Wissenschaftsjournalistin Lynne McTaggart schreibt: „Denken, Fühlen – sogar höhere kognitive Funktionen – haben mit Quanteninformationen zu tun, die simultan durch unser Gehirn und unseren Körper pulsieren. Die menschliche Wahrnehmung vollzieht sich aufgrund von Wechselwirkungen zwischen den subatomaren Teilchen unseres Gehirns und dem Meer der Quantenenergie. Wir stehen buchstäblich in Resonanz mit der Welt".[27]

Licht organisiert Materie

Quantenmediziner und Lichtarbeiter bewegen sich bei ihrer Arbeit, beim Visualisieren, geistigen „Senden", „Ableiten" oder „Reinigen" der feinstofflichen Körper in einer Bewusstseinsebene, die jenseits der mit dem bloßen Auge erkennbaren Materie liegt: in der Quantenwelt. Der Huna-Lehrer und Nationalökonom Dr. Diethard Stelzl beschreibt sie folgendermaßen: „Alles, was kleiner als 0,0025 Millimeter ist und anderen Regeln als denen der Schwerkraft folgt, weil nicht genug Masse oder Dichte da ist, um ein Schwerkraftfeld zu erzeugen, und damit in unserer Newtonschen Welt der Gravitation zu existieren."[28] Das macht diese Arbeit für Verstandesmenschen sehr angreifbar, dessen bin ich mir bewusst. Doch abgesehen von den verblüffenden Ergebnissen dieser Lichtarbeit hat eine weitere Erkenntnis der Quantenforscher die Lichtarbeiter noch sicherer gemacht, dass diese Arbeit im (für die meisten) unsichtbaren Bereich so wirkungsvoll ist.

Stelzl erklärt das so : „Die Grenze zwischen Fein- und Grobstofflichkeit liegt bei der Wellenlänge von 0,0025 mm, das entspricht einer Frequenz von 1,2 Gigahertz, das ist die Schwingung der Epiphyse (Zirbeldrüse) und die Breite des Synapsenspaltes zwischen den Nervenenden im Gehirn. Bei dieser Wellenlänge und Schwingungsfrequenz sind genügend Masse, Dichte und Gewichtsanteile vorhanden, damit aus energetischem „Stoff" ein eigenes Schwerkraftfeld erzeugt wird und es damit den Gesetzen der Newtonschen Mechanik entspricht."[29]

Und so müssen Sie sich den Ablauf in der Natur vorstellen: Das Licht kommt aus dem Universum über die
Sonne in kleinen Energiepaketen, Photonen, in den Farben von Rot bis Violett. Jedes Photon besitzt seine eigene Energie – je nach Farbe am höchsten bei Violett, am
niedrigsten bei Rot. Wenn ein Photon auf ein Molekül trifft,
verschmilzt es mit den Elektronen des Moleküls und übergibt ihm seine Energie und damit seine Farbe. Das ist ein
automatischer Prozess, in dessen Hintergrund immer ein
Naturwesen steckt. Jedes lichtabsorbierende Molekül wiederum ist mit bestimmten Proteinen gekoppelt und bildet
mit Hilfe der Naturgeister – Enzyme und Pigmente – farbliche Strukturen, die die eingefangene Energie halten. Das
Ganze nennen wir dann Rose, Lilie, Aubergine, Grünkohl
oder gar Apfelbaum und Eiche. Die Ursache dieser Abläufe: Photonen sind die Informationsträger unseres Universums. Sie enthalten alles, was Materie formt, brauchen
aber die Elektronen/Positronen, um sich zu entfalten.

Wenn Sie sich jetzt an den TZOLKIN erinnern, kennen Sie auch die Anzahl der wichtigsten Informationsträger unter den Photonen, die für uns Menschen und unsere Natur zuständig oder von der Erde ausgewählt sind:
die zwanzig solaren Siegel (Uinal oder Himmel), die die
zwanzig Aminosäuren und damit Entwicklungsstufen des
Bewusstseins beinhalten. Diese Informationen tragenden
solaren Photonen stellen zwanzig Archetypen/kollektive
Bewusstseinsfelder dar. Sie sind die Basis eines Pho-
tonengewebes, das physikalisch/chemisch/biologisch mit
den dreizehn Kräfte wirkenden Elektronen/Positronen

zusammenarbeitet und alle Planeten unseres Sonnensystems mit unseren Genen, aber auch den Chakren unseres Lichtkörpers verknüpft.

Es sind also nicht nur die Gene die Träger des menschlichen und irdischen Evolution.

Materie folgt dem Licht

Es sind die Biophotonen, das Licht selbst, die so viel Einfluss auf unser körperliches Leben haben, dass sie quasi wie Steuerimpulse wirken. Diese Biophotonen haben elektromagnetische Eigenschaften im Spektralbereich aller Regenbogenfarben unseres Lichts. Sie sind nach den Erkenntnissen der Biophotonenforschung den biochemischen Prozessen im Organismus vorgeordnet und verbessern unter anderem den Ionenaustausch, heben quasi unser gesamtes Energieniveau an – wenn sie das denn auch wollen, oder wenn wir es wollen und sie darum bitten.

„Das Licht in unseren Zellen" hieß ein Buch, in dem Marco Bishoff die Biophotonenforschung von Prof. Fritz Albert Popp beschrieb. Ich habe gesammelt, was er alles über Licht zu sagen hatte, und das war eine ganze Menge[30]:

- Licht ist ein organisierendes Prinzip der Materie, es verknüpfte die ersten Moleküle im Wasser und enthält eine Matrix, an die sich die Strukturen der Materie binden.
- Elektromagnetische Wechselwirkungen sind die elementarsten Koppelungen des Lebens, älter und höherwertiger als chemische und physikalische Koppelungen im menschlichen Organismus.
- Licht/Biophotonen kommen über Zirbeldrüse, Augen und Haut in den Körper. Biophotonen beeinflussen mit

ihrem Farbspektrum die Zellteilung und -zusammensetzung, es besteht optische Kommunikation.

- Atome, Moleküle, Zellen und der ganze Organismus sind in ihrer Struktur und ihren Dimensionen die Konsequenz der kohärenten Wechselwirkung des Sonnenlichts auf der Erde (Magnetfeld und Biophotonen). Weil sie geprägt sind durch das Strahlungsfeld, besitzen sie Abmessungen und Strukturen, die in dieses Strahlungsfeld hineinpassen.
- Das Licht hat beim Auftreffen auf die Erde die gleiche Kohärenzfläche wie eine Zelle (0,019 mm).
- Biophotonen haben ein holografisches Feld und „sortieren" das holografische Feld der Zellen.
- Photonen sind intelligente Lebewesen, die sich selbst immer den schnellsten Weg suchen (Vermittler im Körper ist das vegetative Nervensystem).
- Photonen sollen – laut Forschungsergebnis indischer Wissenschaftler – die gleiche Doppelhelixstruktur wie unsere DNS haben (Spins).
- Unsere DNS ist die primäre Quelle aller Biophotonenfeldstrahlung in unserem Körper.
- Die DNS speichert Licht durch ihre Spiralform und verbindet sich mit zum Beispiel MELANIN und den MITOCHONDRIEN, um das kohärente Biophotonenfeld unseres Körpers zu erstellen.
- DNS, Enzyme, Proteine und MELANIN sind Antennen und lebende Makromoleküle.
- Der Übergang von Photonen zu Elektronen erzeugt Quantensprünge und die Leitfähigkeit von Metallen.

In der Spiritualität findet man Definitionen des Lichts im Zusammenhang mit den alten Sprachen: Sanskrit, Hebräisch, Sumerisch usw. Sie sind vor allem als Kodes zu verstehen, mit deren Hilfe es gilt, die Geheimnisse unserer menschlichen Existenz zu entschlüsseln. Doch davon später mehr.

Biophotonen formen die Welt

Das Photon (von Griechisch φως phōs, Gen. φωτός phōtos „Licht") ist die elementare Anregung (Quant) des quantisierten elektromagnetischen Feldes. Anschaulich gesprochen sind Photonen das, woraus elektromagnetische Strahlung besteht, daher wird in der Laiensprache auch der Begriff „Lichtteilchen" verwendet. Dabei muss jedoch beachtet werden, dass alle Teilchen einschließlich der Photonen auch Welleneigenschaften besitzen. Diese Tatsache wird durch den Welle-Teilchen-Dualismus beschrieben. In der Quantenelektrodynamik, dem ältesten Teil des Standardmodells der Teilchenphysik, gehört das Photon als Vermittler der elektromagnetischen Wechselwirkung zu den Eichbosonen." (Aus Wikipedia)

Den Photonen wird damit eigentlich eine hohe Intelligenz und eigenes Bewusstsein zugestanden, sie werden als Organisatoren unseres Lebens erkannt, und es wird ihnen die Fähigkeit zur Kooperation auf höherer Ebene zugetraut. Aber jeder Versuch, sie als lebendige Wesen (zum Beispiel mit den alten Namen der Feen, Elfen, Devas, Undinen Sylphen usw.) zu bezeichnen, wird natürlich als kindlich-naiv belächelt.

Die Schweizer „ZeitenSchrift" ist da weitaus konsequenter, wenn es um belebte Materie wie beispielsweise die Elektronen geht. Elektronen, die negativ geladenen Elementarteilchen, sind ohne Photonen gar nicht denkbar, so, wie Yin nicht ohne Yang. Dieser „Doppelpack" bestimmt unser ganzes Sein.

„Intelligente und beseelte Lichtträger" nannte Ursula Seiler in der „ZeitenSchrift"[31] die Elektronen. „Sie besitzen Intelligenz, über die unser Bewusstsein gebieten kann," folgerte sie konsequent und euphorisch. „Dieser fast kleinste Baustein des Universums, von dem die Wissenschaft sagt, er sei bloß ein Millionstel eines Billionstel Meters groß, ist die Grundvoraussetzung für alles Leben... Er besitzt Form, Farbe und in sich selbst eine Identität. Und er antwortet mit der Schnelligkeit des Blitzes auf die schöpferischen Impulse von Göttern und Menschen." Und „es wird in rhythmischen Pulsschlägen aus dem Herzen Gottes ins Universum hinausgestrahlt, aufgeladen mit speziellen Gaben, Segnungen und Kräften sowohl für den Lebensstrom, den sie durchfließen, als auch für das große universelle Ganze... Die Kirche nennt dieses beseelende Prinzip des Lebens den „Heiligen Geist"." Ja, so kann man das auch sehen. Wie schön!

Noch mehr davon?

„Über viele kosmische Relaisstationen wird das Elektronenlicht stufenweise heruntertransformiert, damit alle Geschöpfe ihren Entwicklungsstufen gemäß davon zehren können. Jeder Planet wird deshalb von einem erhabenen göttlichen Wesen umsorgt, dessen Aufgabe es ist, das elektronische Licht für das ihm anvertraute planetare Leben zu verwalten und zu verteilen.... Schlechte Gedanken und Emotionen in den verschiedenen feinstofflichen Körpern verunstalten diese Boten Gottes, sodass wir selbst es sind, die uns von den Segnungen Gottes abgetrennt haben."

Lichtarbeiter gehen davon aus, dass alle Moleküle, Atome, Elektronen, Protonen und Neutronen, und damit auch alle Nuklein- beziehungsweise Aminosäuren, Enzyme, Hormone, Blutkörperchen, Lipide oder Lymphozyten, Zellen oder Zellkörperchen wie die Mitochondrien zur Welt der Naturgeister gehören. Wissenschaftler haben ihnen durch die mehr oder weniger willkürlichen Benennungen die natürliche Herkunft und „das Leben" genommen. Denn in unserer Wissenschaft geht man mit ihnen um, als wären sie Bestandteile einer großen Maschinerie, oder etwa nicht?

Das Eigenleben der Materie beschäftigte auch den „Spiegel". Er berichtete in seiner Internetausgabe vom 7.6.2004 über die Sprache der Zellen: „Mediziner haben bei Mikroskop-Untersuchungen eine bizarre Entdeckung gemacht: Zellen können dumpf murmeln, sphärische Lieder singen und Nerven zerfetzenden Lärm schlagen. Krankheiten, so hoffen die Forscher, können so eines Tages hörbar werden. Hefezellen schaffen gewöhnlich, woran so manche Opernkarriere gescheitert ist: das Hohe C. Sind sie aber tot, hört man nur noch ein tiefes Murmeln. Unter dem Einfluss von Alkohol fangen sie an, in höchsten Tönen zu schreien. Krebszellen produzieren vor allem eins: Lärm. Eines Tages könnten Ärzte dem Singsang der Zellen lauschen und Krankheiten erkennen, ehe sie ausbrechen. Das jedenfalls hofft Chemieprofessor James Gimzewski und sein Doktorand Andrew Pelling von der University of California in Los Angeles."[32]

An den Synapsen beginnt die Realität

Ob Elektronen, der „heilige Geist", Quanten, Biophotonen, das „Nullpunktfeld" oder winzige Naturgeister: Wir Menschen denken, wir hätten die Welt im Griff, dabei ist es umgekehrt: Die belebte Natur hat uns mehr im Griff, als wir es uns vorstellen können. Und das findet genau dort statt, wo wir denken, dass wir Herr im Haus sind: in unserem Gehirn.

Lichttherapeuten wie Wiebke Grützmacher und ich, die wir uns unter anderem mit sogenannten „Besetzungen" (fremde Seelen, die sich in der Aura befinden) beschäftigen, haben in ihrer Arbeit festgestellt, dass an den Synapsen und in den Kernarealen der Hormone und Neurotransmitter unseres Gehirns die Stellen zu finden sind, an denen häufig die „vagabundierenden Seelen" andocken und uns zu beeinflussen versuchen. Vor allem dann, wenn es darum geht, uns in unseren Süchten und der Gier gefangen zu halten, da sie dort mitzehren können: Sex, Alkohol, Nikotin, Essen, Geldgier, Drogen jeder Art. Sie benutzen die Süchtigen, um ihren eigenen Süchten weiterhin folgen zu können. Und oft genug sind die so Manipulierten nicht mehr in der Lage, mit ihren Schwächen aufzuhören. Die Ergebnisse dieser Schwäche beschäftigen unser ganzes marodes und krebsartig wucherndes „Gesundheitssystem".

Das hat außerdem eine Folge, die in der Suchtbehandlung bisher übersehen wird: Unsere Synapsen sind im feinstofflichen Bereich „verstopft". Unsere eigenen Hormone, Transmitter, Endorphine und Enzyme sind nicht mehr in der Lage, sich zu unseren Gunsten zu entfalten. Das ist hochdramatisch, da es sich auch hier um Naturgeister handelt, sogenannte Elementale, die verdrängt und geblockt werden, kleine und große Wesen, die sich aus den Elementen Feuer, Wasser, Luft und Erde entwickelt haben und unsere Gefühle und unsere feinstofflichen Körper beeinflussen, ohne dass wir diese Steuerung per Computertomographie oder ähnliche technische Hilfsmittel erkennen könnten.

Warum das möglich ist? Ich wiederhole nochmal die Erkenntnisse des genialen Huna-Lehrers und promovierten Ökonomen Diethard Stelzl: „Aufgrund des derzeitigen Magnetfelds der Erde und der dadurch herrschenden Massedichte und Gewichtsverhältnisse ergibt sich die Grenze zwischen Grob- und Feinstofflichkeit fließend in Wellenlängen um 0,0025 mm, das entspricht einer Schwingung von 1,2 Gigahertz ... und damit der Hauptsteuerdrüsen im Zwischenhirn (Epiphyse und Hypophyse)." Er präzisiert: „In unserem Kopf treffen unsere Realität und die Quantenwelt aufeinander. In unserem Gehirn gibt es winzige Abstände zwischen den Enden der Nervenzellen, die Synapsen genannt werden. Die durchschnittliche Größe solch einer Synapse ist 0,0025 mm, also genau die Größe, an der die Quantenwelt beginnt. Ein Nervenimpuls läuft ein Neuron entlang und überspringt dann diesen kleinen Abstand zum nächsten Neuron. Dieser Impuls hat die Form eines Moleküls, das Neurotransmitter genannt wird. Es gibt Tausende von ihnen, in jedem Moment. Wenn sie ihren Sprung zur nächsten Synapse genommen haben, erzeugen sie den nächsten Impuls, bis sich – vereinfacht gesagt – irgendwann ein Gedanke daraus ergibt. Die Aktivität der Neurotransmitter genannten Botenstoffe und Hormone gehört eindeutig in diese Quantenwelt. Und die ist höchst lebendig."[33]

Quantenheilung

Diese bemerkenswerten Details aus der Neurologie und der Naturheilkunde versetzen uns in die Lage, auf die Quantenereignisse in Geist und Körper selbst Einfluss zu nehmen. Die Psycho-Neuroimmunologie befasst sich seit Jahren mit dieser Tatsache und hat erkannt, dass Gedanken und Gefühle unser Immunsystem nicht nur beeinflussen, es lässt sich auch bewusst damit steuern und verbessern: Positives Denken, Autogenes Training und viele andere alternative Methoden arbeiten mit diesen Erkenntnissen. Sie trainieren über Bilder und sogenannte „Affirmationen", das heißt: sich immer wiederholende positive Sätze wie „Ich bin gesund auf allen Ebenen", „mir geht es von Tag zu Tag besser" oder „mein Leben ist in Gottes Hand". Bilder und rhythmische Sprüche sind die Sprache der Seele, und je öfter wir sie kreativ produzieren, umso konkreter kommen sie in unsere Wirklichkeit – im Guten, wie im Bösen.

Auch wenn die Forscher noch nicht so genau wissen, warum das so ist, gibt es bereits positive Ergebnisse eines ähnlichen Zusammenspiels aus der Psycho-Neuroimmunologie (PNI). Dort wurde erkannt, dass das Immunsystem durch die Gefühle beeinflusst wird und umgekehrt. Die bereits erwähnte US-Wissenschaftlerin Candace Pert hat entscheidend bei der PNI-Forschung mitgearbeitet und sich intensiv um die „Sprache der Neuropeptide" gekümmert. Sie beschreibt, wie sie sich zu Gefühlen formen (in „Die Moleküle der Gefühle") und ist damit ein wichtiger Vorläufer der Quantenheilung.

Unsere Forscher können allerdings nicht in ihren Elektronen-Mikroskopen erkennen, dass wir genau aus den oben geschilderten Gründen über unsere Synapsen auch extrem manipulierbar sind oder uns selbst manipulieren beziehungsweise steuern können. Mit Hilfe der Quantenheilung. Das ist eine Heiltechnik, die seit einiger Zeit verstärkt in den Blickpunkt rückt. Bei dieser Methode handelt es sich um die praktische Anwendung von Erkenntnissen der modernen Quantenphysik in der Heilpraxis oder auch zur Selbstheilung.

Der Begriff Quantenheilung ist an sich nicht neu. Deepak Chopra („Quantum Healing")[34] benutzte ihn bereits in den Achtzigerjahren – Chopra war auch der Erste, der die spannenden Parallelen zwischen Spiritualität, Medizin und Quantenphysik einem breiten Publikum weltweit bekannt machte.

In jüngerer Zeit kamen nun einige weitere Ansätze – wie „Quantum Entrainment" des US-Autors Dr. Frank Kinslow[35] – dazu. Im Kern geht es aber bei allen Quantenansätzen letztlich immer darum, zentrale Prinzipien, die die moderne Quantenphysik in den letzten Jahrzehnten herausgearbeitet hat, in die Form einer Heilmethode zu übersetzen. Ob diese Methode dazu geeignet ist, andere Lichttherapien zu ersetzen, wissen wir noch nicht.

Am Anfang der praktischen Arbeit mit Quanten stand eine erstaunliche Entdeckung. 1997 machte Dr. Richard Bartlett[36] bei der Behandlung eines Patienten eine überraschende Beobachtung: Wenn er ihn leicht berührte und sich dabei auf die Intention konzentrierte, die Ur-Matrix dieses Menschen zu finden, konnte er den Patienten damit körperlich und mental wieder in Balance bringen. Es kam nur darauf an, dass er zwei mit dem jeweiligen Problem korrespondierende, energetisch sensible Punkte fand. Seine Entdeckung war frappierend: Fehlstellungen in der Körperhaltung verschwanden, emotionale Belastungen lösten sich von selbst, Ängste und Süchte gehörten der Vergangenheit an, und die Betroffenen waren erleichtert und fühlten sich voller Energie, sagen die Erfinder dieser Methode. Jeder erfahrene professionelle Anwender könne die Zwei-Punkt-Methode anwenden und spontane Reorganisationsprozesse auslösen – überraschend schnell und wirkungsvoll.

Ich fasse im Folgenden verschiedene Informationen von Matrix-Energetics-Praktizierenden aus dem Internet zusammen, mag jeder selbst ausprobieren, inwieweit diese Behauptungen sich nachvollziehen lassen:

Die von Dr. Bartlett in den USA entwickelte und in den USA registrierte Matrix-Energetics-Methode erinnert manchmal an Zauberei, die Ergebnisse sind letztendlich in Übereinstimmung mit den Grundlagen der Energiephysik und der Quantenphysik, der Superstringtheorie und Sheldrakes Morphogenetischen Feldern. Sie kann eingesetzt werden, um körperliche und seelische Beschwerden positiv zu beeinflussen und das Leben auf jede nur vorstellbare Art zu verändern. Es geht dabei im Wesentlichen um die Veränderung von begrenzenden Gedanken und Einstellungen in Bezug auf Gesundheit und Krankheit – und um die Veränderung unserer selbstverständlichen Annahmen darüber, wie die Welt und die uns umgebende Wirklichkeit funktionieren.

Es geht bei der Quantenheilung immer um Transformation. Transformation durch reines Bewusstsein. Was dabei zu kurz zu kommen scheint, ist allerdings die Liebe. Dabei kann erst die Kombination von reinem Bewusstsein und absoluter Liebe unser Leben verbessern.

Und das steckt dahinter: Es gibt in der Tiefe aller Abläufe in der menschlichen Natur eine Art Schnittstelle, an der sich entscheidet, ob ein bestimmtes Problem existiert oder nicht. Es ist die Schnittstelle zwischen Welle (Potenzial) und Teilchen (manifeste Realität) im Quantenfeld. Das ist angewandte Quantenphysik. Die individuelle geistige Matrix in der Tiefe des individuellen Bewusstseins entscheidet darüber, was an der Oberfläche des jeweiligen Lebens erscheint – nicht nur Wunschvorstellungen, die oft reine Kopfprodukte sind. Es geht darum, die im Hintergrund wirkende Matrix (Informations-Blaupause) irgendeines Problems, Konflikts oder Symptoms bewusst wahrzunehmen und stattdessen bewusst die Problemmatrix im Hintergrund zu bearbeiten.

Wir müssen uns, wenn wir etwas ändern wollen, einer sehr viel tieferen Ebene zuwenden – der Ebene des Drehbuchs vor der Produktion des „Films", der Informationsebene also, der Quantenebene, der Ebene der geistigen Matrix im Hintergrund, die den Film Ihres Lebens überhaupt erst erzeugt hat und immer genauso weiterlaufen lässt – bis, ja, bis das Prinzip der Transformation ins Spiel kommt. Es geht dabei um eine Transformation des Films – nicht um eine Transformation der Projektion. Wer einmal gelernt hat, diese Transformationskräfte gezielt auszulösen und im Hintergrund ständig arbeiten zu lassen, wird deshalb nie wieder Probleme auftürmen.

Im Gegenteil, er wird die in Problemen und kritischen Situationen gebundene Energie bewusst befreien und direkt in eine neue positive Matrix – ein Projekt, eine Beziehung, eine neue Perspektive – leiten. Die Meister der fernöstlichen Kampfkunst nutzen die Energien ihrer Gegner (Angreifer, Feinde, Probleme) direkt für ihre eigenen Ziele. Die Energie des Gegners, der bei dieser transformierten Sicht der Dinge natürlich gar kein Gegner, sondern ein Partner ist, wird mich also schneller, einfacher und leichter zu meinen Zielen bringen – sobald ich beginne, ein Meister in dieser Kunst innerer Alchemie zu werden.

Wir haben von der Ebene des Nullpunkts/der Nullzeit aus – dort, wo sich in der Sprache der Quantenphysik die Welle (das Potenzial) in ein Teilchen verwandelt – immer die freie Wahl, welche Möglichkeiten und Situationen wir als unser Leben entfalten wollen.

Wir wissen heute, dass uns die allumfassende Matrix des Lebens bedingungslos die Grundelemente für ein erfülltes Leben zur Verfügung stellt – wenn wir eine schöpferische Grundhaltung haben. Wir wissen auch, dass es für jede/n von uns eine unendlich große Zahl möglicher Lebensvarianten gibt, in die wir uns durch unsere Grundresonanz gleichsam einstimmen. Sie erinnern sich an die 10 hoch 23 Parallelwelten?

Es gibt sowohl Naturwissenschaftler als auch alternative Therapeuten, die die Auffassung vertreten, dass wir – in diesen Parallelwelten – alle diese Varianten sogar gleichzeitig leben. Wir er-leben allerdings bewusst immer nur die eine Variante, in die wir gerade eingeschaltet sind – vergleichbar mit einem Radioempfänger. Alle Programme sind verfügbar, laufen auch parallel – doch unser Verstand kann immer nur eins davon wahrnehmen und verarbeiten. Was immer wir zu einem gegebenen Zeitpunkt erleben, hängt in diesem Weltbild ausschließlich von der persönlichen Grundresonanz ab. Und die lässt sich verändern – transformieren.

Wenn man beginnt, sich mit Quantenheilung auseinanderzusetzen, ist eine der ersten Erkenntnisse, die man erlangt, dass es keine feste Realität gibt. Der Mensch besteht aus Organen. Die Organe aus Zellen, die Zellen aus Molekülen, die Moleküle aus Atomen. Und was sind Atome? Eigentlich nur eine Anhäufung von Energie. Das wiederum bedeutet, dass keine Krankheit und auch keine Lebenssituation wirklich festgeschrieben ist. Alles ist im Fluss. Der Einzige, der immer wieder diesen Fluss blockiert, sind wir oder auch unser Verstand. Und damit sind wir beim allseits bekannten Auflösen von Blockaden.

Wie das dann praktisch aussieht, ist schnell erklärt: Sie suchen sich einen Punkt mit einem Finger und noch einen zweiten Punkt, formulieren eine Intention und stellen das Denken ein. In vielen (allen?) Fällen geschieht dann Heilung.

Kann es wirklich so einfach sein? Ja und nein. Einerseits gibt es nichts Einfacheres, als eine Quantenheilung durchzuführen, andererseits geschehen auf dieser Ebene Dinge, die wir nicht mehr erklären können. Am Ergebnis wird man erkennen, ob es richtig war. Durch das Ausschalten des Verstandes eröffnen wir uns eine neue Ebene. Einige nennen es die Quantenebene, andere Gott oder den Himmel. Und die Technik, nämlich sich zwei Punkte zu suchen, ist schon seit Tausenden von Jahren bekannt. In der Quantenheilung nennt sich das die Zweipunkt- oder Dreipunktmethode. Sie suchen sich zwei Punkte, die Sie im Kopf miteinander verbinden. Dann lassen Sie los und „es" geschehen. Dann stellen sie einen Raum her, in dem Heilung geschehen kann. Sie benutzen „verschränkte Photonen".

Offenbar wirkt eine konzentrierte geistige Intention auf die DNA einer Zelle. Im paradiesischen Zustand gibt es weder Krankheit noch Schicksal. Seelische Mangelzustände und Verletzungen äußern sich auf körperlichen Ebenen. Jesus Christus stellte beim Menschen lediglich die Rückverbindung zur Schöpfungs-Urmatrix wieder her, und sie wurden geheilt. Hier wirken Glauben und Gefühl als Verbindungsbrücken. Die Quantenphysik entschlüsselt diese Geheimnisse.

Wir existieren offensichtlich nicht nur in einem Universum. Laut Quantenphysik gibt es unendlich viele Doppelgänger von uns in unendlich vielen Universen. Das Universum ist eine unendliche Datenbank mit ebenso unendlichen Möglichkeiten. Durch Zugriff auf diese unsichtbare Datenbank können wir bessere Umstände für uns herunterladen. Das Problem: Sie ist für uns alle unsichtbar, aber jeder fühlt ihre Anwesenheit.

Lichtkörper und Aufstieg

Ich lebe auf Mallorca, einer Insel mit besonderer Energie. Amerikanische Spirituelle wie der Biophysiker Jaap van Etten[37] sprechen von einer „heiligen" Insel und haben unter sieben der 448 „Talayots"[38] – Megalithenbauten aus der Bronzezeit – Kommunikationslinien[39] des alten Atlantis entdeckt. Ich wohne in der Mitte eines Dreiecks aus diesen Linien, also im Fokus. Das ist mitten im Herzen der Insel. Was das bedeutet? Eine Gnade oder eine Strafe? Meine Finca ist wundeschön und wildromantisch, aber energetisch eine Durchgangsstation, ein Vortex, ein Wirbel, eine Stelle, an der Energien jeder Art reinkommen und rausgehen, sagen Spirituelle. Das habe ich nicht immer gut gefunden, denn es ist ganz schön anstrengend, Torwächter zu sein und den Durchgang sauber zu halten.

Meine Erkenntnis: Es hängt – wie alles – von einem selbst ab, wie man Energien nutzt. Auch die „atlantischen Kommunikationslinien" dienten nur als Mittel der Kommunikation. Wer es mit der dunklen Seite probiert, wird zerstörerische Informationen erhalten. Ich habe nach lichtvollen Botschaften gesucht, sie gefunden und interessiert beobachtet, was in den letzten Jahren so alles um mich herum geschah.

Wer von den Tausenden von deutschen Auswanderern glaubt, er könne in der neuen Heimat Mallorca unbelastet ein neues Leben anfangen, irrt sich gewaltig. Jeder wird hier zur Erdung gezwungen, Mallorca ist so etwas wie eine Seelenwaschanlage. All den seelischen Schmutz und Stress, der allein an den 175 Stränden abgeworfen wird, muss diese Insel transformieren. Dieser Müll ist aber ziemlich zäh – im physischen wie im seelischen Sinn. Zur Transformation braucht auch eine Insel viel Zeit und Kraft. Wer diese Energie nicht erträgt, wird mit den gleichen Problemen konfrontiert wie in seiner Heimat und muss sich ihnen stellen. Sonst muss er/sie gehen.

Die neue Energie von Photonenring und Synchronisationsstrahl ist hier doppelt spürbar. Auch wenn das nur wenige Menschen wissen auf dieser „Putzfrauen"-Insel, die sich zum Juwel im Mittelmeer entwickelt hat. Der Aschenputtel-Effekt zeigt hier schon seit Jahren Wirkung. Vor allem im Außen.

Wenn wir alle um die Zyklen und inneren Gesetze der Erde wüssten, wäre das Drama, das sich zurzeit bei so vielen Menschen auf dieser Insel und in aller Welt in Körper, Geist und Seele entwickelt, leichter zu verstehen und zu ertragen.

Wir müssen leider wiederholen, was wir im letzten Leben nicht geschafft haben, um unser Karma zu erfüllen. Auf Ursache folgt Wirkung, heißt das brutale Gesetz dieser Welt. Das gilt offenbar auch für die Erde selbst: Etwa 26.000 Jahre dauert das Kreisen um die Zentralsonne unserer Galaxis, alle 11. bis 12.000 Jahre sind wir 2.000 Jahre im Photonenring und Synchronisationsstrahl – werden zerstört oder landen im Goldenen Zeitalter. Wir gehen zurzeit durch die dunkelste und dichteste Stelle dieses Zyklus. Aber es folgt, wie gesagt, ein Goldenes Zeitalter auf diese schreckliche Zeit.

Ob Untergang oder Evolutionssprung – die Menschen auf dieser Insel tragen ihre eigenen Schattenkämpfe mitten im Luxus ihrer Traumverwirklichung aus und suchen immer öfter Lösungen in esoterischen Seminaren. Die vielen Lichttherapeuten auf Mallorca können ein Lied davon singen. Und wie alle auf dieser Welt würden sie sich nicht von den Untergangsszenarien narren lassen, ihren Lichtkörper klaglos reinigen und erwartungsvoller und kreativer leben, wenn sie sich das Zyklische an den Prozessen dieses Universums immer wieder klarmacht.

Wir alle, nicht nur die Quantenphysiker, sind auf der Suche nach der geheimnisvollen dunklen Materie, den unbekannten 25 Prozent in diesem Weltall, die unser irdisches fünfprozentiges Materieleben aus dem Unsichtbaren heraus und mit Hilfe der dunklen Energie strukturieren, lenken, beeinflussen und immer wieder aus dem Lot bringen, ohne dass unser Verstand in der Lage ist, das Unbekannte zu begreifen und einzugreifen.

Selbst ein Stephen Hawking hat keine Erklärung für mächtige Gefühle, Liebe und Vertrauen. Gott lässt sich nicht in die Quantentheorie einfügen. Aber die Quantentheorie hilft uns, uns den geheimnisvollen Gesetzen des Weltalls anzunähern.

Auf Mallorca habe ich Menschen getroffen, die meine verrückten Vermutungen ernst genommen haben und mit mir auf die Suche nach den Brücken zwischen altem und neuem Wissen gingen. Das war ein Geschenk. Und es war wichtiger als die atlantischen Kommunikationslinien.

Die Suche nach der „gottgewollten" Form

Lichtarbeit ist energetische Medizin. Wer mit Visualisierungstechniken arbeitet, energetisiert Teilchen und Wellen und aktiviert die Quanten unseres Lichtkörpers zur Selbstheilung. Es gibt weltweit Tausende von Lichtarbeitern und Lichttherapeuten. Manche wissen noch nicht einmal, dass es für diese Arbeit, die sie seit Jahren ausüben, einen Namen gibt.

Ich wurde zum Lichtarbeiter, als ich durch meine neugierigen Versuche mit dem Pendel brutal mitten in die dunkelste Ecke dieser unsichtbaren Welt hineingestoßen wurde und von Glück sagen kann, dass mir die Zusammenhänge erklärt wurden. Ich lernte, mit Geistern und Toten zu sprechen, zu visualisieren – mit Lichtkanälen, Farben, Düften und Tönen – mit all den Frequenzen zu arbeiten, die das elektromagnetische Spektrum der Erde in der alternativen Heilungsszene zu bieten hat.

Das Unsichtbare, das in unserem Kopf erst Gestalt annimmt, wenn wir es wahrnehmen, erschloss sich mir in dem Moment, als ich mir klarmachte, dass es wirklich existierte. Das ist so, als ob die bewusste Wahrnehmung wie ein Kode wirkt, den wir entschlüsseln. Alle Informationen im Bereich der Esoterik sind Hinweise auf eine geheime Ordnung, die hinter unserer scheinbaren Wirklichkeit existiert. Die größten Geheimnisse unserer Welt sind immer wieder mit Energie, Macht und Ohnmacht, dem großen Versteckspiel und der Jagd nach Wahrheit verbunden, und natürlich mit der Liebe. Das zu erkennen und zu beschreiben, war damals schon der richtige Stoff für meine journalistische Neugier, dazu das Bedürfnis zu helfen und die eigene Heilung zu erreichen.

Etwa zum Jahrtausendwechsel tat ich mich mit einer Kinesiologin zusammen und entwickelte mit ihr eine Therapieform, der wir den Namen KARMA-ENERGY CLEARING gaben. (Wir wussten damals nicht, dass auch die Scientologen von „Clearing" sprachen, eine manipulative Methode, mit der ich auch heute nichts am Hut habe.) Wir fanden uns in einer Gruppe von therapeutisch arbeitenden Frauen zusammen, die sich zur Aufgabe gemacht hatten, die „gottgewollte, ursprüngliche Form" wiederzufinden. Darunter verstanden wir: die Gesundheit und Lebensfreude, die vielen von uns fehlt und von der wir annehmen, dass wir sie alle einst hatten, aber die die uns wahrscheinlich irgendwann in diesem und in früheren Leben genommen wurden.

Wir studierten und prüften viele – fast alle – Theorien, die in der spirituellen Bewegung auf den Markt kamen. Es wurde viel von Lichtkörper und Aufstieg erzählt, von der neuen Energie, die uns mit der Erde in die Fünfte Dimension bringen soll. Aber wir stellten fest, dass es mit dem „Aufsteigen in eine andere Dimension" ziemlich kompliziert ist. Es wird behauptet, dass unser Lichtkörper gereinigt und korrigiert werden muss, damit wir aufsteigen können. Das heißt mit anderen Worten: Unser Körper übersteht die neue Energie in unserer Welt nicht, wenn er nicht gereinigt, vom Karma befreit und bewusst an die Fünfte Dimension angeschlossen ist.

Wir entwickelten eine Behandlung, die eine Mischung aus der traditionellen Psycho-Kinesiologie und den fast futuristischen Erkenntnissen der Lichtarbeit darstellte. Unsere und die Energiekörper unserer Patienten wurden „geputzt" und ihr Bewusstsein zum Kern ihrer Probleme geführt.

Ich habe in dieser Zusammenarbeit mit Wiebke Grützmacher fast sieben Jahre karmische Geschichten hellhörig erspürt, gechannelt, den seelischen Müll ins Licht „abgeleitet", auch was an ungewollten seelischen Begleitern mitgebracht wurde. Ich habe in eigener bitterer Erfahrung gelernt, was es heißt, von fremden Seelen „besetzt" zu sein. Heute gehe ich davon aus, dass die meisten Menschen und mindestens die Hälfte der in Nervenheilanstalten aufgenommenen Patienten schlichtweg unter ähnlichen Besetzungen leiden. Unser „Ableiten" ist eine besondere Methode, Verstorbenen, die den Weg nicht ins Licht gefunden haben, zu helfen und damit die betroffenen Lebenden von schweren Belastungen zu befreien. Wir befreiten die Klienten von Überladungen und störenden Ionen, die sich zu menschlichen Seelen formen und sich an unsere Aura, den Lichtkörper, hängen.

Meine Freundin und Kollegin Wiebke Grützmacher ist in allen Formen der Kinesiologie zu Hause. Sie klinkt sich mit ihrer hohen Intuition in die Körperweisheit des Patienten ein. Mithilfe der auf ihren eigenen Fingermuskel übertragenen kinesiologischen Muskeltesttechnik erfragt sie die Ja-/Nein-Antwort zum Fragenkatalog und die jeweils notwendigen Auflösungsformen für die Krankheiten von Körper, Geist und Seele.

Sie sagt auch heute über ihre Arbeit: „Es geht darum, sozusagen die Anatomie der Seele (unsere göttliche Matrix) abzuklopfen und zu scannen, um Blockaden und USKs zu erkennen, das sind unbewältigte seelische Konflikte, die das gegenwärtige oder auch frühere Leben bei den Menschen hinterlassen haben, die unsere Hilfe suchen." Sie erkennt, ob die Chakren der vor ihr Sitzenden hell und klar leuchten, oder ob Teile der Seele blockiert sind, die feinstofflichen Körper angeschlossen oder fragmentiert sind oder die Energiekörper gar nicht erst erreicht werden können. Jeder Lichttherapeut hat seine eigene Stärke, einen speziellen Draht zu Unterbewusstsein und Höherem Selbst der Patienten.

Wir entwickelten zusammen ein Bild von den Schäden im Unsichtbaren, so, wie es auch von unseren amerikanischen Vorkämpfern beschrieben wird (unter anderem Barbara Ann Brennan, Ann Brewer, Diane Cooper, Barbara Marciniak, Drunvalo Melchizedek, Barbara Hand Clow, Bob Fissell, Keith Sherwood und nicht zuletzt J.J. Hurtak).[40]

Wir nahmen zunächst jede ihrer Thesen ernst und arbeiteten danach, soweit wir sie wirklich nachvollziehen konnten.

Was bedeutet Lichtkörper?

Unsere feinstofflichen Körper mit ihren Chakren, Meridianen und den vier Energiekörpern unserer Aura sind von vielen Hellsichtigen und Medien genau beschrieben worden. Danach besteht der Mensch aus dem physischen Körper, dem Emotional-, dem Mentalkörper und dem Hohen Selbst (Kausalkörper), die wie Filter das kosmische Licht auf ein verträgliches Maß reduzieren. Es ist unsere spirituelle Aufgabe, diese vier Körper zur Zusammenarbeit zu bewegen. Doch das geht nur, wenn sie richtig geklärt sind.

In einem Aufzug ist diese Aura ganz besonders spürbar, und jedem ist es unangenehm, wenn sie durchbrochen wird. Manchmal nehmen wir sie auch schon von weitem wahr, dann sprechen wir von der guten oder schlechten Aura, der Ausstrahlung eines Menschen, im besten Fall sogar vom Charisma einer Person. Zu dieser Schicht gehören auch die spür-, erfahr- und messbaren Systeme der Meridiane, Energiebahnen, die unseren Körper überziehen und die Sie vielleicht von der Akupunktur her kennen.

Wir bewegen uns bei unserer Arbeit – wie bereits definiert – in einer Bewusstseinsebene, die jenseits der Materie liegt. Genauer gesagt: in der Quantenwelt. Das ist, wie Sie sich erinnern, alles, was kleiner als 0,0025 mm ist und anderen Regeln folgt als denen der Schwerkraft, weil nicht genug Masse oder Dichte da ist, um ein Schwerkraftfeld zu erzeugen und damit in unserer Newtonschen Welt der Gravitation zu existieren.[41] Es ist unser Bewusstsein und die reine Absicht, also unser Wille, die diese Quantenwelt formen können. Das können wir und auch Sie uns zunutze machen.

Wir sind mit dieser Welt durch unseren sogenannten Emotionalkörper verbunden, auch wenn wir das in diesem unserem Bewusstsein nicht wahrnehmen. Dieser Emotionalkörper wird von den natürlichen Ausstrahlungen der Erde und der irdischen Elemente in unserem Körper genährt und beeinflusst, von den Düften, Tönen, Farben und Schwingungen in unserer Umwelt, die unser Unterbewusstsein, die Sinne und Gefühle beeinflussen und denen wir zumeist ausgeliefert sind, ohne uns bewusst dagegen wehren zu können (Beispiele: Jemanden gut riechen können oder der Duft von Weihnachtsgebäck).

Wir wissen, dass sich Krankheiten erst in dieser Dimension manifestieren, ehe sie den Körper befallen. Diese von den Lichttherapeuten erfühlte unsichtbare Form scheint sich zu verändern und auch aufzulösen, wenn sie mit Extrakten und Signalen aus der Pflanzen-, Tier- und Mineralienwelt und auch mit Lichtprojektionen in den verschiedensten Farben arbeiten. Sie erreichen damit eine Umstimmung in der seelischen Dimension und beeinflussen langfristig auch die Zellstruktur der behandelten Menschen.

Sie alle arbeiten mit zahlreichen Therapieformen, die mit dem Unterbewusstsein der Menschen wie mit einem kleinen Kind umgehen: Sie trainieren es mit Ritualen, Rhythmen und neuen Regeln, mit optimistischen Visualisierungstechniken oder geführten Meditationen, um dadurch den Kranken neue Verhaltensmuster einzuprägen, damit die Seele sich von Trauer, Schock und anderen Schäden besser erholen kann.

Unser Mentalkörper, der mit der Mentalwelt verbunden ist, in der alle Ideen, geistigen Werte und Philosophien und unsere eigene Gedankenwelt gespeichert sind, nährt sich aus den Strahlungen des Universums. Auch diese Welt durchdringt unsere Realität wie ein anderer Sender, wird von uns angezapft, wenn wir denken und erfinden, ist jedoch ansonsten fein säuberlich getrennt von unserer Wirklichkeit, denn unser Bewusstsein, unsere Konzentration, befasst sich nur mit der körperlichen, der greifbaren Welt. Mit diesem Fokus auf unsere Wirklichkeit sind wir in der dichtesten Materie dieses Universums gefangen und damit abgeschnitten von den anderen Dimensionen. Wir denken deshalb, sie würden nicht existieren. Doch glauben Sie mir: Sie existieren genauso handfest wie unsere greifbare Welt.

Unsere unsterbliche Seele weiß das. Zu ihr, also dem Lichtkörper, gehören auch die Meridiane, Energiebahnen, die unseren Körper überziehen und die Sie vielleicht von der Akupunktur her kennen; dazu gehören auch die Chakren, dieses Wort haben Sie vielleicht schon einmal gehört: Das ist Sanskrit und heißt Räder. Es sind quasi die Transformatoren der kosmischen und der Erdenergie, die an mehreren Stellen in unseren Körper gezogen wird, damit er überhaupt hier existieren kann.

Denn dieser unserer Körper lebt nicht nur von Sauerstoff, Nahrung und Bewegung. Neusten Forschungen zufolge kommt die für unser Leben notwendige Energie zu über 60 Prozent aus einer natürlichen Umgebungsstrahlung innerhalb unserer Atmosphäre, die überall in unserem Körper, aber vor allem in kleinen Zellkörperchen, den Mitochondrien, den Kraftwerken unserer Zellen, die biochemischen Abläufe antreibt.

Sie nennt sich CHI, PRANA oder ORGON. In der wissenschaftlichen Sprache ist das ATP, Adenosintriphosphat. Und sowohl die spirituelle wie auch die medizinische Arbeit versucht, dieses ATP in unserem Körper zu erhöhen, um unsere Vitalität zu steigern.

Der Lichtkörperprozess

Wie die meisten Lichtarbeiter arbeiteten wir zur eigenen Weiterentwicklung zunächst mit dem Pendel, zum Teil auch in Direktkontakt mit den Stimmen von Geistführern, Engeln oder unserem Hohen Selbst. Es gab von Anfang an viele Vermutungen und Halbwahrheiten in dieser Szene über das Unsichtbare, mit dem gearbeitet wurde. Wir erkannten, dass der Energiekörper und die Zellerinnerung feste Abläufe und zunächst unerklärliche, immer wieder auftauchende Blockaden besitzen.

Ich besaß die Gabe, die Akasha-Chronik anzuzapfen, das Gedächtnis der Erde, und konnte unter Wiebkes kinesiologischer Führung nicht nur meine eigenen, sondern die karmischen Geschichten fremder Menschen „hören". Wir konnten ihnen dadurch helfen, sich von quälenden Gedanken, diffusen Ängsten und bösen Geistern zu befreien und die Herkunft ihrer Probleme in der Gegenwart zu erkennen.

Die Arbeit in der anderen Dimension verlangte, präzise Fragen zu stellen. Kinesiologen nutzen dabei die eigene Körperweisheit mit dem Muskeltest. Wir fragten vor jeder Session, ob wir uns bei dieser Arbeit in der reinsten, der Christusenergie befanden, ob wir selbst rein waren, ob wir die an unseren Klienten haftenden Seelen wegschicken dürfen und um wie viele „Entitäten" es sich bei ihm handelt.

Nach einiger Zeit stellten wir übrigens fest, dass wir besser mit unserem eigenen Körper pendelten als mit einem Kristall. Seitdem ist der Körpertest ein fester Bestandteil unserer Arbeit.

Wir tauschten in unserer Gruppe aus, wie wir uns bei dieser Arbeit vor ungewollten Besetzungen schützen konnten, es wurde von Techniken wie Mudrah-Programmierung und Affirmationen gesprochen, von Ortsreinigung mit Silicea und anderen Homöopathika. Feng Shui, hieß es, arbeitet mit Glockenspielen, Blumen usw., um auch die inneren Räume zu schützen. Mantren singen helfe ebenfalls, uns und unser Umfeld zu reinigen, und Nahrungsergänzungsmittel stärkten unseren Körper dabei ganz besonders effektiv. Ein zunächst ziemlich wirres Repertoire, das nahezu die gesamten New-Age-Weisheiten umfasste.

Lichtarbeiter in aller Welt waren auf einem ähnlichen Stand wie wir, ich lernte diese „Untergrundbewegung" kennen, die sich durch das Internet in Lichtgeschwindigkeit ausbreitete. Sie klopften alle wie wir die physischen und feinstofflichen Körper nach alten karmischen und gegenwärtigen Fehlprogrammierungen und alten Mustern ab, die es zu beseitigen galt.

Schamanistisch Ausgebildete wie die US-Heilerin Sue Gurney, programmierten zum Beispiel eine „gesunde Musterzelle" und übertrugen diese geistig auf ihre Klienten. Die Heilerin baute Lichtkegel über ihre Klienten[42] und arbeitete meistens mit höheren Lichtkommandos, Engeln oder Aufgestiegenen Meistern zusammen.

Alle hofften auf das „Gesetz des 100. Affen"[43], die Formel für die vom britischen Biophysiker Rupert Sheldrake entdeckte sogenannte kritische Masse, der Punkt, an dem sich das Wissen automatisch im Morphogenetischen Feld verbreitet. Und wir hofften, dass es dann leichter würde, die vielen Rückschläge bei uns und in der Welt zu verarbeiten. Wir waren sicher: Der Punkt, an dem wir auch Wünsche materialisieren könnten – ein schönes Versprechen, das in vielen gechannelten Informationen immer wieder auftauchte – stand unmittelbar bevor.

In der ersten Zeit hielten wir uns genau an die Vorgaben der anderen. Da wurde mit Hilfe unserer Imagination ein Zustand rekonstruiert, der für uns der ursprüngliche, von Gott gewollte war. Für den Laien ein unverständliches Mammutprogramm, und für uns mit dem Austesten endloser Listen aus den einzelnen Therapieformen (Bachblüten, Emotionen, Steine, Aura Soma, Planetentöne usw.) verbunden.

Der Vorgang, mit dem wir unseren Emotionalkörper reinigten und in einen Zustand brachten, der uns theoretisch fit für den Photonenring machte, wird Lichtkörperprozess genannt. Es werden in verschiedenen, auf dem Markt befindlichen Handbüchern immer mehr oder weniger gleich lautende imaginative Vorgehensweisen empfohlen, mit denen auch wir arbeiteten:

- Entfernen von karmischen Bändern, Eiden, Flüchen oder Verträgen.
- Verschwundene Seelenanteile aus anderen Leben zurückholen.
- Den durch Lichtkörper-(Merkabah-)Missbrauch geschwächten Emotionalkörper wiederaufbauen.
- Die Schwingungen von Körper, Geist und Seele harmonisch aufeinander abstimmen.

- Nachwirkungen unserer schwarzmagischen Vergangenheiten beseitigen.
- Besetzungen durch vagabundierende Seelen und Elementale ausleiten.
- Ängste und Probleme nach ihren Ursachen erforschen und beseitigen und dadurch die
- Miasmen in unseren Körpern freisetzen.
- Vorhandene Chakren und Chakrenumläufe reinigen.
- Uns mit dem eigenen Lichtkörper verbinden, indem wir
- die neuen Chakren öffneten (bis zu 21).
- Die Abhängigkeit vom Tierkreiszeichen und die damit verbundenen Ängste löschen.
- Die zweisträngige zur ursprünglichen zwölfsträngigen DNS rückverwandeln.
- Unser Meridiansystem mit dem axiatonalen System des Lichtkörpers verbinden (damit erreichen uns kosmische Töne, Farben, Düfte, Informationen usw.).
- Uns mit unserer Monade und der Zwillingsseele verbinden.
- Unsere Familienseele klären und von alten Lasten befreien, um wieder ganz und heil zu werden.
- Die rechte Gehirnseite mit emotionalem, kreativem Gehirnanteil befreien, automatische Reaktionsmuster löschen und die Verbindung zur linken stärken, indem der „Balken" (Corpus Callosum) aktiviert wird.
- „Strahlen" lernen: Die Liebe verströmen statt horten, und gleichzeitig schädliche Strahlung aus dem Körper entfernen.

Die Clearingarbeit änderte sich allerdings mit den Jahren, sie wurde einfacher, klarer, nachvollziehbarer. Die vielen Listen entfielen, gehören inzwischen sozusagen zum einprogrammierten Wissen. Der Kern der Problematik wird immer schneller erkannt und beseitigt. Und das hat seinen Grund:

Wer den Dingen einen Namen gibt und sie erkennt, hebt sie vom Unterbewusstsein ins Bewusstsein, entschlüsselt sie also. Die Photonen, die damit in unsere Aura gelangen, beschleunigen den karmisch klärenden Prozess. Das erkennt jeder, der sich mit dieser Arbeit auseinandersetzt. Sie läuft dann fast automatisch ab.

Das Karma-Clearing

Viele körperliche, seelische oder geistige Leiden wurzeln energetisch in grauenvollen Ereignissen aus anderen Leben. Diese Leiden sind Bestandteile der Zellerinnerung und manifestieren sich in jedem Leben aufs Neue. Sie sind für den Einzelnen sehr genau spürbare Symptome: durch quälende Gedanken oder gar Stimmen, diffuse Ängste oder Gemütszustände. Dahinter stecken meistens eine oder mehrere Seelen, die sich in die Aura der Betroffenen eingeklinkt haben – wie etwa verstorbene Eltern, Kinder, menschliche Weggefährten. Diese verstärken dann zum Beispiel Jähzorn, verursachen Depressionen, das Gefühl, nicht mehr man selbst oder von bösen Geistern getrieben zu sein. Nachdem solcherart Besetzungen oder vagabundierende Seelen (VS) identifiziert wurden, werden sie ins Licht geleitet, transformiert und durch positive Energien ersetzt, die zur feinstofflichen Frequenzebene des Klienten passen.

Das Unsichtbare, das unsere feinstofflichen Körper belastet, kommt meistens aus früheren Leben (Karma) oder der Vierten Dimension (Astralwelt). Es sind unter anderem Elementale, Dämonen, Schöpfungen schwarzmagischer Experimente. Manchmal sind es aber „nur" Seelen, die sich nicht von uns trennen können oder die wir nicht loslassen wollen.

Karma (aus Wikipedia):

Unter Karma (Sanskrit: Wirken, Tat) wird ein spirituelles Konzept verstanden, wonach jede Handlung – physisch wie geistig – unweigerlich eine Folge hat. Diese muss nicht unbedingt im aktuellen Leben wirksam werden, sondern kann sich möglicherweise erst in einem der nächsten Leben manifestieren. Karma entsteht demnach durch eine Gesetzmäßigkeit und nicht infolge einer Beurteilung durch einen Weltenrichter oder Gott, es geht darum nicht um göttliche Gnade oder Strafe. Nicht nur schlechtes Karma erzeugt den Kreislauf der Wiedergeburten, sondern gleichermaßen das gute.

Die Konflikte, die Sie mit sich herumschleppen, bleiben aufgelöst nach dem Karma-Clearing, und mit der Änderung, die Sie selbst erleben, ändert sich auch meistens das Verhalten der Umwelt. „Seelen putzen" und Lichtarbeit gehen bis in die kleinsten Atome. Doch dieser Anschluss und diese Reinigung sind nicht so einfach. Das jedenfalls haben wir bei unserer Arbeit gemerkt.

Wir gehen davon aus, dass wir Menschen immer stärker mit kosmischer Strahlung der Fünften Dimension beziehungsweise Photonen aus dem Herzen der Galaxis konfrontiert werden, die auch unsere Erde treffen, und dass wir darauf physisch und psychisch reagieren. Der eine mehr, der andere weniger.

Besetzungen erkennen

Ein Mensch muss nicht über übersinnliche Kräfte verfügen, um zu bemerken, ob er sich im Kreise dreht oder sich nicht weiterentwickelt, wenn er immer wieder Wutanfälle bekommt oder traurig ist, ohne dass er das will. Wenn er sich fühlt, als sei er nicht er selbst, wenn da etwas ist, das ihn steuert, ohne dass er etwas dagegen tun kann. Wenn er manchmal sogar Stimmen hört, die ihm Befehle erteilen und er diese auch zwanghaft ausführen muss.

Es gibt unzählige Beispiele von sogenannten Besetzungen feinstofflicher Körper. Und dabei handelt es sich nicht einmal um die Dämonen oder Teufel, die von Kirchenmännern nach jahrhundertealten Regeln ausgetrieben werden, alles Spezialisten, die von der Liebe des Herrn reden und es besser wissen müssten. Verlorene oder vagabundierende Seelen nennen wir dieses Phänomen in unserer Arbeit. Wir sprechen über Wesen, die über ihren Tod hinaus am Leben festhalten, indem sie das Bewusstsein einer lebenden Person besetzen, sie also als Wirt missbrauchen.

Sie haben kein Gefühl dafür, wie lange sie im Körper des anderen wohnen – oft schon seit vielen Leben. Sie wissen auch nicht (oder sehr genau!), was sie den Seelen antun, wenn sie diese besetzen. Dass sie geistige, seelische und körperliche Schäden verursachen beziehungsweise vorhandene Probleme vertiefen. Das können sie, weil sie ähnliche Wesenszüge – in unserer Sprache Frequenzen – bei ihren Wirten vorfinden und sich darum einklinken können.

Oft handelt es sich um Kinder, die nicht wissen, dass sie tot sind und ihre Mütter aus Angst nicht loslassen wollen; Eltern oder Großeltern, die beschützen und nicht loslassen wollen; Partner, die sich vom Lebenden festgehalten fühlen; Unfalltote, die nicht begreifen, dass sie tot sind, oder Schlachtenopfer und ihre Schlächter, die von der Geschichte vergessen wurden und immer noch in den Twilight-Zonen umherirren, weil das Grauen sie nicht mehr loslässt. Ältere Personen wissen meistens, dass sie gestorben sind, werden aber von ihren Hass- oder Rachegefühlen gehalten und hängen sich an die Lebenden, um ihre Mörder zu quälen, ihre Widersacher in den Ruin oder gar Selbstmord zu treiben, vielleicht auch, um ihre Hinterbliebenen noch zu lenken oder über etwas Wichtiges zu informieren. Es gibt Tausende von Gründen, den Tod zu ignorieren und sich einen lebenden Wirt zu suchen. Hellsichtige sprechen davon, dass fast jeder Mensch ganze Trauben von Seelen um sich herum versammelt hat. Gut, dass das nicht jeder sehen kann.

Eintrittstellen sind gewöhnlich der Nacken oder der Bereich des dritten Chakras, vor allem die Galle. Die „Stelle größter Dichtigkeit" wurde uns durchgegeben. Dort, wo als Gegenstück zur Silberschnur ins Licht (im ätherischen Bereich auf Milzhöhe) eine Schnur in die Dunkelheit, den Schatten hineinreicht.

Oft genug hat der Wirt seine VS in entscheidenden Momenten selbst eingeladen, ohne es zu wissen. Meistens in einer seelischen oder körperlichen Schocksituation, bei Operationen oder Unfällen, als die eigene Seele um Hilfe geschrien oder die fremde Energie eine passende Gelegenheit wahrgenommen hat, sich anzuhängen.

Manchmal handelt es sich auch um nichtmenschliche Wesenheiten, die uns begleiten. Wer von uns weiß schon, dass jeder Gedanke und jedes Gefühl nicht nur im Totenreich, sondern auch im unteren Teil der Astralwelt einen Widerhall findet, eine positive oder negative Welle bildet und sich konkretisieren kann. Das verschmilzt dort mit einem Elementarwesen – das sind halbintelligente Kräfte der Natur – und bildet dann eine Wesenheit, die die Fähigkeit hat, in der materiellen Welt zu handeln. Das nutzen und benutzen vor allem Hexen und Magier, die dienstbare Geister brauchen. Geister, die sie nicht mehr loswerden, auch wenn sie in einem früheren Leben von ihnen erschaffen wurden.

Der Aufbau der Astralwelt

Über die Vierte Dimension, die unsere Dritte Dimension durchströmt, ohne von den meisten von uns wahrgenommen zu werden, findet man höchstens Hinweise, die mit Religion (Paradies, Garten Eden, Hölle) zu tun haben. Ich gehe davon aus, dass sie zur dunklen Materie gehört und auch in Parallelwelten existiert.

Diese sogenannte Astralwelt besteht unseres Wissens nach aus drei Teilen: der niederen, mittleren und höheren Ebene.[44] Die höhere Astralebene ist die Ebene der Engel und Geistführer, sozusagen das Paradies, in das wir alle kommen wollen. Liebevolle Führung – ohne Hierarchien –, Schönheit, Reinheit und Harmonie herrschen vor. Dort sind die Stätten, in denen unsere Seelen sich erholen und neue Programme aufnehmen dürfen, um sich auf ein neues Leben in unserer physischen Dimension vorzubereiten. Sie enthält auch die ätherischen Urbilder, die Archetypen und ewigen Gesetze, die unsere Dimension beeinflussen, die Muster, die in uns allen das Gefühl für Schönheit, Harmonie und Liebe geprägt haben.

Wenn wir die Seelen ins Licht schicken, ist diese Zone gemeint. Die Substanz, die uns dieser Zone auch als Lebende näherbringt, ist offenbar im Sauerstoff und im kosmischen Licht enthalten, denn durch zielgerichtete Atemkontrolle (Yoga, Meditation, jede Art von Chi-Training, das mehr Licht in unseren Körper zieht) verändern wir unsere atomare Struktur und sind zu Astralreisen fähig. Alle Ebenen sind durch eine Art Feuerwall (Sicherheitsmembranen) voneinander getrennt, die nur durch bestimmte Dimensionstore, Portale oder bestimmte Schlüsselworte überwunden werden können.

Die mittlere Astralebene ist die Zwischenzone, in der die Seelen leben, die sich immer noch an die physische Welt klammern und verzweifelt versuchen, aus dem Totenreich zurück ins Leben zu drängen. Mit denen wir es vorwiegend zu tun haben, wenn wir von Clearing sprechen. Hier befinden sich auch die Elementargeister, das sind astrale Projektionen der Kräfte der Natur, vor allem der vier Elemente Feuer, Luft, Erde und Wasser, die wie im Märchen von Salamandern, Elfen, Feen, Kobolden und Zwergen oder Undinen verkörpert werden.

Die unterste Ebene, in der die Schwingungsfrequenzen auch niedrig sind, beherbergt nicht nur die Schatten, das heißt, die astralen Körper der Verstorbenen, die nicht ins Licht gefunden und die Hölle erwartet haben, sondern auch wirklich monsterähnliche Kreaturen (Höllengeister, Vampire, Teufel, Dämonen). Charakteristisch ist bei Elementargeistern und Dämonen ihre Fügsamkeit gegenüber einem Willen, der sie zu beherrschen weiß, weil er ihnen Angst einflößt oder dem sie aus anderen Gründen ergeben sind. Schwarze Magie und üble Hexenrituale bedienen sich dieser Schwäche. Beliebte Spielzeuge auch für Medizinmänner, Druiden und Schamanen.

Selbst manche Reiki-Praktizierende bedienen sich, ohne es bewusst wahrzunehmen, dieser Naturgeister und täten gut daran, sie um Verzeihung und dann um Kooperation zu bitten[45]. Sie benutzen bewusst oder instinktiv die Gesetze, die diese Parallelitäten der physischen und kosmischen Kräfte regeln. Es ist so in dieser unsichtbaren Zone: Weiße und Schwarze Magie beruhen auf denselben Regeln, es kommt auf den Geist an, der sie beherrscht.

Der von solchen Wesen bevölkerte Dunstkreis, den eine Seele sich in vielen Jahrhunderten geschaffen hat, wird dann Karma genannt. Und ein Großteil der Menschheit akzeptiert, dass wir in einer Welt leben, in der Karma ausgetragen werden muss und kein Weg am Kismet vorbeigeht.

Und darum geht es: die Resonanz der schrecklichsten Erlebnisse in den Zellen. Im Karma-Clearing wird dieses normalerweise über mehrere Wochen gezogene einenhalbstündige Rückführungsprocedere auf die wichtigsten Ereignisse in den vergangenen Leben des Klienten verkürzt. Es sind diese Ereignisse, die ihre Spuren in der Körperweisheit hinterlassen, sich sozusagen mit einer überdosierten Adrenalinmenge schmerzhaft eingeätzt haben. Es sind diese Ereignisse, die uns den karmischen Schmutz von alten Seelenverträgen, Flüchen, falschen Glaubenssätzen usw. hinterlassen haben. Es sind keinesfalls die lustvollen Erinnerungen aus den Leben von Kleopatra oder der Schönen Helena. Und es sind immer die willentlichen Entscheidungen, schlecht und gegen das bessere eigene Wissen zu handeln, die uns in die karmischen Wiederholungsschleifen bringen.

Mit dem kinesiologischen Muskeltest kann man sich an die Jahrhunderte oder Jahrtausende heranarbeiten, mit denen wir es zu tun haben. Dabei schälen sich immer wieder bestimmte Zeiten heraus, die offenbar für unser aller Karma besonders eindrucksvoll, weil besonders „ätzend" waren: die Völkerkriege, der Holocaust, die Inquisition, die Kreuzritterzeiten, die Schlachten der alten Griechen oder der Mongolen, die Gräueltaten an eingeborenen Völkern wie den Indianern, die Kämpfe um und mit Drogen, die Qualen der Haremsdamen, die Machtkämpfe der Priester im alten Ägypten oder im Zweistromland Ur usw.

Aber die Zeit des mühsamen Abtragens von Karma ist vorbei. Letztes Ziel ist daher, überhaupt kein Karma mehr zu erzeugen, denn in der Fünften Dimension, in die wir mit der Erde gehen, gibt es keinen Platz mehr für karmische Dramen. Auch wenn sie noch so spannend sind.

Altes Wissen neu entdeckt

Die letzten Jahre haben rasante Änderungen gebracht. Viele wissenschaftliche Erkenntnisse bestätigten plötzlich unser esoterisches Wissen, vor allem die Quantenphysik mit ihren revolutionären Erkenntnissen über die Zusammenhänge von Energie und Materie, oder die Gehirnforschung mit ihrem Wissen um die Intelligenz unserer Zellen und ihrer auf Licht basierenden Kommunikation. Das Internet war plötzlich voller Informationen für Lichtarbeiter. Uns wurde schnell klar, dass die von Wissenschaftlern belächelte esoterische Welt einen alten Wissensschatz enthielt, der von unseren Forschern heute nur neu entdeckt und mit einer anderen Sprache versehen wird.

Ich entdeckte bei der amerikanischen Mathematikprofessorin Katya Walter die Ähnlichkeiten von I Ging und dem Genetischen Kode[46], verschlang Bücher wie Zèv ben Shimon Halevis Interpretationen der Kabbala[47], erkannte anhand seiner verblüffenden Lebensbaumübertragung auf menschliche, politische, medizinische oder gesellschaftliche Abläufe die inneren Gesetzmäßigkeiten im irdischen Leben sowie die Ähnlichkeiten zwischen altem und neuem Wissen und die Parallelen zwischen den Gesetzen des Hermes Trismegistos und der Kybernetik.

All das und vieles mehr konnte im Internet unter dem Stichwort „Okkulte Codes" nachgelesen werden. Ich las mit Freuden das „Nullpunktfeld" von Lynn McTaggart[48], die die alten und neuen Erkenntnisse zusammentrug. Als sogar der SPIEGEL in einer Titelgeschichte den Weißen Kit-

123

tel und Placebos als wichtige Heilmittel entdeckte und DIE ZEIT von Forschern berichtete, die betende Nonnen untersuchten, um ein Gottesgen[49] zu entdecken, wurde mir klar, dass der Glaube das wichtigste elektromagnetische Element dieser Welt ist. Und dass alles mit allem zusammenhängt.

Es sind vor allem die Biophotonen, das Licht, die so viel Einfluss auf unser Leben haben, dass sie quasi wie Steuerimpulse in jedem Bereich wirken. Diese Biophotonen haben elektromagnetische Eigenschaften im Spektralbereich aller Regenbogenfarben unseres Lichts. Sie sind nach den Erkenntnissen der Biophotonenforschung vor allem den biochemischen Prozessen im Organismus vorgeordnet und verbessern unter anderem den Ionenaustausch, heben quasi unser gesamtes Energieniveau an.

Da die meisten von uns vor allem in der Winterzeit bis zu 90 Prozent ihrer Zeit in geschlossenen Räumen sitzen, ist schon alleine dadurch ein Energiemangelzustand zu verzeichnen. Sie kennen vielleicht die Winterdepressionen, unter denen immer mehr Menschen aus Lichtmangel leiden. Sonnencremes, Sonnenbrillen und die allgemeine Panikmache vor unserer Sonne verstärken das Problem, verhindern zum Beispiel die Bildung von Vitamin D in unserem Körper.

Licht ist Leben. Und das Leben auf der subatomaren Ebene des Lichts, die Quantenwelt, ist schon vor einigen Jahrzehnten von den Quantenforschern mit einer ihrer eigenwilligsten Varianten entdeckt worden. Sie erinnern sich? Es ging um die Frage, ob Licht ein Teilchen oder eine Welle ist. Dabei entdeckte man, dass diese Quantenwelt sich nach der Absicht dessen richtet, der sie erforschen will (Heisenbergsche Unschärferelation oder auch Bells Lehrsatz). Also allein die Absicht des Beobachters reichte, um ein Teilchen Licht zur Lichtwelle umzuwandeln. Ich fragte mich amüsiert: Ist Gott der Beobachter hinter unserem Licht?

Der Mensch ist eine hoch entwickelte biologische Einheit, ausgestattet mit komplexen Programmen und genetisch angelegten Eigenheiten, die uns eigentlich zum manipulierbaren Biostoff machen, der ohne göttlichen Anschluss durchs Leben gehen kann. Aber es muss einen geben, der unsere Welle beobachtet, damit wir als Teilchen existieren.

Alles eine Frage des Glaubens?

Es muss doch jemanden geben, der uns unsere Frequenzen zugeteilt hat. So, wie er der Biene ihr Farbensehen ermöglicht und der Zecke den Infrarotbereich, damit sie sich auf ihren Opfern niederlassen kann. Diese Tiere kommen nicht im Entferntesten auf die Idee, dass es noch andere Welten in ihrem Leben gibt. So, wie es auch bei den meisten Menschen ist.

Für mich fügen sich die Erkenntnisse der Quantenphysik mit denen der spirituellen Welt zusammen und erklären, warum die Dinge so funktionieren, wie sie funktionieren, wenn wir sie beabsichtigen. Wenn Lichttherapeuten mit ihren Klienten arbeiten, benutzen sie bewusst oder unbewusst dieses Wissen von Licht, Elektromagnetismus und den gerichteten Absichten, ja, sie sprechen praktisch mit den subatomaren Teilchen in ihren Klienten, deren Lichtkörpern und der Atmosphäre, als hätten sie Bewusstsein. Und sie machen das in deren eigener Sprache, der Sprache des Lichts und der Farben.

Diethardt Stelzl hat auch das sehr bildhaft ausgedrückt.[50] Wenn in unserem Kopf Realität und die Quantenwelt aufeinandertreffen, geschieht Folgendes: „Ein Nervenimpuls läuft ein Neuron entlang und überspringt dann den kleinen Abstand zum nächsten Neuron. Dieser Impuls hat die Form eines Moleküls, das Neurotransmitter genannt wird. Es gibt Tausende von ihnen in jedem Moment. Wenn sie ihren Sprung zur nächsten Synapse genommen haben, erzeugen sie den nächsten Impuls, bis sich – vereinfacht gesagt – irgendwann ein Gedanke daraus ergibt. Die Aktivität der Neurotransmitter genannten Botenstoffe und Hormone gehört eindeutig in diese Quantenwelt."

Dieses bemerkenswerte Detail in der Neurologie versetzt uns in die Lage, auf die Quantenereignisse in Geist und Körper Einfluss zu nehmen. Die oben erwähnte Psycho-Neuroimmunologie befasst sich mit dieser Tatsache und hat erkannt, dass Gedanken und Gefühle unser Immunsystem nicht nur beeinflussen, es lässt sich auch bewusst damit steuern und verbessern. Positives Denken, Autogenes Training, Yoga und eigentlich alle anderen alternativen Heilmethoden arbeiten mit diesen Erkenntnissen und glauben immer intensiver, dass das der richtige Weg ist.

Der Glaube ist das wichtigste elektromagnetische Element dieser Erde. Der Glaube, durch den mithilfe unseres Willens und unserer Imagination aus der Idee und dem Wunsch irgendwann plötzlich Realität wird, die dunkle Materie sich zur sichtbaren Welt formt.

Doch es war ein langer Weg, bis wir Menschen diesen Prozess verstanden haben. Ein Weg, der immer noch von Dramen und Glaubenskriegen, von individuellem Leid und Schmerz und von unglaublichen Geschichten begleitet wurde, die ganz gewiss nicht in unseren Geschichtsbüchern zu finden sind.

Die Entlarvung der Götter

Die spirituelle Szene gibt sehr aufwühlende Erklärungen von sich, wenn es um die Vergangenheit des Experiments Mensch geht: Da spielen höchst phantastische Geschichten eine entscheidende Rolle, wie die vom 12. Planet, von Atlantis, Lemurien und den Planetenkriegen, von einer Tankstelle namens Mensch, von der synthetischen Merkabah (ein Reisegefährt, das unsichtbar um uns herum existiert) und schließlich vom JHWH-Kode, der unsere Gene regieren soll. Die Spurensuche bleibt naturgemäß lückenhaft, und viele Autoren fallen beim (Lücken füllenden) Channeling auf Schwätzer aus anderen Dimensionen herein, die sich genauso wie irdische Wichtigtuer einmischen oder sich einen Namen machen wollen.

Am Anfang waren es natürlich Erich von Däniken und seine Funde in aller Welt, die geistige Türen öffneten, um unser schulisches Geschichtsbild zu revidieren. Das war uns sehr willkommen, denn wir wussten: Geschichtsbücher geben immer die Erzählungen der Sieger wieder. Ich dachte damals schon, man könne ja zumindest über Dänikens Thesen nachdenken und sie für möglich halten, statt sie gleich zu bespötteln.

Barbara Marciniaks Geschichten von den Plejadiern, die – wie sie selbst behaupteten – aus unserer Zukunft und wieder auf die Erde zurückkamen, um ihre karmischen Schulden zu begleichen. Das Medium Marciniak gab weiter, wir Menschen würden über viel mehr Kräfte verfügen, als wir ahnten. Und dass wir ursprünglich als Bibliothek des Weltalls auf diese Erde gebracht wurden.[51] Dass wir stattdessen verschaukelt und manipuliert würden und endlich aufwachen müssten.

Die Außerirdischen verschwiegen allerdings, dass sie selbst es waren, die zu Atlantis Zeiten die Menschen manipuliert und Hierarchien und religiöse Systeme installiert hatten, die den irdischen Wesen immer mehr die Kraft genommen haben, ihre Verbindung zu Gott und ihrer eigenen göttlichen Existenz aufzunehmen. Erst die Sirianer klärten uns (über Sheldon Nidles „Photonenring") darüber auf, dass es sich bei den Plejadiern, den Sieben Schwestern, um die in aller Welt in die Geschichte eingegangenen Götterfamilien handelte, von denen das Altertum nur so wimmelte.

Wie oben, so unten: Hier unten fanden Stellvertreterkriege statt, in denen die Außerirdischen ihre Territorien bereinigten und erweiterten, in Geschwisterkriegen Hass, Gier und Zwietracht auslebten und die Dramen dieser Welt installierten, die immer noch Geschichte, Politik und Gesellschaft der Erdenbürger beeinflussen. Immer noch geht es um Macht, Liebe und Energie – die wichtigsten Eckdaten dieser unserer materiellen Welt.

Die Plejadier gaben zu: Wir alle spielen die Dramen der Vierten Dimension (Astralwelt) mithilfe der Zweiten Dimension (Elemente/Elementale). Wir werden also von Emotionen regiert, von denen unsere planetarischen Schwestern und Brüder offenbar reichlich profitieren oder sich sogar ernähren.

Die Verschwörungstheorien

Es folgte Jan van Helsing, der deutsche Autor, der in den 80ern das Unmögliche aussprach, bis man seine Bücher verbot und er ins Ausland ging: Er hatte angeblich antisemitische Thesen veröffentlicht und alte Verschwörungstheorien ungeprüft übernommen, die Einblick in die Machtspiele dieser Welt boten. Eine bestimmte Clique reicher und mächtiger jüdischer Familien würde die Welt mithilfe ihres seit Generationen tradierten Wissens um politische Systeme und die der Banken und die Manipulierbarkeit der Menschen beherrschen. Ihr Wissen um die Wiedergeburt und gezielte Weitergabe karmischer Vorteile von Generation zu Generation wurde angesprochen.

Aber auch der Hinweis auf ein historisches Splitting in machtgierige kasachische Juden und den uninformierten Rest des hebräischen Volkes. Immer ging es um geheime Wirtschaftskreise (Bilderberger, Skulls & Bones usw.), die „Neue-Welt-Ordnung" und die Abstammung des Königshauses der Merowinger vom Hause David. Das war alles schon sehr spannend, zumal die Kopien unter dem Ladentisch weitergereicht wurden. Van Helsing hat übrigens familiäre und freundschaftliche Kontakte zu Juden, sein Insiderwissen bezog er unter anderem auch aus internationalen Militärkreisen und außerirdischen Informantenquellen, die ihm verrieten, dass auch die Hebräer aus unserer Zukunft kommen – was ihre Wissensvorsprünge erklärt.[52]

Besonders verschwörerisch kam David Icke[53] daher, der uns von Reptiloiden erzählte, die in Höhlen der Erde

hausen oder auch unter uns Menschen, sich wie Zauber-
wesen in Menschen verwandeln können und sogar in der
Dynastie der Windsors zu Hause sein sollen – blaues Blut,
das sich manchmal sogar von kleinen Kindern ernähren
soll. Die Reptilien sollen zu den ältesten Eroberern dieser
Erde gehören, die einst vom Orionsystem (Beteigeuze)
auf die junge Erde kamen, um die Cetacäen zu verdrän-
gen, die von Sirius und anderen Planetenbewohnern hier
importiert wurden, um Hüter der Erde zu werden.

Ich hatte einige Probleme, das zu glauben, allerdings
soll die Kundalinikraft (die „aufsteigende Schlange" in unserem Rückgrat) von diesen Reptiloiden stammen. Und
unsere Science Fiction-Filme sind voll mit diesen Gestalten. Eine zeitlang sah ich lauter wandelnde Krokodile auf
unseren Straßen.

Zecharia Sitchins 12. Planet

Dann kam Zecharia Sitchin und seine sumerisch-inter-galaktische Verschwörungstheorien in „Der 12. Planet"[54], ein Genuss für alle Suchenden, da er uns klarmachte, dass unsere Welt nicht erst mit der Bibel begann. Im Gegenteil: Man hatte in der Bibel uralte Geschichten der Sumerer übernommen, diese verfälscht und mit einer neuen Religion aufgemöbelt.

Sitchin führte den 12. Planeten mit Namen Nibiru ein, dessen Bewohner, die Annunaki, uns Menschen vor allem als Arbeiter in Goldminen missbrauchten. Nibiru kommt laut Sitchin alle 3.600 Jahre für 200 Jahre in Erdnähe. Die Annunaki seien die Götter des Zweistromlandes, Enki, Enlil und Inanna, genauso wie Zeus und Co plejadische Götter für das alte Griechenland waren. Die sumerischen Götter hätten die erste große Zivilisation nach der Sintflut vor cirka 10.000 Jahren gegründet und ihr Wissen an die Menschen weitergegeben.

Sitchin übersetzte und interpretierte Hunderte Tontäfelchen, die im Zweistromland gefunden und archiviert und nebenbei im Golfkrieg, wie man hört, von der US-Army zerstört oder gestohlen worden waren. Seine Geschichten von den Annunaki genannten Nibiruanern wurden und werden in aller Welt unter Spirituellen sehr ernst genommen, auch wenn ihm inzwischen deutsche Sprachwissenschaftler unseriöses Arbeiten unterstellen. Seine Übersetzungen seien falsch und bewusst in eine bestimmte Richtung getrimmt. Hier der Originalton:

„Wie Sitchin mit Sumerisch und Akkadisch umgeht, den für die Archäologie des Orients wichtigsten Sprachen, kann man am Beispiel heutiger Sprachen, hier Deutsch und Englisch, veranschaulichen. Stellen Sie sich vor, ein Freund von Ihnen, zum Beispiel chinesischer Abstammung (und des Deutschen und Englischen nicht sehr mächtig), legt Ihnen den folgenden Text vor – der Autor sei ein Experte für indoeuropäische Sprachen, so sagt er: „Als Peter (>der ein Haustier ist<) mit seinem Lastwagen (>seinem letzten Wagen<) gefahren war, traf er Annegret (>ein Silberreiher<). Er fragte sie, ob sie auch schon das neuste Buch von Zecharia Sitchin (>der auf seinem Kinn sitzt<) gelesen habe. Sie verneinte, erwiderte aber, Karin (>die im Auto ist<) habe es bestimmt gelesen."[55]

Diese Vorwürfe konnte oder wollte Sitchin bisher nicht entkräften, aber wenn sie stimmen, bricht ein wichtiger Eckstein der esoterischen Kreise zusammen. Es gibt nämlich kaum ein Buch oder ein Channeling, das nicht auf seinen Storys aufbaut. Durch Sitchin sind wir jedoch infiziert von der Suche nach unserer wirklichen Geschichte. Sitchin hat Rattenfänger-Qualitäten.

Aber auch vor Sitchin gab es Schriftsteller, die uns entscheidende Hinweise für die Zeiten gaben, von denen es keine offiziellen in den Museen nachprüfbaren Hinterlassenschaften gibt. Helena Blavatsky beispielsweise, die ihre Informationen von ihrem Geistführer bekam und die meisten Informationen über den Aufbau der Welt und unsere Geschichte von ihren Reisen nach Indien mitbrachte. Ihre Geheimwissenschaften gehören zu den Klassikern der Zunft, die alle kennen sollten, die den Geheimnissen unserer Menschheit auf die Spur kommen wollen. Das Internet ist inzwischen voll mit Informationen über diese Dame.

Die frühen Zivilisationen

Die wichtigste Atlantisquelle war der griechische Philosoph Platon, er erfuhr Einzelheiten von seinem Landsmann Solon (639 bis 559 vor Christus), attischer Staatsmann und Gelehrter. Der setzte den geschichtlichen Ausgangspunkt für den Mythos Atlantis. Er bereiste von 571 bis 561 vor Christus Ägypten und umliegende Staaten. In Saiis, damals Hauptstadt von Niederägypten und kulturelles Zentrum der damaligen Welt, erfuhr Solon von dem Priester und Tempelschreiber Sonchis die dort aufgezeichnete Erzählung des untergegangenen Reichs und Kontinents Atlantis. Dieses geheime Wissen aus den Tempeln Ägyptens teilte er in Athen autorisierten Personen mit.

Platon hat in seinen um 360 vor Christus verfassten Dialogen „Timaios" und „Kritias" Stadt und Land genau beschrieben und liefert somit viele Anhaltspunkte für eine Lokalisierung. In diesen Dialogen wird Atlantis Nesos (wörtlich übersetzt: Die Insel des Atlas) als ein Inselreich beschrieben, das größer als Libyen (Λιβύη) und Asien (Ασία) zusammen war und wie Athen schon 1.000 Jahre vor der Gründung Ägyptens existiert hat.

(Zitiert aus: Wikipedia).

Atlantis war aber nicht nur die goldene Inselwelt mit unendlichen Reichtümern und edlen Menschen, die nur zum Heil der Welt mit Kristallen arbeiteten. Das Heilerwissen über die Kräfte der Kristalle war gewaltig, aber es wurde auch sehr viel Übles mit diesen antiken Datenspeichern vollbracht. Das weiß ich aus eigenen Rückführungen in mein atlantisches Leben, in dem ich zu einer Gruppe von Spezialisten gehört hatte, die Kristalle zur Beeinflussung von Menschen programmierten. Doch das ist eine andere Geschichte.

Die meines Wissens beste Dokumentation zum Thema Spuren von Atlantis und auch des noch älteren Reichs von Lemurien haben der amerikanische Archäologie-Journalist und Autor Frank Joseph („Atlantis und 2012") und W. Scott-Elliot („Lemuria und Atlantis") zusammengetragen[56]. Seine Unterlagen und Informationen hat Scott-Elliot aus Freimaurerkreisen erhalten. Und Frank Joseph vom „Schlafenden Propheten" Edgar Cayce, der über 1.000 seiner Readings zum Thema Atlantis in Hypnose hielt. In diesen beiden Büchern sind präzise Ortsangaben von Lemurien und Atlantis gesammelt sowie archäologische und biologische Daten. Bei Scott-Elliot auch Karten, wo sich diese Reiche in welchen Zeiten ausbreiteten. Er weist auch darauf hin, dass das gesamte Mittelmeer kein Meer war und sich zwischen den Azoren und den Kanaren heute unter dem Meeresspiegel auf einer Bergkette riesige Felder mit Elefantenknochen befinden. Atlantis könnte demnach auch auf Mallorca Realität gewesen sein. Bei den Balearen handelte es sich damals um Berge, die sich in einer großen Ebene, dem heutigen Mittelmeer, befanden.

Von Hyperborea, dem sagenhaften nordischen Kontinent, der wahrscheinlich die erste Zivilisation dieser Erde beherbergte, muss man sich Details mühsam zusammensuchen. Es wird im hohen Norden angesiedelt, dort, wo der Tag kein Ende hat und paradiesische Zustände herrschen. Die Ursprünge der großen blonden Arier wurden dort von den Nazis vermutet. Wahrscheinlich kamen auch die griechischen Götter von dort.

Am ausführlichsten berichtet Herodot von den Hyperboreern (Wikipedia): Er beginnt damit, dass es eigentlich keinerlei zuverlässige Auskunft über die Lage des Landes gäbe, dass aber das Heiligtum des Apollon in Delos regelmäßig in Weizenstroh gewickelte Weihegeschenke aus dem Land Hyperborea erhalten habe. Diese Geschenke machten einen weiten Weg, wobei sie von Volk zu Volk weitergereicht wurden: von den Hyperboreern zu den Skythen, von dort weiter bis zur Adria, dann zu den Dodonern, quer durch Griechenland nach Euböa und von dort nach Delos. Substanzieller als die rein mythologischen Berichte ist das, was über die Verbindung von Hyperboreern mit dem Kult des Apollon, vor allem in Delos und Delphi, überliefert ist.

Der Garten der Hesperiden mit den goldenen Äpfeln soll sich nach der Bibliothek des Apollodor in Hyperborea befunden haben, und auch Atlas soll dort, in der Nähe des nördlichen Pols, das Himmelsgewölbe getragen haben. Auf der Suche nach den Äpfeln kam Herakles dorthin und überlistete Atlas, ihm drei der Äpfel zu bringen. Von dort brachte Herakles jene Ölbäume nach Olympia, aus deren Zweigen die Preiskränze der Sieger bei den Olympischen Spielen gewunden wurden.

Auf Hyperborea sollen die Engel (Elohim) einst gelebt und gewirkt haben, die fast körperlosen ätherischen, blonden und wunderschönen Riesen, die später vor zerstörerischen Außerirdischen und den Katastrophen in Richtung Himalaja und Tibet geflohen sein sollen. Sie waren wahrscheinlich in der Lage, riesige Bauten kraft ihrer Gedanken oder Entmaterialisierung zu errichten.

Arier wurden sie später genannt – die Vorbilder für das Dritte Reich der Nazis, die ihre eigene Esoterik entwickelt und gepflegt haben. Die Wewelsburg bei Paderborn war das Zentrum dieser obskuren Machtphantasien über die Wiedergeburt arischer Ideale. Und die Schwarze Sonne (SS) als Leitsymbol des Nationalsozialismus tauchte aus den Tiefen der Geschichte auf. Die Esoteriker um Hitler und Himmler machten sie zum Wahrzeichen ihrer schwarzmagischen Aktivitäten und glaubten an ihre Existenz.

Ich will Ihnen jetzt von dieser Schwarzen Sonne mehr erzählen, weil sie wahrscheinlich identisch mit Hunab Ku ist. Also eine ganz aktuelle Quelle, auch wenn sie uns in die dunkelste Zeit der deutschen Vergangenheit führt.

Die Schwarze und die Goldene Sonne

Mit unserer gelben Sonne steht diese Schwarze Sonne (SS) in stetigem Wechselspiel, die beiden sollen wie die beiden Teile einer Sanduhr zueinander stehen (darum wird sie auch Santur genannt). Die nordischen Legenden sagen, dass die Aitharteilchen (= Äther) unserer Sonne in Santur eingefangen, dort in Frequenzen und Strukturen eingeteilt und dann wieder zurückgeschickt werden ins universelle Geschehen. Das erinnert an die Einteilung des Maya-Kalenders in „13 grundlegende Muster von Strahlungsenergie (Radioimpulse), die sich jeweils durch ein Spektrum von 20 Frequenzbereichen hindurch transformieren" (J. Arguelles). Ist es radioaktive Strahlung, die zerstört und altern lässt oder als Äther/Photonen alles Leben aufbaut und Wunder möglich macht?

Diese Schwarze Sonne soll heute wieder auftauchen, im Weltall beziehungsweise im Zentrum unserer Erde sieht sie allerdings eher violett aus. Ob es sich bei den neusten Meldungen von den riesigen Gasblasen im Zentrum unserer Galaxis um diese Schwarze Sonne handelt, wissen wir noch nicht. Es sieht aber fast so aus. Wir werden der Schwarzen Sonne später wieder begegnen, denn sie gehört in die Mythenwelt, die nur wenigen zugänglich war, hat aber wahrscheinlich einen nicht unwesentlichen Anteil an Allem-was-ist.

Das hyperboräische Reich im hohen Norden ist Ursprung der alten nordischen Geschichten mit den Sagen der Edda, Walhalla, den nordischen Göttern mit ihren Runen und Helden, Elfen, Gnomen, Zauberern und anderen Märchengestalten. Sie sollen die ersten Reiche zum Leben erweckt und dann selbst in die Vierte Dimension hinübergegangen oder in die untere Welt von Agharti geflohen sein, wo sie angeblich heute noch leben. Jedenfalls waren sie angeblich unsere wichtigsten Schöpfer. Die ersten Hyperboreer ersangen die Welt. Sie waren wohl Zeitgenossen der ersten Australier, die ihre Traumpfade ebenfalls durch Töne zum Leben erweckten. Denn der Ton erschafft Bilder und Formen, haben die chladnischen Experimente mit Trommeln und Sand ergeben. Sie sind „Klangmuster schönster Ordnung, die durch Saitenstrich auf den Membranen entstehen und immer feiner werden, je höher die Frequenz ist".[57]

Die nächste Zivilisation, das Reich von Mu/Lemurien, hat einige Kolossalbauten mit tonnenschweren Basaltblöcken, Palästen und Heiligtümern hinterlassen, die heute noch im Südpazifik (Nan Madol in Mikronesien, die Carolinen, Hawaii und Japan) zu finden sind. Japanische Zeichentrickfilme erzählen ihre Geschichten heute noch. Es soll untergegangen sein durch die Gewalt der Natur und ihre atlantischen Feinde, die durch hoch entwickelte Lasertechniken die unterirdischen Gaslager unter den lemurischen Inseln gesprengt haben.

Die Schwarze und die Weiße Magie

Die Atlanter waren zunächst eine lemurische Kolonie, die dann unter den Einfluss außerirdischer Mächte gerieten, zunächst der Marsianer, wahrscheinlich auch der Hebräer und schließlich von Nibiru. Das alles hat uns Drunvalo Melchizedek erzählt (Die Blume des Lebens)[58], der die erstaunlichsten Geschichten aus der Vorzeit von seinem Lehrer Thoth gehört hat, der uns bereits bei den Gesetzen des Hermes Trismegistos begegnet ist.

Wie bei allem sind die Kräfte der Natur neutral und immer nur ein Spiegel derer, die damit umgehen. Atlantis war zunächst ein Hort des Wissens, der dann immer mehr egoistischen Machtspielchen schwarzer Kreise verfiel. Hier wurden Menschen genetisch manipuliert, mit Strahlung bearbeitet und durch strenge Hierarchien ihrer Selbstständigkeit und Naturverbundenheit beraubt. Atlantische Krieger fielen wahrscheinlich mit ihren raketenähnlichen „Vimanas" über die Lemurier und Inder her. So berichtet es die Mahabharata, sagt Drunvalo.

Das große indische Epos bildet zusammen mit den Puranas und anderen Werken den Kern der hinduistischen Überlieferung. Den bedeutendsten philosophischen Text der Mahabharata, die Bhagavad Gita, zählt man oft zu den Shrutis, den Offenbarungsschriften. Zusammen mit dem tibetischen Epos des Königs Gesar gehört die Mahabharata zu den umfangreichsten literarischen Werken der Welt (aus: Wikipedia).

Aber auch der Historie. Dort erfährt man beispielsweise, dass die Wüste Gobi vor den großen Kriegen fruchtbares Land mit prächtigen Städten gewesen sei. Und dass es das geheime Wissen um die Spaltung oder die Fusion von Atomen war, das früheren Zivilisationen entsetzliche Zerstörung oder Jahrhundertelange Blütezeiten einbrachte. Technisches Wissen und Machtgier ließen in einer immer wiederkehrenden Schleife die Erde und ihre Bewohner Karma aufbauen und wieder abarbeiten, als wären sie Opfer eines festen Programms mit Hamsterrad-Effekt.

Nur in kleinen geheimen Zirkeln wurde das alte Wissen der Weisen weitergegeben, vorsorglich gut versteckt und schließlich vor der Zerstörung durch Vulkanausbrüche, Erdbeben und Überflutungen gerettet. Die Atlanter brachten ihre Wissensschätze in die Kolonien nach Ägypten, Yucatan/Mexico oder nach Indien.

Das erklärt auch die Ähnlichkeit der Erzählungen, die in der Mahabharata, den Veden, den Geschichten der Hopi oder der Maya auftauchen. Es erklärt Göttergestalten wie Quetzalcoatl und Cuculcan oder die Sintflut, von der fast alle Völker erzählen. Die Götter und ihre Kriege, aber auch das umfangreiche Wissen, das sie mitbrachten, und die Versprechen von Rückkehr und Zerstörung oder dem Aufstieg der Menschen. Und von der Zeit natürlich und den großen Zyklen des Universums.

Drunvalo erzählt, dass die Menschen die Beziehungen zwischen der materiellen und spirituellen Seinssphäre nicht mehr beachteten und mit Schwarzer Magie experimentierten. Zwei Thesen machten über den Untergang von Atlantis die Runde: Ein Kristall im Innern der Erde sei von den Priestern angeschlagen worden, beziehungsweise ein Meteorit hätte Atlantis bedroht, der mit einer künstlichen Merkabah zerstört werden sollte. Das ging schief, ein tiefer Riss zwischen allen Dimensionen entstand und katapultierte die Geister der Unterwelt in die menschliche Ebene, wo sie aus Angst und auf der Suche nach Rettung die Körper der Menschen übernahmen. Auch ein Polsprung war im Gespräch. Wahrscheinlich folgte eins dem anderen – wie zu unseren Zeiten.

Die Planetenkriege

Wir erfuhren in den esoterischen Büchern auch sehr abstruse Geschichten über die Planetenkriege zwischen Sirius, den Plejadiern und den Reptiloiden von Orion und den Dinoiden, sowie über den Asteroidenring, der einst ein großer Planet namens Marduk gewesen und von den Sirianern zerstört worden sei. Diese Explosion habe nicht nur die Atmosphäre von Mars und Venus zerstört, sondern auch Marduks künstlichen Mond zur Erde geschleudert, habe das einstige Eis(!)-Firmament der Erde zerbrochen und damit unsere Sintflut ausgelöst. Spannende Geschichten, die sich nicht so ganz in unser Wissen fügen wollen. Aber wer weiß? Das Gesicht auf dem Mond und die Pyramide auf dem Mars könnten ja wirklich die Strukturen einer zerstörten Zivilisation sein...

Seit der gewaltigen Explosion Marduks soll es auch die Schieflage (23,5 Grad) der Erde geben, die Torkelbewegung unseres Planeten um die Erdachse beim Kreisen um die Sonne. Aber bei Untersuchungen in uralten Sedimentgesteinen wurde von unseren Geologen erkannt, dass die winzigen magnetischen Partikel sich nach den Polen ausrichten. Demnach soll die Erde schon vor 800 Millionen Jahren 50 Grad schief gewesen sein, sagen unsere Forscher, und dass außerdem alle Planeten Schieflagen hätten. Wieder eine Mär kaputt recherchiert!

Allerdings kann unsere eigene archäologische Forschung die interessantesten Rätsel der Menschheit nicht lösen, lässt natürlich viele nahe liegende Erklärungsansätze aus der Esoterik nicht zu und gibt mit ihrer Trockenheit phantasievolleren Lösungen keine Chance.

Die „Lusch"-Hypothese

Beispielsweise der des Amerikaners Robert A. Monroe („Der zweite Körper")[59], ein Oldie but Goodie in der spirituellen Bewegung. Er führte in mehrfachen außerkörperlichen Zuständen Gespräche mit „Touristen" aus anderen Dimensionen, die sich in unserer Astralwelt mit ihm trafen. Sie klärten ihn über die galaktischen Reisebeschreibungen unseres Planeten (eine Zeit-Raum-Illusionstour) auf: Die Erde sei eine Art Biotop, in dem menschliche Wesen vor allem deswegen gehalten würden, um das von Monroes Astralwesen sogenannte „Lusch" zu produzieren. Das sei Energie wie Elektrizität, Öl, Sauerstoff, Gold, Weizen, Wasser, Land, alte Münzen oder Uran, seiner Herkunft nach ein Reihe von Schwingungszuständen im Kohlenstoff-Sauerstoff-Zyklus, und der Rückstand sei Lusch in unterschiedlichem Reinheitsgrad. Derjenige, der dieses Lusch entdeckt hatte und es im Universum bestens verkaufen könne, habe im Verlauf der Aufzucht entdeckt, dass eine gewisse Konfliktfähigkeit die Produktion verbessert und ankurbelt. Besonders gut war das Lusch, das entstand, wenn die Lusch-Produzenten ihre „neu Entstandenen" verteidigten und zwei Tropfen aus ihren Augen abgaben.

Der Lusch-Garten wurde kräftig angezapft, ergänzende Technologien ließen die Ernte von einer gewissen Sortenvielfalt immer besser werden. Man gab diesen Sorten die Namen Liebe, Freundschaft, Familie, Gier, Hass, Schmerz, Schuld, Krankheit, Stolz, Ehrgeiz, Eigentum, Besitz, Opfer – und in großem Maßstab Nation, Provinzialismus, Kriege, Hunger, Religion, Maschinen, Freiheit, Industrie, Handel, um nur einige zu nennen. Die Erzeugung von Lusch ist größer denn je.

Der Mensch als Erzeuger intensivster Gefühle, die, von wem auch immer, als Delikatesse geschätzt und verzehrt werden, so, wie der Mensch einen guten Lammbraten genießt. Das hört sich sehr abstrus an, aber wer von Ihnen hat sich nicht auch schon einmal gewundert, wohin eigentlich unsere schönen Gefühle von Liebe, Freude, Glück so schnell entschwinden? Oder warum der Orgasmus eigentlich nur ein Sekundenvergnügen ist? Sahnt da irgendjemand die Sahnehäubchen einfach ab?

Jedenfalls ist dieser Gedanke auch beim russischen Bestsellerautor S. Lukianenko („Die Wächter der Nacht") wieder aufgetaucht. Und seine Bücher werden in Millionenhöhe verkauft.

Das Experiment Menschheit

Wenn man den Berichten und Durchgaben außerplanetarischer Besucher Glauben schenkt, ist die Erde ein Planet am Rande des Weltalls, dessen Schönheit und Vielfalt sich in immer wieder neuen Zivilisationen entfaltete und deshalb immer wieder neue Eroberer anzog – von außerhalb. Auch in unserem Universum und anderen Galaxien gibt es territoriale Kämpfe, zwischen den Sternen finden Schlachten und Allianzen statt – wie oben, so unten.

Sie sagen, wir Menschen hätten auf der Erde immer wieder unter brutalen Kriegen und politischen und wirtschaftlichen Machtkämpfen gelitten, die nicht unbedingt nur von unseren eigenen Herrschern ausgetragen wurden. Wir wurden wie Schafe hin- und hergetrieben, fühlten uns – wenn wir nicht selbst gerade zu den Herrschern gehörten – als Opfer der Mächtigen und ihrer „Religion" genannten Weltordnungen. Wir zitterten als Opfer einer immer feindlichen Natur, zu der wir den Kontakt verloren hatten. Doch am meisten machten uns unsere eigenen Schwächen, Probleme und Krankheiten zu schaffen, derer wir – vor allem in Familien- und Liebesbeziehungen – nicht mehr Herr wurden.

Barbara Hand Clow, die sich unzählige Male langen Rückführungen unterzog und sich dabei sogar in die Erinnerung von Sonne, Mond und einzelner Planeten versetzen konnte, berichtete von dem „Wunsch Gaias, sich mit dem Wesen von Uran bekannt zu machen"![60] Was aber für uns Wasserwesen nicht so gut sei, sondern unseren

Emotionalkörper verklebe und das ewige Karmakarussell erst möglich mache.

Fremde Glaubenssysteme, die sich unseren Genen über Jahrtausende einprägten, Uranbestrahlung, die unsere Emotionen verklebten, Gene, die reduziert und wie mit dem Baukastensystem der Chemie neu sortiert wurden, emotionale Energie, die uns abgezapft wird wie die Milch den Kühen – Horrorgeschichten, die weit hergeholt sind?

Auch wir haben in unserer Gruppe von Lichtarbeitern wie so viele andere Spirituelle brav und folgsam in unserer Entwicklung alle Übungen und Seminare, vom Tao-, Hatha- und Ashtanga-Yoga bis zum Erwecken der Merkabah mitgemacht, um wieder näher an unsere ursprünglichen Fähigkeiten heranzukommen und das Glück auf Erden zu finden. Doch immer wieder hat irgendeine – vor allem familiäre – Geschichte uns wieder aus der Entwicklung zurückgerissen in ein Leben voller Kümmernisse und Probleme, statt dass wir in unserer Mitte bleiben konnten. Ob wir früher besser wussten, wer wir waren, woher wir kamen, welche Lebensaufgabe wir hatten, wohin wir gingen?

Es scheint noch viel mehr experimentiert worden zu sein mit uns und unseren physischen und feinstofflichen Körpern. Wenn man nur ein Zehntel der Berichte glaubt, die uns Jan van Helsing in seinen Büchern über die „Geheime Weltregierung" geliefert hat, dann genügt das schon, um vor jeder Art von unbekannten Frequenzen Angst zu haben und zu dem Schluss zu kommen, dass die meisten von uns Menschen ziemlich naive Schafe sind. Oder besser Labormäuse, die naiv gehalten werden und sich auch heute noch durch Äußerlichkeiten, die von zweifelhaften Berühmtheiten geprägt werden, von den wesentlichen Nachrichten ablenken lassen und davon, ein glückliches, gesundes und zufriedenes Leben aus sich selbst heraus zu führen.

Das wichtigste Hindernis: Für die meisten von uns existiert kein Zugang zu Geld, Glück und vor allem Gott oder göttlicher Energie, stattdessen sind komplizierte, langjährige Exerzitien notwendig, um ein immer ferneres Hohes Selbst zu erreichen; nur wenige Auserwählte, die das Unsichtbare sehen oder hören; stattdessen unendliche geistige Verelendung und immer miesere Gewaltausbrüche, wenn es um die Kultur unserer Gesellschaft geht; Verluste wesentlicher Nährstoffe (Selen, Folsäure, Fluor, Jod usw.), wenn es um die Erzeugnisse der Erde und eine lichtvolle Ernährung geht; Degenerierung, Rassismus und religiöser Hass, wenn es um die Toleranz und Vielfalt in der Menschheit geht; eine immer größere Kluft zwischen Arm und Reich, wenn es um unseren Wohlstand geht; unzählige Krankheiten, wenn es um unsere Gesundheit geht.

Diese Liste lässt sich fortsetzen bis ins Unendliche und nur durch einen großen Aufschrei beenden: Es reicht! Lasst uns aufhören mit diesem Experiment!

HÖRT UNS DENN KEINER?

Das geheime Wissen

Es gab immer wieder Versuche der Geistigen Welt, die Menschheit aus einem Dilemma herauszuführen, dessen sie sich in der Mehrheit gar nicht bewusst war. Große Meister wie Jesus, Buddha, der Prophet Mohammed und viele andere lehrten uns Techniken mit dem Ziel, in die eigene Mitte zu kommen: das Beten, Yoga, Koans, Mudrahs, Mandalas und vieles mehr, um inneren und äußeren Frieden zu finden sowie Gesetze hinter dem offiziellen Geschehen zu erkennen. In den geheimen Zirkeln der Eingeweihten oder derer, die eingeweiht werden wollten, wuchs währenddessen ein Wissensschatz, der die Gesetze hinter den Gesetzen erkennen ließ.

Doch sobald diese Versuche, unserer Entwicklung einen Schub zu geben, in die Hände machtgieriger Geister gerieten, wurden die liebevollen Ideen und Ideale, die praktischen Anweisungen für unsere körperliche und geistige Gesundheit „organisiert" und in eine religiöse Form gebracht, die dann wiederum zur Pflichtveranstaltung oder gar zum Fanatismus pervertierte.

Wege zur Erleuchtung

Dabei ist alles ganz einfach, wenn man die Regeln begreift. Es gab bisher vier Wege aus dem menschlichen Ghetto hinaus: Fasten, Schweigen, sich in jahrzehntelangen Körperübungen oder quälerischem Leistungssport plagen, mystische Anbetung und, vor allem, Meditation. Es geht immer noch darum, das Denken abzustellen, sich den Gefühlen nicht zu überlassen, sondern Herr über Gedanken und Gefühle zu sein. Denn Gefühle wie Angst, Neid und Gier haben die Kraft, uns immer wieder aus unserer Mitte herauszuzerren.

Jahrhundertelang galt zwar das Denken als höchste menschliche Kraft, es verdrängte jedoch den Glauben, während der Glaube von Machthierarchien für die Masse instrumentalisiert wurde. Der Glaube an „den einen Gott" musste für millionenfache Morde herhalten.

Erst seit den Jahren, als die geheimen Bucharchive geöffnet und nahezu alle Geheimgesellschaften ihr Wissen veröffentlicht hatten, wurde klar, wie viele Theorien und Hilfsanweisungen auf dieser Erde herumschwirren. Viele davon kippten schnell um in Täuschungen und brutale Verknechtung für diejenigen, die an sie glaubten. Es geht fast immer um Anbetung, Macht und Aufmerksamkeit. Die Energie seiner Jünger ist auch Nahrung für so manchen miesen Guru.

Ich habe mich gefragt, warum es überhaupt nötig war, uns Menschen immer wieder Entwicklungshelfer zu schicken und spirituelle Krücken zu basteln, aber auch, was an unserem Planeten und Körper so kompliziert und manipulierbar ist. Warum spirituelle Arbeit so notwendig und das Wissen darum so exklusiv und gefährlich wurde, dass nur bestimmte Menschen darin eingeweiht wurden. Ich landete immer wieder bei Informationen, die für das normale Auge nicht sichtbar und für den normalen Geist weder einleuchtend noch logisch waren. Die wenigen hochsensiblen Wissenden standen in direkter Verbindung mit dem Göttlichen oder fanden sich in geheimen Gruppen zusammen, denn die normalen „Muggles" hatten Angst vor ihnen und ihrer Macht. Und sie wurden immer wieder verfolgt oder der Lächerlichkeit preisgegeben. Heute auch. Dieses Dilemma scheint sich seit den Tagen von Atlantis tief in unsere Gene eingraviert zu haben.

Aus allen guten Ratschlägen der letzten Jahrhunderte schälen sich folgende drei Schritte heraus, um „Erleuchtung" zu erlangen, was die Suche nach Geld und Glück angeblich überflüssig macht:

- Die Anwendung von Ganz-Hirn-Denktechniken, um den irdischen spirituellen Lichtkörper zu aktivieren und auszuweiten.
- Den irdischen Lichtkörper mit Hilfe der fortgeschrittenen Vergebungs- und Clearingtechniken auszugleichen, zu reinigen und damit höhere elektromagnetische Energien zu integrieren.
- Lehren und heilen anderer, sodass dabei die grün-goldenen Kugeln oder Strings der elektromagnetischen Energien auch durch den eigenen Körper fließen.

Heute wissen wir allerdings, dass es mit der einmaligen Erleuchtung nicht getan ist, es gibt mehrere Stufen, zu Gott zurückzukehren. Er will offenbar über uns seine eigenen Gefühle kennenlernen. Da fragt sich der einfache Gläubige: Sind wir vielleicht in einem großen Videospiel gefangen? „Ziehen Sie eine Karte, gehen Sie auf Platz 5 zurück und beginnen Sie von Neuem?" Erleuchtung als Belohnung – aber nicht für jeden?

Es geht offenbar auf dieser Erde auch um eine physiologische Entwicklung in den Zellen: Leid trainiert die Zellen. Leiden als Weg zur Erleuchtung. Auch die Flagellanten des Mittelalters gerieten irgendwann in den Zustand der entrückten Verzückung. „Lerne zu teilen, um die Teilung zu überwinden", bekam ich bei einer meiner morgendlichen Meditationen zu hören. „Weinerliche Wesen müssen durch Leiden lernen", war eine andere Information. Wie passt das alles zusammen?

Bei meiner Suche nach Erklärungen geriet mir irgendwann das (gruselig und sehr verschlüsselt geschriebene) Buch die „Schlüssel des Enoch" von J.J. Hurtak in die Hände.[61] Hurtak behauptet, in einem Erleuchtungserlebnis zum Thron des höchsten Lichtherrn mit Namen Metraton gebracht worden zu sein und dort die wichtigsten Entwicklungen in all unseren Wissenschaftszweigen erfahren zu haben.

Klar, dass alle amerikanischen Bestsellerautoren der spirituellen Szene Hurtak gelesen haben und ihre Weisheit aus seinen verquasten von vielem Hallelujagejubel durchzogenen Sätzen ziehen. Ich übrigens auch...

Dazu gehört eine sehr detaillierte Beschreibung eines erstaunlichen Prozesses in unseren Zellkraftwerken. In den Lamellen der „Mitochondrien" genannten kleinen Kraftwerken der Zellen bildet sich nach Hurtak immer mehr ATP (Adenosintriphosphat) und schließlich Silizium, weil wir die hohe Energie kosmischer Erleuchtungsblitze sonst nicht aushalten. Ob wir das in diesem Körper noch erleben, weiß ich nicht. Da Silizium aber die Basis unserer gesamten Computertechnik bildet, könnte es uns Menschlein ja nicht schaden, so etwas wie supraleitende Chips in unseren Zellen zu bilden.

Die Erde selbst hat genügend von diesem zauberhaften Stoff, der sich in uns Menschen nur in neue biologische Formen verwandeln müsste, um unserer Gaia den ihr gebührenden Quantensprung zu ermöglichen. Denn wir Menschen sind ihre „Transformationsriemen" in die Fünfte Dimension, das weiß ich aus meinen atlantischen Eingebungen.

Das Programm des Universums

Jede Kultur und Religion besaß einen esoterischen Kern, der das alte Wissen um parallele Gesetzmäßigkeiten aus alten Zeiten bewahrte. Astrologen, Druiden, Schamanen, Priester, Kabbalisten, Sufis oder die Gurus der indischen Veden und des Ayurveda entwickelten ihre religiösen Riten und Rituale, aber auch ihre Gesundheitskenntnisse auf der Grundlage dieser Wissenssysteme. War das ein Wissen, das von den Göttern kam? Oder haben sie selbst erkannt und weitergegeben, wie die Natur auf dieser Welt gearbeitet hat und immer noch arbeitet?

Die Forscher unter den Spirituellen haben in der Meditation Naturgeister bei der Arbeit beobachtet, faszinierende Naturgesetze formuliert, die Welt als „Klang" definiert, eine „Signaturenlehre" für Pflanzen, Düfte, Farben oder Steine entwickelt und die Sprache des Lichts und der Farben entziffert. Die alten Weisen dieser Welt und ihr Wissen um die „gottgewollte Form" werden heute neu entdeckt. Spurensuche in der Welt parallelen Denkens – jenseits wissenschaftlicher Kausalketten.

Ich gehe davon aus, dass es sich bei diesen Erkenntnissen um die geheimnisvolle dunkle Materie und dunkle Energie der heutigen Physiker handelt, die unbekannten und unsichtbaren Strukturen dieses Universums, die mit 95 Prozent die Matrix des Quantenzaubers bilden, aus dem sich immer noch unsere Wirklichkeit entwickelt. Ich bin sicher: Eine so nahe liegende, aber unmögliche Erklärung wird unseren Wissenschaftlern nicht gefallen. Weil nicht sein kann, was nicht sein darf. Aber vielleicht ist das die Brücke, die beide endlich zusammenführt? Spiritualität und Naturwissenschaft?

Alle Kräfte unseres Universums funktionieren über den Austausch von Elementarteilchen. Die dunkle Materie ist zwar wie ein Netz, in dem sich alles sammelt und die das Weltall ausfüllt, entzieht sich aber der direkten Einsicht. Gefunden wurde sie durch die Entdeckung, dass sich unser Weltall an den Rändern ausdehnt und nicht das Tempo durch die alles beherrschende Schwerkraft abfällt. Die Masse unserer Sterne und Planeten erzeugt normalerweise Gewicht und damit Gravitation. Die Ausdehnung wirkt entgegengesetzt, und keiner weiß, ob unser Universum nicht irgendwann auseinanderfliegt. Doch es gibt anscheinend auch Zwerggalaxien, die ohne dunkle Materie existieren. Das noch nicht entdeckte Higgs-Teilchen oder die bereits vorhandene String-Theorie soll demnächst die Lösung bringen, hoffen die Forscher. Lynn McTaggart formuliert das genial in ihrem neusten Buch: „Auf der Quantenebene ähnelt die Realität sozusagen einer noch nicht fest gewordenen Götterspeise." („Intention", S.17)

Ist die Lösung naheliegend? Sozusagen „nur" in der nächsten Dimension zu finden? Ich gehe davon aus, dass die dunkle Materie auch unsere geheimnisvolle Astralwelt enthält, die Vierte Dimension, in der sämtliche Gesetze unserer esoterischen Welt den Ton angeben.

Nicht nur biologische, chemische und physikalische Gesetze und der Elektromagnetismus beherrschen die Welt, sondern auch und vor allem die nuklearen Kräfte von Explosion und Implosion. Von radioaktiver Strahlung, die uns fragmentiert und schaden oder heilen kann, je nachdem, welcher Worte, Zahlen, Muster, Symbole, Rituale oder Frequenzen wir uns bedienen. Das schreibe ich, ohne es mit Doppelblindstudien belegen zu können. Aber ich weiß es. Sie sind unsichtbar eingeprägt in unsere Wirklichkeit und folgen ihren eigenen Gesetzen, die von der Esoterik schon lange festgehalten und veröffentlicht wurden.

Das Zwölfersystem ist das ursprüngliche Programm, auf das unsere Erde und unser Universum – ausgehend vom (Tyr-)Tierkreis – abgestimmt und radioaktiv geprägt wurden. Die gottgewollte Form, nach der wir suchten, war eine einheitliche Kraft, eine Urstrahlung, die in zwölf Teile aufgespalten wurde – 12 Tierkreiszeichen, 12 Planeten, 12 Töne, 12 Farben, 12 Chakren, 12 Meridiane, 12 Helices, 12 parallele Welten und 12 Seelenanteile soll es geben. Die Zahl 12 stellt im Rahmen der Zahlenmystik die vollkommene Zahl unseres Universums dar, und auch aus der spirituellen und außerplanetarischen Sichtweise (Hathoren/Sirianer) ist die Erde in ihrer kristallinen Form ein Dodekaeder. Spannend wird es in der nächsten Dimension, denn es besteht die berechtigte Frage, ob die Zwölf jetzt aufgelöst wird – weil sie sich nicht unbedingt bewährt hat als System? Doch zunächst wollen wir uns dieses Zwölfersystem etwas genauer ansehen.

Der Heilpraktiker Günther Harms[62] lieferte im Internet die erste und wichtigste Beschreibung: „Der Tierkreis hat seinen Ursprung in Thule oder dem Hyperborea der

Griechen, dem Land der urnordischen Kosmosophen und Astromanten. Jenem Land im hohen Norden, das vor dem letzten Polsprung ein Land des ewigen Frühlings war (Grönland, Island usw.). Von dort aus wurde das kosmische Wissen nach Atlantis weitergetragen, ebenso über Russland und Persien ins Land der dunkelhäutigen Inder. Dort wurden die Einwanderer aus dem Norden „hari" – die Blondbärtigen – genannt. Und Nordindien hieß damals Aryavarta, das Land der Edlen.

Ebenso war das Wissen in Ägypten und bei den Inkas und Azteken zu finden, um nur einige zu nennen, und verschmolz dort mit der eigenständigen Religion. Das ist auch die Erklärung dafür, dass wir dieses Tierkreiswissen bei allen hohen Kulturen finden. Ebenso ist es die Wiege aller Mythologien, denn alle Religionen, einschließlich des Christentums, wurzeln und wachsen aus dem Tierkreis."

Harms weist darauf hin, dass der allgemein gebräuchliche Ausdruck „Tierkreis" nicht richtig ist. Denn von den zwölf Symbolen haben zum Beispiel die Waage, die Jungfrau, der Wassermann und der Zwilling nichts mit einem Tier zu tun. Es heißt richtig „Tyr-Kreis", sagt er. Dieses Wort stamme aus der nordischen Mythologie und bedeute Tyr-Tri-Drei, also Drei-Gott. „Hier sehen wir die Bedeutung von Werden, Sein, Vergehen. Auch gibt es am gestirnten Himmel weder sichtbare Tierkreisbilder, noch ist er in zwölf Felder geteilt. Die Einteilung des sichtbaren Sternenmeers in die zwölf Tierkreiszeichen wurde von den alten Kosmosophen in weiser Voraussicht getroffen. Und sie wollten damit sagen, dass die zwölffachen Aspekte nicht nur auf der Erde Gültigkeit haben, sondern auch in jedem Punkt des Weltalls gegenwärtig sind."

Das Zwölfersystem wird hier so ausführlich besprochen, weil es diese scheinbar geniale Einheit bildet, auf deren Komplettierung ich mit meiner Kollegin Wiebke Grützmacher von Anfang an – bewusst oder unbewusst – bei unserer Lichtarbeit hingearbeitet habe, bis es immer deutlicher wurde, dass irgendetwas nicht mehr stimmt mit diesem wunderbaren Zwölfersystem.

Das reduzierte Zwölferprogramm

Wir haben uns in den ersten Jahren unserer spirituellen Arbeit auf dieses ganzheitliche Geschehen eingestimmt und nach Farben, Tönen, Düften oder sonstigen Schwingungen gesucht, die unseren Klienten in der individuellen Aura fehlten, um Selbstheilung möglich zu machen.

Doch wenn wir Menschen so im Einklang mit der Schöpfung wären, wenn es nur auf eine gezielte „Aufrüstung" unseres kranken Körpers nach dem konsequent durchgesetzten Zwölfersystem ankäme, wäre die Sache leicht, und die Menschheit bräuchte kein kompliziertes Gesundheitssystem oder Krankenkassen, die immer teurer werden. Auch keine Lebensmittelindustrie, die ihre Produktionen immer weiter denaturiert, um angeblich die Natur zu korrigieren. Dann würde der Stier-Geborene gegen seine radixtypischen Hals- oder Bauchkrankheiten die dem Sternbild angemessenen Heilmittel zu sich nehmen und pumperlg'sund sein.

Wir Menschen sind aus Sternenstaub – die in uns vorherrschende Schwingung. Durch die individuell vorgegebene Mischung der für uns zuständigen Auswahl aus den zwölf Planeten könnten wir schön nach der „chromatischen Tonleiter" leben. Denn theoretisch und von vielen Weisen bestätigt ist eigentlich das ganze Universum in Gleichklang und harmonisch durchorganisiert, beseelt und in einer grundsätzlich sinnvollen Einheitlichkeit kodiert, sozusagen gottgefällig durchprogrammiert.

Irgendwann muss etwas geschehen sein, das diese Zwölferharmonie zerstört hat. Wir wurden immer weiter fragmentiert. Das zeigt sich auch bei allen Korrektursystemen der Geheimlehren. Sind wir irgendwie abgehängt worden von diesen zwölf Strahlen? Oder handelt es sich einfach um das ganz normale Chaos, das sich in unserer Welt der Ordnung im Verlauf der Jahrtausende mit dem Müll eingeschlichen hat, der bei der Produktion von Materie entsteht?

Wir nahmen, um die Sinnhaftigkeit des Zwölfersystems abzuklopfen, zunächst die Lehren des Hermes Trismegistos zum Maßstab (wie im Kleinen, so im Großen usw.), gingen konsequent von der kausalen Denkweise in die des parallelen Assoziierens, in die Welt der Entsprechungen über, und machten analoge, also parallel laufende 12er-Listen. Wir setzten die Tierkreiszeichen neben die Planeten, zu Tier- und Pflanzenfamilien, zu den menschlichen Energiekörpern, seinen Chakren, Organen, Meridianen, zu allen Farben, Sinnesorganen, Tönen, Düften, Vitaminen und Spurenelementen, zu den Prozessen in der Zelle, zu den Schalen der Atome bei den Elementen, zu den Erdschalen innen und außen.

Die hermetische Lehre

Die Idee beziehungsweise das Wissen geht auf Hermes Trismegistos (der dreimal Größte) zurück. Hermes Trismegistos war der griechische Name des ägyptischen Gottes Thoth, der in der Spätantike mit Hermes, dem Götterboten, Sohn des Zeus und der Maia, gleichgesetzt wurde. Hermes Trismegistos soll die hermetischen Schriften (Corpus Hermeticum) verfasst haben, deren Zentrum die „Tabula Smaragdina" ist, auf der die sieben hermetischen Lehrsätze geschrieben stehen. Hermes Trismegistos beeinflusste nicht nur Philosophie (Neuplatonismus) und Medizin (Paracelsus), sondern auch die Alchemie, die christliche Gnosis, die Freimaurer sowie die Theosophen und Anthroposophen des 19. und 20. Jahrhunderts.

Die sieben Lehrsätze des Hermes Trismegistos:[63]

* Geist:
  Alles ist Geist. Der Geist herrscht über die Materie.
* Analogien:
  Wie oben, so unten. Wie unten, so oben. Wie innen, so außen. Wie außen, so innen. Wie im Großen, so im Kleinen. Auf allen Ebenen des Seins gibt es Entsprechungen.
* Rhythmus:
  Alles fließt, alles ist in rhythmischer Bewegung. Stillstand bedeutet Tod. Der Rhythmus der Bewegung ist ausgleichend.

- Harmonie:
  Jede Medaille hat zwei Seiten. Alles strebt nach Gleichgewicht und Harmonie. Harmonie ist Liebe.
- Resonanz:
  Gleich und gleich gesellt sich gern. Ungleiches stößt einander ab.
- Ursache und Wirkung:
  Jede Ursache hat eine Wirkung, und jede Wirkung hat eine Ursache. Es gibt weder Sünde, noch Glück, noch Zufall.
- Polarität:
  Geschlechtlichkeit ist überall. Alles ist weiblich und männlich, alles besitzt zwei Seiten, zwei Pole, deren Einheit durch Anziehung (Liebe) entsteht.

Diese Grundprinzipien des Hermes Trismegistos waren in der alten Welt überall bekannt – in den geheimen Zirkeln zumindest, wo Wissen von Lehrern an Schüler weitergegeben wurde, wenn diese sich nach härtesten Prüfungen als würdig genug erwiesen. Wer auch immer diese Gesetze formulierte, er hatte Zugang zu galaktischem Wissen, sein Wissen kam von den Göttern, zu denen er vermutlich selbst gehörte.

Die Konsequenz: Wenn wie oben, so unten stimmt, müsste das, was auf die Planetentöne und ihre Farbstrahlung zutrifft, auch im kleinsten Lebensbereich, also in der Welt der Gene und Zellen, der Atome und Elementarteilchen zutreffen. Wir müssten uns konsequenterweise selbst im Einklang mit dem Universum täglich in den Farben kleiden, die der Tag, der Monat, der Planet und die vorherrschende Strahlung vorgeben, um in Harmonie mit dem Universum zu leben. Theoretisch stimmt das, aber praktisch sind wir weit davon entfernt.

Ich habe das übrigens ganz naiv mit der Farbwahl meiner eigenen Kleidung ausprobiert: Montag Rot, Dienstag Orange, Mittwoch Grün, am Donnerstag Türkis oder Blau, Freitag Violett, Samstag Weiß und Sonntag Rosé. Ich schaffte es nur ganz selten, diese Reihenfolge einzuhalten!

Eine unübersichtliche Zersplitterung hat die ursprüngliche Harmonie abgelöst. Lassen Sie uns gemeinsam abklopfen, warum nur noch selten zutrifft, was unserer gottgewollten Form entsprechen würde.

Die Kraft der Farben

Die Farbenheilkunde gab es bei allen alten Kulturvölkern dieser Welt. Inder, Ägypter, Griechen und Inkas wussten bereits, dass Farben die Seele aufheitern oder bedrücken, und dass sie mit ihrer Hilfe Heilungsprozesse aufhalten oder beschleunigen konnten. Die Chinesen betteten Epileptiker auf violette Teppiche, Darmkranke wurden mit gelber Farbe bestrichen, Scharlachkranke in rote Tücher gewickelt, und alle wurden mit dem dazu passenden Licht bestrahlt. Auch heute werden Farbbestrahlungen gezielt eingesetzt, das Tragen bestimmter Farbkleidung empfohlen, Farbbestrahlung mit bestimmten Farben fürs Badewasser oder gar Lebensmittel.

Auch auf Blinde wirkt die Heilkraft der Farben, denn man weiß: Sie strahlen nicht nur über die Augen aufs vegetative Nervensystem, sondern auf physikalisch-chemischem Weg über die Haut. Selbst in der Schulmedizin haben Farbtherapien ihren festen Platz: Blaulichtbestrahlung wirkt entzündungshemmend, Rot- und Infrarotlicht oder UV-Bestrahlung werden auf vielfältige Art therapeutisch genutzt.

Die ersten naturwissenschaftlichen Erklärungen über das Licht und die Wirkung der Farben lieferte der Mathematiker Isaac Newton mit seiner Entdeckung, dass sich das Sonnenlicht in rote, orange, gelbe, grüne, blaue und violette Farben zerlegen lässt. Spätere Forschungen brachten ans Tageslicht, dass jede Farbe eine bestimmte Wellenlänge besitzt und eine charakteristische Energie, die sich in Lichtpartikeln – den sogenannten Photonen – messen lässt. Über Augen und Haut beeinflusst diese Energie des Farbstrahls die Funktionen in unseren Körperzellen auf spezifische Art. Stoffe, die wir auf dem Körper tragen, „schlucken" das Licht und strahlen den Farbrest auf den Körper ab.

Die Farbtherapie

Unser irdisches Lichtspektrum, das weißes Sonnenlicht ist, wenn es durch ein Prisma zerlegt wird, ist in viele bunte Farben aufgeteilt. Diese sind nach wachsender Brechbarkeit geordnet: Rot, Orange, Gelb, Grün, Blau und Violett. Was steckt hinter unserer kosmischen „Bastelkiste"?

Folgende therapeutische Wirkungen werden den Farben des Spektrums (ohne Anspruch auf Vollständigkeit) nachgesagt:

* ROT ist stark anregend, steigert Herz- und Pulsfrequenz, erweitert Gefäße, fördert die Blutbildung, regt Atmung und Ausscheidung an. Es steht symbolisch für Kampf, Leidenschaft, Aggression, aber auch für die Liebe;
* ORANGE fördert den Stoffwechsel, die Nieren- und Gallenfunktion, erhöht den Lymphfluss, verstärkt die Darmtätigkeit, wirkt psychisch aufhellend und expandierend;

- GELB regt die Drüsenfunktion an, aktiviert die Schleim-häute und die Leberfunktion, stärkt das Vegetativum, steht für den wachen Verstand und den praktischen Lebenssinn und Hoffnung;
- GRÜN besänftigt, gleicht aus, baut Schwächen ab und bringt Erholung, seine Wirkung ist die Hoffnung und die Liebe;
- BLAU zersetzt und absorbiert Krankheitserreger, bringt Schlaf, setzt den Blutdruck herab, ist organisch und seelisch dämpfend und die Farbe der geistigen Entwicklung und Freude;
- VIOLETT beeinflusst das zentrale Nervensystem, es ist das Morphium unter den Farben, aber auch die Far-be für das spirituelle Wachstum.

Sie erinnern sich? Das Licht kommt von der Sonne in kleinen Energiepaketen – Photonen. Sie kommen in den Farben von Rot bis Violett. Jedes Photon besitzt eine be-stimmte Menge an Energie – je nach Farbe am höchsten bei Violett, am niedrigsten bei Rot. Wenn dann ein Photon auf ein Molekül trifft, verschmilzt es mit Hilfe der Natur-geister mit den Elektronen des Moleküls und übergibt ihm seine Energie und damit seine Farbe. Jedes lichtabsor-bierende Molekül wiederum ist mit bestimmten Proteinen gekoppelt und bildet wiederum mithilfe der Naturgeister – Enzyme und Pigmente – farbliche Strukturen, welche die eingefangene Energie halten. Das Ganze nennen wir dann Rose, Blumenkohl, Blattsalat oder Apfelbaum und Eiche.

Wenn „wie oben, so unten" und die Aussage, dass wir alle aus Sternenstaub bestehen, stimmen, müssten unsere Pflanzen alle mit bestimmten Planeten schon farblich und vom Klang her verbunden sein; es müssten die in ihnen vorherrschenden Mineralien eine klare Zugehörigkeit zu bestimmten Planeten haben und auch entsprechend viele große Pflanzenfamilien klar zugeordnet werden können. Dass sie außerdem mit bestimmten Emotionen verbunden sind, könnte in jeder Therapie wie in atlantischen Zeiten genutzt werden. Das versuchen beispielsweise Spagyrik und Ayurveda zu nutzen. Sie helfen zeitweise – aber nur, wenn man sein Leben völlig darauf einstimmt. Das kann nicht jeder! Und in unserer Welt ist kaum Platz für diese Lebensführung.

Newton definierte das Licht, indem er es mithilfe eines Prismas untersuchte und in sieben Farben „brach". Johann Wolfgang von Goethe dagegen beobachtete, direkt durch das Prisma sehend, Formen und bestimmte Grenzen an den Formen, insbesondere Grenzen zwischen Schwarz und Weiß. Während Newton mit der Analyse des klaren Lichts den Weg für quantitative Bestimmungen freilegte, kam es Goethe entscheidend auf die qualitative Seite der Phänomene an, auf das konkret „Sinnhafte" der „farbigen" Farbe.[64]

Er stellte in einer minutiös ausgearbeiteten Farbenlehre fest, dass es weitaus mehr, nämlich zwölf(!) Farben gebe, denn Licht müsse mit dem Dunklen gemischt werden, um Farbe hervorzubringen. Die Verdunkelung geschehe durch Medien, so erscheine eine wasserdunsthaltige (trübe) Luft gelb, bei noch stärkerer Trübung rot (Morgen-Abendröte). Die blaue Farbe des Himmels rühre daher, dass die Dunkelheit des unendlichen Raums durch atmosphärisch vom Tageslicht erleuchtete Dünste hindurch blau gesehen werde. Wenn wir seinen Argumenten folgen, ist Farbe unter anderem eine Frage der Sättigung des Lichts mit Wasser, und je mehr Wasser vom violetten Licht aufgenommen wird, desto schwerer wird es und desto näher kommt es dem roten Licht.

Goethe gehörte zu den „Eingeweihten", er hatte viele Kontakte zu Freimaurern bis nach Sizilien hinunter und experimentierte nach eigenen Worten lieber, als dass er Gedichte schrieb. Sein Ringen um die Beweise zu seiner Farbtheorie machte ihn zum erbitterten Feind von Isaac Newton. Sein Farbkreis zeigt zwölf Farben – eine ergibt sich aus der anderen – die Basis seiner Variationen ist die Mischung untereinander, mit Dunst, also Wasser, und damit mit der Dunkelheit.

Die Welt ist Klang

Die Frage nach Zahlen, Gesetzen und Analogien beschäftigte über Jahrhunderte die Alchemisten, Mediziner, Naturforscher und schließlich auch Musikwissenschaftler wie Joachim E. Behrendt („Nada Brahma, die Welt ist Klang"), der in einem gewaltigen Ritt durch die Welt des Wissens von Pythagoras über Laotse bis Einstein und Heisenberg zusammenstellte, was die Welt zusammenhält: „Es ist der Klang." Genauer gesagt, sind es „harmonikale Proportionen", beispielsweise die totalen Übereinstimmungen zwischen Sauerstoff, dem Grundelement, und der Dur-, der Grundtonleiter. „Noch überraschender wird die Übereinstimmung, wenn man bemerkt, dass das Sauerstoffatomkern-Protonen-Modell zwölf Stufen hat, so viele, wie die Tonleiter, die es ja tatsächlich bildet, Halbtöne besitzt."[65]

Er schreibt weiter: „In den „Schalen" der Atomkerne findet man diese Parallelitäten zu den Planetenbahnen im Sonnensystem. Diese Schalen füllen sich mit Elektronen auf, und diese Auffüllungszustände stehen in Beziehung zur Ordnungszahl der Atome im periodischen System der Elemente – die Ordnungszahl entspricht der Größe der Kernladung. Hier – in den Schalen, den Auffüllungszuständen, in Ordnungszahl, Kernladung, Anzahl von Elektronen und Protonen und in den sogenannten „Spin"-Zuständen liegen die harmonikalen Proportionen."

Joachim E. Behrendt zitiert Lama Govinda: „Jedes Atom singt ständig ein Lied, und es ist dieser Ton, der in jedem Augenblick dichte und feine Formen von größerer oder kleinerer Materialität erschafft"[66], und in Hans Kaysers „Lehrbuch der Harmonik" finden wir den Hinweis: „Zeichnet man sämtliche Töne innerhalb einer Oktave mit ihren Winkeln graphisch auf, so erhält man die Form eines Ur-Blattes."[67] Er stellt außerdem fest, dass das gesamte Periodensystem der Elemente auf den „höheren Oktaven des Grundtons C schwingt".

Der Musikwissenschaftler Wilfried Krüger toppt das Ganze (in: „Das Universum singt") und stellt fest, dass, je wichtiger die Atome für die Entstehung organischen Lebens sind, ihre Klänge immer „magischer" werden. Im Kohlenstoff etwa erkennt er: „Die Tonleiter c-d-e-f-a, das ist der Hexachord der gregorianischen Musik."[68]

Auch die Wissenschaftsjournalistin Lynn McTaggart hat die Musik in der Materie entdeckt. Sie schreibt in einem Kapitel über die (heftig von der Forscherinnung angegriffenen) Homöopathie-Versuche des französischen Forschers Jacques Benveniste: „Jedes Element und jedes Molekül hat seinen speziellen Klang. Heparin, Calcium usw. können per E-Mail oder CD über die ganze Welt geschickt werden... Signale von Acetylcholin wurden mit Transductor und Soundkarte aufgenommen, dann wird damit normales Wasser bestrahlt, einem Meerschweinchen gegeben und eine hochsignifikante Veränderung der Herztätigkeit festgestellt." Sie berichtet: „Wasser ist wie ein Kassettenrekorder, Verschüttelung beschleunigt den Speichervorgang..."[69]

Behrendt erklärt sogar die Gesetze des Goldenen Schnitts mithilfe der harmonischen Klangregeln, die sich in den Proportionen im menschlichen Körper wiederfinden. Die Abmessungen des menschlichen Körperbaus hätten Entsprechungen in den mathematischen Beziehungen der Planetenumläufe – „die Verbindungsglieder zwischen Mensch und Kosmos sind dabei die musikalischen Verhältnisse, die daher im wahrsten Sinne des Wortes ein universales Ordnungsprinzip darstellen."[70] Im Umkehrschluss behauptete der deutsche Dichter Novalis: „Jede Krankheit ist ein musikalisches Problem."Wer Genaueres zum Goldenen Schnitt und den Geheimnissen der „Heiligen Geometrie" wissen will, liest am besten „Die Blume des Lebens" von Drunvalo Melchizedek.

Ich werde nicht noch intensiver auf diese musikalischen Analogien und Gesetze der Harmonie und ihrer Entsprechungen eingehen, da sie meine Fachkenntnisse weit überschreiten. Doch eins noch zur Information:

Dieses Zwölfersystem, die Urform, in der ein Mensch und die ganze Erde stehen soll, wird auch als die „chromatische Tonleiter" bezeichnet. Von Chromatik spricht man in der Musik, wenn diese chromatische Tonleiter ganz oder teilweise benutzt wird. Sie besteht in ihrer kompletten Form aus einer Folge von zwölf Halbtönen, wie sie zum Beispiel das Klavier hervorbringen kann.

Klänge, Töne, Tierkreiszeichen, Farben, Düfte, Organe, Sinnesorgane, Meridiane, Chakren, feinstoffliche Körper, genauso viele dazu passende Untergruppen in den Pflanzenfamilien, Mineralienarten, Kristallen. Es soll sogar unter den Elementarwesen eine Zwölferordnung gegeben haben. Alles das sollte zusammenpassen, parallel laufen. Das haben uns die alten Lehren, zum Beispiel das TAO-Yoga, erzählt. Nach diesen Gesetzen zu arbeiten ist schwierig genug und bedarf besonderer Disziplin.

Ich habe nicht nur versucht, an bestimmten Wochentagen bestimmte Farben zu tragen, sondern auch die parallel laufenden Analogielisten zusammenzutragen. Irgendwann bin ich an der Datenmenge gescheitert, weil das Chaos in meinem Leben die größere Kraft hatte.

Aber eins wurde mir immer klarer: Wenn der Tierkreis auf einen Gott namens Tyr/Thor, also den nordischen Gott des Donners, zurückzuführen ist und damit die Zwölferordnung unseres Universums, dann muss der Klang oder, besser, der Schall die Urkraft in unserem Spiel sein: „Am Anfang war das Wort".

Und ist dann Thors „Thorium" der (radioaktive) Urstoff? Die Strahlung, die den universellen Wasserstoff in zwölf Teile zersplitterte und mit einer Halbwertzeit von 14,5 Milliarden Jahren den Urtakt der Schwarzen Sonne vorgibt? Den Synchronisationsstrahl von Hunab Ku? Eine interessante Hypothese!

Der Mensch – ein Videospiel?

In gechannelten Botschaften wurde uns, beispielsweise von Barbara Marciniak, erzählt, dass wir Menschen ursprünglich als „Hüter des Universums" ausersehen waren, als „Bibliothek des Weltalls". Und so ergibt sich aus all den Einsichten der seit den Sechzigerjahren so weltweit offengelegten Geheimlehren, dass auch jedes Element, jede unserer menschlichen Zellen, ja, jeder Wassertropfen in uns nach dem Willen unserer Götter die ätherischen Schwingungen des ganzen bekannten Universums enthalten müsste. Jupiters, Uranus oder der Venus Farben, Sternenstaub, Strahlung, Töne, Gefühle und ätherische Bilder, die sich bis in den kleinsten Spin verfolgen lassen müssten.

Wie im Kleinen, so im Großen. Das Universum ist ein Hologramm, in dem jedes einzelne Teilchen der Gesamtheit entspricht, jedes Puzzleteilchen uns theoretisch erzählen könnte, wie das Gesamtbild aussieht.

Doch dieses große Puzzle entzieht sich immer noch unserem Bewusstsein. Es ist aber mit Sicherheit in unserem Unterbewusstsein und in der dunklen Materie gespeichert, in der Intuition und all den Mechanismen, die übrigens eher unser Bauchgefühl anzapft als unser Gehirn.

Wie im Kleinen, so im Großen:
- Unzählige Astrophysiker erkennen, dass nur 5 Prozent unseres Weltalls Materie ist, der gewaltige Rest ist unbekannte dunkle Materie (25 Prozent) und dunkle Energie (70 Prozent).

- Gehirnforscher stellten fest, dass wir unsere grauen Zellen maximal zu 10 Prozent nutzen, der Rest ist angeblich „unbekannte Hirnmasse", der die entscheidenden Zellverknüpfungen fehlen.
- Genwissenschaftler versuchten, unsere Gene zu entziffern, um schließlich festzustellen, dass nur 20 Prozent aus ihrer Sicht „brauchbar" ist, der Rest sei „Genmüll".

So stellt sich dem tapferen Suchenden auf seinem Weg immer wieder die Frage: Ist dieser Lichtkörperprozess eine Art Spiel? Es heißt ja so schön, dass der Weg das Ziel sei. Man fühlt sich dabei immer wieder von den Göttern, von Gott, von der unermesslichen göttlichen Kraft ziemlich (Pardon!) verarscht – wird aber beim Kampf ums schlichte Dasein immer weiser. Ist es das gewesen?

Wir Menschlein haben in unzähligen Veröffentlichungen unzählige Tipps erhalten, wie die Welt zusammengesetzt ist (zum Beispiel durch die Atlanter, Templer, Golden Dawn/Freimaurer, Veden, Yoga, Ayurveda, die Tattwas, Kabbala, Tzolkin, das Channeln) und arbeiten uns jetzt Stück für Stück durch diese Wissensberge, die uns zurückbringen sollen zu Gott und der Erkenntnis, wer wir sind.

Wir Lichtarbeiter und andere spirituell Interessierte haben unseren Lichtkörper gereinigt, um unsere „gottgewollte" Form wiederzufinden, die im Gleichklang mit der 12er Form schwingen sollte. Haben vagabundierende Seelen (VS), ungelöste seelische Konflikte (USKs),

Flüche, Gelübde, Implantate, Karmanachwirkungen abgebaut, mit allen Elementen, Düften, Blumen, Kristallen, Planeten, Engeln usw. gearbeitet, imaginiert, und Emotionales und Mentales, Gedanken und Gefühle geputzt, neue Frequenzen ausprobiert, haben alle an unserer Arbeit Beteiligten um Vergebung gebeten und uns immer wieder angeschaut, was uns von der Umgebung gespiegelt wird.

Wir haben alles gesammelt und aufgeschrieben und uns dabei oft heftig verzettelt, bis wir festgestellt haben: Auch wenn wir jetzt alles loslassen: WIR SIND IMMER NOCH NICHT DURCH!

Was hindert uns denn daran, ein Aufgestiegener Meister oder erleuchtet zu sein? Telepathisch zu kommunizieren, unsere Zukunft zu erkennen, Wunder zu vollbringen, mit Naturgeistern zu reden, glücklich zu sein, im Paradies zu leben? Warum sehen wir Gott oder unsere Engel so selten? Wie können wir die Polarität, das Spiel von Gut und Böse beenden, die Wahrheit in unserem Leben erkennen? Ist das „nur" der sogenannte Sündenfall, der uns aus dem Paradies schleuderte? Oder ist alles nur ein großes Spiel, in das wir uns freiwillig begeben haben und das wir jetzt nicht mehr verlassen können? Nur wenn der Tod uns rauswirft? Oder wollte Gott sich wirklich nur selbst kennenlernen und hat uns dazu missbraucht?

Fragen, die uns und die Welt bewegen. Wir haben sie noch nicht gelöst. Aber wir kennen das größte Geheimnis:

RAUS AUS DEM KARMA!

Lasst uns zu Zuschauern im Spiel werden, statt zu Opfern. Lasst uns die Freiheit der Entscheidung nutzen. Lernen zu verzeihen, die Spiegel unseres eigenen Charakters in anderen Menschen und dem Außen zu verstehen, und lernen, mit unserer Imagination Schöpfer zu werden.

Lasst die Vorstellung los, wie euer Leben sein sollte. Verzettelt euch nicht in den Äußerlichkeiten. Arbeitet an euch – und begrüßt das Leben, das versucht, seinen Weg in euer Bewusstsein zu finden

Der Mensch soll lernen, die Melodie zu singen, die unsere Sterne in ihm angelegt haben, habe ich irgendwo gehört und ganz schnell aufgeschrieben.

Die Komponenten der Schöpfung

„Matrix" ist ein Film, dessen Ideen widerspiegeln, was hier los sein könnte: Die Realität, wie wir sie kennen, ist nur eine Scheinwelt. In Wahrheit werden die Menschen von einer unheimlichen virtuellen Macht beherrscht. Leben wir in einer Welt in der Welt, die verdeckt, dass wir in einer Illusion leben?

Oft habe ich das Gefühl, dass wir uns wirklich in einem ewigen Videospiel befinden, dessen Ziel es bestimmt nicht ist, uns aus der Fremdbestimmung zu befreien. Nur wenn wir die wissenschaftliche und die esoterische Sicht zusammenfügen, können wir erkennen, warum wir aus diesem Spiel nur unter schwierigsten Bedingungen herauskommen. Warum die Erde bei ihrem Weg in die Fünfte Dimension über große Katastrophen und unendliches Leid gehen muss, um zum Ziel zu gelangen. Und warum wir immer in kleinen und riesigen Zyklen wiederholen müssen, was uns schließlich weiterbringen soll: Es ist ein Spiel, das in nahezu all seinen Facetten festgelegt ist. Und wir sind mittendrin. Weil wir ursprünglich Wassergeschöpfe aus dem Wega-System sind, sagt die amerikanische Visionärin Barbara Hand Clow.

Doch was heißt das, ein Wassergeschöpf zu sein? Bei der Suche nach den Bedingungen unseres Aufstiegs in eine konflikt- und problemlose Welt der Fünften Dimension bin ich zurückgegangen bis zur Entstehung unseres Universums, dem ersten Auftauchen von Wasserstoff und dem ersten Wasser, das auf unserem Planeten entstand.

Ich kam mir irgendwann vor wie ein Roboter, der sich selbst und seiner Konstruktion auf die Spur zu kommen versucht.

Erinnern Sie sich? „Lerne zu teilen, um die Teilung zu überwinden", bekam ich bei einer meiner morgendlichen Meditationen zu hören. „Weinerliche Wesen müssen lernen durch Leiden", war eine andere Information.

Wie das alles zusammenpasst, wurde mir langsam klar. Sicherlich auch mit der Hilfe von oben und unten durch die „Kommunikationslinien" des alten Atlantis.

Mir wurde irgendwann in meinen morgendlichen Meditationen gesagt, dass das Puzzle des „Gaia-Spiels" sich uns erst dann erschließt, wenn wir lernen, mit unseren wichtigsten Baustoffen umzugehen, dem Wasserstoff, dem Wasser und der machtvollsten Substanz dieses Weltalls: der Radioaktivität.

Ich sage Ihnen jetzt schon, dass der folgende Teil sehr wissenschaftlich sein wird, aber da müssen Sie mit mir durch, um einigermaßen zu verstehen, welche Magie unsere Welt so präzise zusammengezaubert hat. Ich hoffe, ich gebe korrekt wieder, was die Naturwissenschaft bisher ergründet und bewiesen hat.

Alles ist Wasserstoff

Das Leben ist kein Zufall, sagt Hoimar von Ditfurth (in „Am Anfang war der Wasserstoff") und bringt das alle Gegenargumente entwaffnende Beispiel, wie lange man wohl 1.000 Trillionen Metallatome schütteln muss, damit „durch Zufall" daraus ein VW entsteht, oder wie lange eine Horde von Affen braucht, um auch nur ein einziges Sonett von Shakespeare entstehen zu lassen.[71]

Die Erschaffung des Menschen hat ihm alle göttlichen Möglichkeiten des Wasserstoffs bereitgestellt – aber auch alle Schwächen dieses Urelements. Als beim Big Bang, beim Urknall, Wasserstoff in unser Universum geschleudert wurde, begann eine Geschichte unfassbarer Veränderungen, die dieser Urstoff unter der Einwirkung von Naturgesetzen durchmachte. Alles ist in Zeit und Raum aus ihm entstanden, selbst wir Menschen. Die Regeln liegen fest. Dieser scheinbar so einfach gebaute Wasserstoff enthält alle Möglichkeiten unseres Universums. Wasserstoff und die Naturgesetze, denen er unterliegt, sind ein sichtbarer Beweis dafür, dass unsere Welt einen Ursprung hat, der nicht in ihr selbst liegen kann.

Das beginnt bei den 118 schwereren und komplizierter gebauten Elementen, die aus ihm entstanden sind. Die aus Tag- und Nachtwechsel, den Jahreszeiten (durch Schrägstellung der Erde), Wasser, Wind, Luft und Sonne entstehenden Naturgesetze arbeiten „nur" mit den Ausgangsbedingungen von Wasserstoff. Aus Wasserstoff ist alles in unserem Universum entstanden. Das Universum besteht zu 95 Prozent aus Wasserstoff und zu 5 Prozent aus Materie, wird gesagt.

In der Uratmosphäre gab es erste größere Zusammenschlüsse von Materie, Grundsubstanzen, wie aus Methan, Ammoniak, Wasser und Kohlendioxid, Eiweißkörper und Nukleinsäuren, aus denen Leben entstand, ohne dass es Lebewesen gab, die sie produzierten. Der geniale Stanley Miller, ein Student, reproduzierte im Jahr 1953 mit seinem Freund Urey diese Situation in seinen Glaskolben und leitete Blitze hinein, also kräftige Funkenentladungen, ging zu Bett und hatte am nächsten Morgen die drei wichtigsten Aminosäuren (Glyzerin, Alanin und Asparagin) in seinen Reagenzgläsern – drei von insgesamt zwanzig Bausteinen des Lebens, aus denen Millionen biologischer Eiweißarten auf dieser Erde zusammengesetzt sind.[72] Sie erinnern sich an die „Nahuales" des Tzolkin?

Unser Universum ist in feste Zyklen gebunden, entwickelte Abläufe, in denen die Natur selbstregulatorisch abläuft und mit ausgeklügelten Rückkoppelungseffekten ihre eigenen Lebensbedingungen aufbaut und absichert. Als wäre sie von jemandem erfunden worden, der genau wusste, was er tat, als er bestimmte lebensfähige chemisch-physikalische und biologische Konstellationen bereitstellte. Und den richtigen Raum und das Quäntchen Cäsium in unsere Abläufe brachte, mit deren Hilfe sich die Evolution mit der Zeit Schritt für Schritt vorwärtsbewegen konnte.

Wie beim oben beschriebenen „Urey-Effekt", der die Bedingungen festlegte, unter denen sich unsere Atmosphäre entwickelte und der Schutz des Lebens vor der tödlichen UV-Strahlung. Diese UV-Strahlung hatte – bevor sie durch Sauerstoff abgewehrt wurde – schon dazu beigetragen, dass sich im Wasser der Urozeane die ersten organischen Lebensbausteine entwickelten, zu größeren Molekülen zusammenfügten, dann an der Oberfläche zerlegt wurden, wieder absanken und so einen ersten kreislaufartigen Prozess in Gang setzen.

Der Sauerstoff in unserer Atmosphäre entwickelte sich erst, als die kurzwelligen UV-Strahlen begannen, die Wasseroberfläche zu „zerlegen". Die Verbindung H_2O wurde in freien Wasserstoff und Sauerstoff zerlegt. Der freie Wasserstoff stieg in den Weltraum auf, der Sauerstoff begann, als UV-Filter zu wirken und die Atmosphäre zu bilden – bis sie (durch Photodissoziation und Rückkopplung) sich auf die lebensnotwendige Menge von damals 0,1 Prozent des heutigen Sauerstoffgehalts einpendelte. Durch diesen Prozess endete die Zerlegung durch UV-Strahlung. Der Schutz bestand genau in dem Frequenzbereich, in dem Proteine (Eiweißkörper) und Nukleinsäuren (die im Zellkern den Bauplan eines Organismus, den genetischen Kode, speichern) am strahlungsempfindlichsten sind.

Diese Elemente sind alle aus Wasserstoff, Material aus den Tiefen des Weltalls, entstanden. Es wirkt so, als wären alle seine Bestandteile und Abläufe wie in einem Baukastensystem festgelegt gewesen. Auch die erste lebende Zelle war ein legitimer Nachfahre des Wasserstoffs.

Der Gott, der Wasserstoff erfunden hat, war ein Genie, denn nur Wasserstoff und sein „Kind", das Wasser, sind in der Lage, Materie in der für uns notwendigen Form aufzubauen und sie wieder vom festen in den flüssigen Zustand zu verwandeln. Es sind die Wasserstoff-Brücken-bindungen, die aus dem Urelement und seinen unterschiedlichen Aggregatzuständen unser Universum bis zur dichten Materie entwickelt haben. Der Wasserstoff, aus dem alles einst entstand, besitzt das höchste Diffusionsvermögen aller Gase. Wenn er gefriert, formt er die hexagonal dichteste Kugelpackung – jedes Molekül ist dann von zwölf weiteren(!) umgeben. Wer diese Matrix entwickelt hat, ist bisher unbekannt.

Wasserstoff ist übrigens in den Tabellen der „Alten" alchemistisch dem Element Feuer zugeordnet, weil brennbar. Bei extremem Drücken (Gasplaneten) tritt auch „metallischer Wasserstoff" auf, finde ich in Wikipedia. Auch die dunkle Materie ist Wasserstoff, der sich zu den für uns sichtbaren 5 Prozent Materie verdichtet hat.

Dieses Urelement unseres Universums, der Wasserstoff, liegt auf unserer Erde nur in dimerisierter Form vor, das heißt als H_2 – in zwei Teile getrennt. Er hat im Gegensatz zu anderen Atomen nur Elektron und Proton, bei den anderen kommt immer das Neutron hinzu. Wahrscheinlich leben wir darum in einem dualistischen System in diesem gesamten Universum. Die Kernspin-Zustände der beiden Wasserstoffteile sind parallel oder entgegengesetzt, darum spricht man von O(ortho)- oder P(para)-Wasserstoff.[73]

Spirituelle Lehrer wie Drunvalo Melchizedek sprechen davon, dass das Wasserstoffatom im unsichtbaren Bereich die Form zweier entgegengesetzter Tetraeder besäße, die Urform, die sich auch in größerem Umfang um den Menschen befindet (siehe auch „der Goldene Schnitt", Leonardo da Vincis berühmte Zeichnung vom Menschen im Davidstern).[74]

Diese Form hat auch einen hebräischen Namen, MER-KABAH, und war bereits als „Gefährt unserer Seele" in antiken Mysterienschulen bekannt. Wer diese Merkabah aktiviert, soll zu vielen Wundertaten (Siddhis) fähig sein und seinen Aufstieg beschleunigen können. Der geniale Wasserforscher Schauberger[75] soll die Kraft der Merkabah auch durch seine Experimente kennengelernt und zur Entwicklung seiner UFO-Turbinenkraft benutzt haben. Mich wiederum erinnert seine Entdeckung an die Beschreibung der dunklen Energie, die der Astrophysiker Pauldrach in seinem Fachbuch wagte. Wie oben, so unten!

„Wasserstoffatom und Merkabah arbeiten nach demselben Prinzip: Beide Formen können unter Energieaufnahme (Sog und doppelt rechtsdrehend) oder -abgabe (Druck und entgegengesetzt drehend) ineinander übergehen – wie bei einem Hurrikan. Da die Natur durch Strudel Lebensenergie (Chi) spiralförmig in Wasser einbündelt und dazu entgegengesetzt drehende Energiewirbel benutzt, finden wir hier ein Beispiel, bei dem die Gravitation aufgehoben wird". Dieser „Spin" war für den Wasserforscher Schauberger der Vorgang, der die Entwicklung seiner „Forellen-Turbinen-Technik" begründete.

Die Magie der MERKABAH

Die MERKABAH ist der Lichtkörper selbst, sagt Drunvalo Melchizedek, dessen spiritueller Lehrer Thoth war, Autor der „Smaragdtafeln" des Hermes Trismegistos. Ich besuchte Drunvalos Merkabah-Seminar und ließ mich von seiner Schülerin Maureen St. Germain (sie heißt wirklich so!) am 24. September 2004 einweihen. Maureen erzählte, dass die Merkabah Gaias Schöpfungsmuster in einer höheren Dimension sei, durch das Alles-was-ist entstand. Sie sei auf der physischen Ebene WASSERSTOFF. Sie werde mit LIEBE erschaffen. Nur ein gesunder Emotionalkörper, ein von Liebe gefülltes Herz, garantierten ihre Existenz. Zwei gegenläufig rotierende Sterntetraeder (unten: Sonne/männlich, elektrisch/mental und oben: Erde/weiblich, magnetisch/emotional) und in der Mitte ein festes Sterntetraeder. Sie nähren sich von unserer Liebe, brechen gar zusammen, wenn sie nicht von Liebe genährt werden. Wenn das so ist, dann ist sie eine der wichtigsten Komponenten unserer Schöpfung.

Ich persönlich bin mir da aber nicht so sicher und denke, dass die Blume des Lebens (in 3D) mit ihren vielen Kugeln eine noch wichtigere Komponente ist. Die Form hinter der Form, die das All und alles in zwölf Teile fragmentiert.

Auch wenn kaum einer von uns sie je in Aktion gesehen hat: Eine intakte Merkabah soll wirklich eine Art Reisegefährt sein, eine lebendige Hülle um jede Zelle, um jedes Atom, um jedes Elektron, und die Anbindung ans Universum herstellen. Maureen versicherte uns, sie sei die einzige Garantie dafür, dass wir durch die Sternentore zurück zur Urquelle gelangen könnten, ohne unser Gedächtnis und unsere Identität zu verlieren wie in den früheren Inkarnationen. Ich wage auch das zu bezweifeln!

Ich fasse zusammen, was wir sonst noch alles erfuhren: Die Merkabah wurde von alters her von der sogenannten Luzifer-Allianz missbraucht und von den Rädelsführern der dunklen Mächte: den Greys, den Marsianern und den berüchtigten Illuminati. Sie gaben alle ihren Emotionalkörper her zur Erschaffung von Materie und Technik – bis zum UFO und der Robotertechnik. Drunvalo/Thoth behaupten (in der „Blume des Lebens"): „Sie verloren Gott und die Liebe dabei und haben sich jetzt erst wieder mit uns Menschen zusammengetan, um wieder lieben zu lernen. Doch die meisten von ihnen wissen das nicht."

Die Mitglieder der Luzifer-Allianz bestehen vor allem aus metallischen Elementen und sind Kaltblütler. Sie kommen, schreibt Drunvalo, aus der Vierten Dimension und wollen mit uns in die Fünfte aufsteigen, seitdem sie erfahren haben, dass sie ihre Probleme vor dem Polsprung mit einer Flucht von der Erde nicht lösen können. Science Fiction oder Science Faction? Keine Ahnung, aber ich habe beim Karma-Clearing mit Wiebke Grützmacher viele Geschichten „gehört", die das zu bestätigen scheinen. Was mir damals gefiel, war der von der Merkabah beschleunigte Lichtkörperprozess. Auch wenn die Atem- und Meditationstechniken ein wenig kompliziert waren, machte ich fleißig mit, um mich weiterzuentwickeln.

Mit von allen negativen Gefühlen befreitem Emotionalkörper und intakter Liebe im Herzen ist die Umwandlung
und Neustrukturierung unserer Atome für andere Dimensionen möglich. Die Merkabah beschleunigt dabei den Prozess der Reinigung von Körper, Geist und Seele. Sie soll
ein lebendiges Feld (Hologramm) sein und zeigt uns, wo
noch Störfaktoren/Krankheiten sind. Wir haben diese Zellerinnerung vor 13.000 Jahren mit dem letzten Polsprung
verloren. Viele von uns haben sie damals missbraucht
oder (beispielsweise als Schamane) falsch eingesetzt. Das
muss geheilt werden, bevor wir sie wieder in Gang setzen.

Dieses „Fahrzeug" ist also ein gegenläufig rotierendes
Lichtfeld, das in Interaktion tritt und Geist und Körper von
dieser Welt in eine andere Dimension bringt. Die Ägypter
kannten sie damals bereits. Dieses Wissen war der zentrale Aspekt ihrer Übungen in den Mysterienschulen, es
war ohne die Merkabah unmöglich, in andere Welten zu
gelangen. Die Zulus gelangten mit Raumfahrzeugen hierher, die auf der Merkabahtechnik basierten, und auch die
Dogon bekamen Besuch der Delfinlehrer in einer großen
Merkabah. Alles nachzulesen bei Drunvalo Melchizedek.

Maureen betonte: Liebe ist das Leben der Merkabah.
Man kann ihren Aufbau durch die Heilige Geometrie verstehen, aber man kann sie nur erfahren, wenn man in Liebe
eintaucht, denn sie ist lebendig. Du bist sie selbst, mit ihr
identisch und nicht von ihr getrennt. Seit 13.000 Jahren waren wir von ihr abgeschnitten. Sie entsteht durch Bewusstsein, ist keine automatische, sondern eine evolutionäre
Entwicklung, die zurzeit etwa 0,2 Prozent der Menschheit

wieder besitzt. Wir alle haben die Merkabah angeblich unzählige Male eingesetzt, während sich unser Leben innerhalb unserer Schöpfung von Raum, Zeit und Dimension
entfaltete. Doch ihre Energie ist wie ein Spinnrad, das immer wieder angetrieben werden muss und erst dauerhaft
wird, wenn wir täglich bewusst und voller Liebe sind.

Die Merkabah erschafft Energieleitungen, die es ermöglichen, dass die Lebenskraft, Prana, Chi usw., in uns
einströmt. Und von uns zurück zu Gott. Sie ist das, was
Gott und uns miteinander verbindet. Und sie ist gleichzeitig die Vorlage für eine technische Entwicklung, die im sogenannten Dritten Reich in Nazikreisen berühmt wurde:
die „Vril"-Kraft (etwa mit CHI und ORGON gleichzusetzen)
und die „Hanebu"-Raketen-Technik, die auf Schaubergers
Erfindung der Forellenturbine fußte.

Viktor Schauberger (1885 bis 1958), ein einfacher Förs-
ter, machte die vielleicht fundamentalsten Entdeckungen
unseres Jahrhunderts und erschloss der Menschheit mit
seiner Wirbeltechnik völlig neue Energiequellen durch seine Naturbeobachtungen: Eine Forelle, die absolut ruhig im
Wasser steht und blitzartig gegen die Strömung schwimmen
kann, war die Vorlage. Die enorme Schubkraft, entdeckte
er, kommt nicht durch Flossenbewegung, sondern durch
die spiralförmige Bewegung des Wassers beim Durchfließen der Kiemen und dem Drall, der so entsteht. Das aus
den Kiemen ausströmende Wasser wird in schraubförmige
Bewegung um den Fischkörper gelenkt. Da dieser nach
hinten immer schmaler wird, spult sich das Wasser immer
enger ein und setzt Implosionsenergie frei, die den Fisch

blitzartig gegen den Strom nach vorne schnellen lässt. Implosionsenergie aus Wasser und Luft ist ein ausgeklügeltes Verwirbelungssystem. Magnetfelder, richtig in Funktion angeordnet wie eine MERKABAH, können im feinstofflichen Äther einen magnetischen Sog/Wirbel entstehen lassen, der wiederum gewaltige Implosionsenergie und hohe elektrische Luftspannung freisetzt und nebenbei die Gravitation aussetzt. Eine ähnliche Konstruktion wurde für die Nazi-Flugscheibe genutzt (Hanebu).[76]

Die Merkabah ist also nicht nur eine selbstständige Form, die aus unserem menschlichen Emotionalkörper hergestellt werden kann. Sie scheint auch über galaktische Kräfte zu verfügen, die riesige Entfernungen und die Gravitation überwinden können.

Alles eine Frage des richtigen Umgangs mit den Elementen, aus denen unsere Gefühle entstanden sind? Für mich sind Merkabah und die Liebe, die sie nährt, die romantische Beschreibung des Elektromagnetismus, der Gesetze der Polarität, die unsere Wirklichkeit ausmacht. Liebe als ein Wechselspiel des – profan ausgedrückt – Andockens und Abstoßens, des Entzugs und der Hingabe. Gelenkt von einer Kraft, die von Anfang an in Yin und Yang teilte, was eigentlich zusammengehört. Gott und sein Gegenteil. Er wollte sich ja kennenlernen!

Wir stehen, wie Sie sehen, jetzt erst am Anfang einer Entwicklung, die uns den Quantenzauber in dieser Welt der Materie verstehen lässt, wenn wir denn auch esoterisches Wissen akzeptieren.

Das Periodensystem der Elemente

Aus Wasserstoff (also der Merkabah) sind alle 118 Elemente in der physischen Ebene entstanden, die unsere Wissenschaftler in die Form des Periodensystems der Elemente gebracht haben. Von Wikipedia kommt diese Definition des Periodensystems: „Es stellt alle bisher gefundenen 118 chemischen Elemente mit steigender Kernladung (Ordnungszahl) und entsprechend ihrer chemischen Eigenschaften, eingeteilt in Perioden sowie Haupt- und Nebengruppen dar. Es enthält alle Aggregatzustände nach Dichtigkeit, wie Feststoff, Flüssigkeit, Gas, Radioaktivität. Es gibt acht Hauptgruppen (Alkalimetalle, Erdalkalimetalle, Erdmetalle, Kohlenstoff-Silicium-Gruppe, Stickstoff-Phosphor-Gruppe, Chalkogene, Halogene und Edelgase".

Würden wir eine zeitliche statt der chemischen Ordnung herstellen, vom Urknall mit Wasserstoff ausgehend, kämen Methan und Ammoniak, Wasser, Kohlendioxid, Eiweißkörper und Nukleinsäuren an zweiter Stelle. Bei den Esoterikern sind es nach dem Wasserstoff die vier Naturgewalten Wasser, Feuer, Luft und Erde, heute gleichzusetzen mit Wasserstoff, Sauerstoff, Stickstoff und Kohlenstoff, dazu Schwefel und Phosphor. Für den britischen Asrologieautor A.T. Mann ist der „Auslöser der Elemente das Denken (die Idee, „am Anfang war das Wort"): Denken erzeugt den Äther (dienstbare Naturgeister), der Äther erzeugt den Wind, der Wind das Feuer, das Feuer das Wasser, und von Wasser kommt die Erde." Er fasst zusammen: „Der menschliche Körper enthält alle uns bekannten Elemente und ist somit Träger der Geschichte des Universums".[77]

Noch interessanter ist die Reihenfolge des berühmten russischen Sufi G.I. Gurdjieff (zitiert nach Ouspensky).[78] Er ordnete die Elemente nämlich „nach ihrer Beziehung zum Leben und den Funktionen unseres Organismus" und nummerierte von Wasserstoff 1 bis Wasserstoff 12.288(!) alle Elemente dieses Kosmos durch – mit dem Hinweis auf solche, die der Mensch zu seiner Zeit (die ersten Jahre des 20. Jahrhunderts) noch nicht entdeckt hatte. Sein System ist genial, denn nur durch die zunehmenden Wasserstoff-Brückenbindungen[79] werden die Elemente immer dichter oder feiner – von den Aggregatzuständen her gesehen. Gurdjieffs Zuordnung der Wasserstoffe geschieht übrigens parallel zu den Oktaven der Tonleiter, von den tiefsten bis zu den höchsten Tönen. Die Welt als Klang!

Noch einer nimmt den Wasserstoff zum Ausgangspunkt und ordnet dabei das Periodensystem der Elemente in Spiralenform an: der britische Autor A.T. Mann. Es gelingt ihm, sie den zwölf Tierkreiszeichen zuzuordnen, indem er „jede Spiralschicht von der Anzahl der Elektronenschalen definiert, die ausgehend vom Wasserstoff gefüllt sind". Es bleibt allerdings in dieser Spirale ein hoher Prozentsatz von nicht zuordnungsfähigen Mischformen übrig. A.T. Mann begründet dennoch in seinem Buch die gesuchten Parallelitäten/Analogien: „Wir bestehen aus Atomen, die in ihrer Anordnung dem Sternensystem beziehungsweise dem Tierkreis mit seinen zwölf charakteristischen Wesenszügen gleichen", und weiter: „Elemente, die den Sternzeichen zugeordnet sind, wiederholen immer das gleiche Thema auf verschiedenen Oktaven im Horoskop ... jedes Element hat eine kardinale oder auslösende Phase, eine feststehende (fixierte) Manifestationsphase und eine veränderliche (mutable) Phase, in der eine Synthese der elementaren Eigenschaften stattfindet."[80]

In der Schweizer „Zeitenschrift"[81] wurde eine weitere ungewöhnliche Information zum Elementesystem veröffentlicht. Sie stammt von Walter Russell. Er behauptete, dass es die eigentliche Aufgabe von radioaktiver Strahlung in der Erde sei, hartes Felsgestein in Humus und in Wasser zu verwandeln. Und er warnte vor der massenhaften Entfernung radioaktiver Stoffe von ihrem ursprünglichen Standort. (Und siehe da: Im Internet-Wissensmagazin scinexx wurde jüngst auch berichtet, dass Radioaktivität unsere Erde von innen her heizt.[82])

Grundlage dieser Behauptung war seine Neu-Interpretation des Periodensystems der Elemente. Russell sagte, dass die verschiedenen chemischen Elemente des Periodensystems eigentlich nur verschiedene Alterungs- und Verdichtungszustände des Lichts sind (siehe auch A.T. Mann, bei ihm war das Licht der Wasserstoff – Feuer!): Ein immerwährender Prozess der Aufwindung und Konzentrierung von Licht – die Erschaffung von Materie; dann der Vorgang von Ausdehnung und Abstrahlung von Licht, welche die Wiederauflösung ins All bedeuten, das Sterben von Materie. Wirbel und Gegenwirbel. Wie die Forellenturbine beziehungsweise die Merkabah.

Seine Elementetafel, die übrigens auch spiralförmig

ist, zeigt konsequenterweise in der Mitte der Auflistung den Kohlenstoff, dessen dichtestes und härtestes Produkt, der Diamant, die maximale Verdichtungsform dieser Welt ist. Je weiter die Elemente sich dann vom Kohlenstoff entfernen, umso „verwester" sind sie – als Alterungszustände des Lichts. Doch ihre letzte Aufgabe ist, so Russell, die Schaffung der Grundlage neuen Lebens in Form von durch Strahlung zerbröselten Fels, Humus und Wasser.

Elemente und Elementarwesen

Die Anthroposophen haben zu einer Zeit, als von der Naturwissenschaft alles Geisterhafte mit dem Mikroskop aus der Natur verbannt, mit wissenschaftlich-abstrakten Namen versehen und damit endgültig übersehen wurde, bei jedem materiellen Vorgang Naturgeister am Werk gesehen.

Rudolf Steiner, der Begründer der Anthroposophie, Doktor der Philosophie mit umfangreichem Wissen in allen Fächern der Naturwissenschaft, war selbst hellsichtig und von klein auf bemüht, den Menschen klarzumachen, dass hinter der materiellen Welt die der Geister lag, die er sehen konnte. Er beschrieb eine faszinierende Welt, eine Dimension, die der Wissenschaft völlig entgegensteht und dennoch das Gleiche beschreibt.

Er behauptet, dass ohne die Naturgeister – richtige „Workaholics" – unser Planet kalt und steril sei. Alles, aber auch alles, was uns selbst ausmacht und uns umgibt, sei allein ihrer Arbeit zu verdanken, also Mineralien, Pflanzen, Tiere, aber auch unsere eigenen Körper und Organe. Ohne diese „Elementale" und ihre Arbeit könnten wir nicht einmal denken. Sie seien in allem verborgen, was die stoffliche, sinnliche und wahrnehmbare Welt ausmache, würden diese überhaupt erst zum Leben erwecken. Im gleichen Maße, wie wir die Existenz dieser Wesen leugnen, die zwischen den Steinen, Pflanzen, Tieren und Menschen wie im Arbeitsrausch umeinanderwirbeln und deren Welten miteinander verweben, würden wir verlernen, diese Welt überhaupt zu verstehen.[83]

Zu den vier Elementen Luft, Wasser, Feuer und Erde passend, existieren entsprechende Luftgeister (Sylphen), Wassergeister (Undinen), Feuergeister (Salamander) und Erdgeister (Gnome) – vier Geistergruppen und lebendige Kräfte, die für die Erhaltung der Zustände fest, flüssig, gasförmig und feurig verantwortlich sind. Wir könnten auch Mikroorganismen, Enzyme, Vitamine, Aminosäuren oder Hormone zu ihnen sagen, dann würden wir „modernen" Menschen das vielleicht besser verstehen. Doch diese haben bisher noch keine Zuordnung nach Naturelementen erfahren.

Wassergeister sind nach Peter Tompkins „vor allem auf der Haut von Tropfen und Flüssigkeiten" zu sehen. „Sie sind die Chemiker der Welt, ohne ihre Arbeit kann keine Substanzumwandlung stattfinden. Sie bringen den Äther in die Pflanzen und umgeben diese von allen Seiten, denn sonst würden sie welken und austrocknen. In den Bäumen fließen sie mit dem Strom des Saftes mit."[84] Die Luftgeister bringen den Pflanzen auf liebevolle Weise das Licht, schreibt Tompkins, und „bauen" so gemeinsam mit den Wassergeistern die Gestalt der Pflanze, ohne dass ein einziges Elektronenmikroskop ihre Körper erkennen kann. Denn sie sind unsichtbar auf der Ebene der Vierten Dimension und nur für Menschen erkennbar, deren Drittes Auge bereits weiterentwickelt ist. Die meisten Naturvölker und Schamanen sind darauf spezialisiert, mit ihnen zu arbeiten.

Die amerikanische Visionärin Barbara Hand Clow, deren Vater Indianer war, erzählt uns noch schönere Dinge über Elementale[85]: „Die Elementarwesen (metallische, atomare, chemische und mineralische Intelligenzen der Zweiten Dimension mit Zugang zum Ätherischen durch Umwandlung der Gefühle) wollen, dass wir mit ihnen reden, singen, sie segnen, kooperieren – das ist heiliges Wissen. Sie bringen ihre Leidenschaft mit Wind, Regen, Feuer und Erdbeben zum Ausdruck. Sie sind Dichter der Erde und lieben Tänze, Kunst und Feiern. Sie können sich zu den heiligsten Zeiten besonders gut ausdrücken (Tag- und Nachtgleiche, da ist das magnetische Feld stärker aufgeladen, also radioaktiver als sonst, aus den Mineralien strömen mehr Photonen als sonst). Sie selbst geben Impulse, neue Riten zu erschaffen, unsere Natur ist von ihnen abhängig. Fragt sie, was sie wollen: Mais, Zucker, Tabak, Wasser, Salbei, Pilze, Muskat (Alkaloide). Sie wissen, wie man heilt, weil an ihrer DNS nie herumgefuscht worden ist. Sie helfen bei Unwetter, gebt ihnen zu essen und bedankt euch. Wir sollten die Tierführer des Ortes kennen!"

Breits Ende des 19. Jahrhunderts haben die Theosophen Annie Besant und Charles Leadbeater in ihrem Buch „Okkulte Chemie" die physikalische Struktur eines jeden damals bekannten chemischen Elements beschrieben, einschließlich einiger noch nicht entdeckter Isotope. Diese großartige Leistung verdankten sie ihrem Yoga-Training, sie entwickelten mithilfe sogenannter Siddhis – das sind übernatürliche Fähigkeiten in ihren Körpern – in diesem Fall Sehvermögen auf mikroskopischen Größenordnungen. Leadbeater versetzte sich in Atome und gab Besant detailgetreu die Diagrammform vor, die sie zeichnete – vom Wasserstoff bis zum Uran. Jedes trug die korrekte Zahl der heute als Quarks und Superquarks bezeichneten Teilchen, die erst nach dem Tod der Autoren von der Wissenschaft entdeckt wurden.[86] Erst später waren Teilchenphysiker in der Lage, die Existenz von sechs verschiedenen Quarks zu verkünden. Dann kamen die Elektronen, Neutrinos, Biophotonen oder die Nullpunktenergie.

Was unserer Wissenschaft fehlt, ist die Bereitschaft, von den „Alten" zu lernen – vor allem zu erkennen, dass jede Materie, jedes Elektron ein eigenes Bewusstsein hat. Dass Aminosäuren oder der Wasser-, Kohlen-, Stick- und Sauerstoff auf ihre Art denken können. Dass sie selbst in Nanoform die gewaltigen Naturkräfte Wasser, Feuer, Luft und Erde darstellen. Dass ihr „Denken" nach uralten Mustern, Bildern und Bewegungen vor sich geht, die wiederum von den Tönen und Frequenzen des Universums gelenkt sind: Sternengenerationen haben die Elemente der Erde hervorgebracht. Jedes Element der Sterne „singt" seine eigene Melodie. Urtöne der Planeten und Sterne durchklingen unsere Welt. Auch wenn wir sie nicht hören können, sind sie da, wie Radiowellen. Moderner ausgedrückt, durchsetzen sie unser Universum als dunkle Materie und dunkle Energie.

Die Weisheitslehrer der Vergangenheit wussten: Töne bilden Muster, wenn sie auf Membranen treffen. Sie sind Vermittler zwischen dem Äther oder der Nullpunkenergie und der konkreten Form. Die berühmten „Chladnischen Experimente"[87] zeigten, dass jede Melodie auf einem mit

Sand bestreuten Trommelfell Formen hervorbringt, Urformen wie Bäume, Blätter und geometrische Muster usw. Die „Membranen" der Erde formten sich in Jahrmillionen und bildeten nicht nur Muster, sondern auch dreidimensionale Formen des Lebens, wie wir es heute kennen.

Und immer noch herrschen in den kleinsten Elementen der Erde die Gesetze der ersten Zeit. Jedes Element „singt" – theoretisch – immer noch seine Botschaft in Kristallisationsformen, Farben, Rhythmen und Melodien – so elektromagnetisch anziehend, wie es seiner Urkraft entspricht. Die von uns vorausgesetzte „gottgewollte Form" ist also theoretisch in unseren Zellen immer noch vorhanden.

Wer also mit Licht arbeitet, sollte dieses Wissen vom beseelten Lichtwesen nutzen, den Formen des Elektromagnetismus und den bewussten Absichten. Und immer noch mit den subatomaren Teilchen und Naturgeistern im Lichtkörper und mit der Atmosphäre um uns herum reden wie mit kleinen Geistern, als hätten sie Bewusstsein. Machen Sie das in deren eigener Sprache, der Sprache des Lichts und der Farben. Sie werden mehr Erfolg haben. Garantiert!

Diese „Sprache" folgt ganz alten Gesetzen, die Alchemisten noch kannten, in unserer Wissenschaftswelt aber belächelt werden, weil der Sinn für das Große und Ganze und für die Analogien verlorenging. Es ist das Denken in Parallelen, der Welt der Entsprechungen und nicht der Kausalketten und beinharter Logik. Alternative Therapeuten haben diese assoziative Sprache längst wieder für sich und ihre Klienten eingeführt, auch wenn viele moderne Krankheiten sich scheinbar ihrer Wirkung entziehen.

Die Lichtsprache folgt den Gesetzen des Elektromagnetismus – unser gesamtes Leben auf der Erde spielt sich im Spektrum des sichtbaren Lichts ab (optischer Bereich zwischen UV- und IR-Strahlung). Atome, Moleküle, Zellen und der ganze Organismus sind in ihrer Struktur und ihren Dimensionen eine Konsequenz der kohärenten Wechselwirkung des Sonnenlichts auf der Erde (Magnetfeld und Biophotonen). Weil sie geprägt sind durch das Strahlungsfeld, besitzen sie Abmessungen und Strukturen, die in dieses Strahlungsfeld hineinpassen.

Kein Wunder, dass die alten Geheimlehren und die okkulten Kodes mehr oder weniger erfolgreich die Beziehungen innerhalb dieses Spektrums und aus diesem Spektrum heraus zu definieren und in Zahlen oder Symbole gekleidet auszudrücken versuchten. Als hätten sie alle gewusst, dass es ein bestimmtes Programm gibt, das dieser Welt zugrunde liegt und bei der Konstruktion der Erde und des Menschen beachtet wurde, vom kleinsten Atom bis zum Weltereignis einer Atombomben-Explosion. Wie oben, so unten – wie im Kleinen, so im Großen – wie außen, so innen.

Und allen Mustern, Farben, Klängen oder Zahlen liegt die Tatsache zugrunde, dass es in diesem Konzert einen Dirigenten namens WASSER gibt. Es beherrscht unsere kleinen Lieder und großen Sinfonien, zeichnet unsere Ideen, Phantasien und Gedanken, unsere Gefühle und unseren Glauben wie ein Datenträger auf, spiegelt sie wider, löscht und überspielt, führt Regie über Alles-was-ist, ohne zu urteilen, zu verdammen, zu loben, zu bevorzugen oder zu bestrafen. Es ist nur da und stellt sich uns zur Verfügung, führt uns vom Chaos zur Ordnung und wieder zurück. Und lässt uns selbst erkennen, wer wir sind.

Wasser – Träger der Gefühle

Wasser steht im alchemistischen Sinn für unsere Gefühle. Diese sind von unseren Wissenschaftlern erst in Ansätzen gemessen, gewogen und auseinandergenommen worden. Doch Gefühle existieren und regieren unsere Welt – wie das Wasser. Gefühle entscheiden über Krieg und Frieden, Glück und Unglück, Aufstieg und Abstieg einer Nation. Sie sind Grundbestandteil der menschlichen Existenz und beschäftigen Biologie, Psychologie, Hirnforschung, Religion, Soziologie und noch einige Wissenschaftszweige mehr. Aber man kann sie nicht sehen, nur ihre Auswirkungen. Es entsteht die Frage, ob Wasser nur das Symbol für Gefühle ist – oder gar selbst Gefühlsträger? Der Mensch ist ein Wassergeschöpf – ein riesiges Spielfeld für Gefühle.

Wasser kann alles. Es „spielt" mit Licht und Schatten – auch im übertragenen Sinn. Es ermöglicht der Natur und uns Menschen, zu verdichten und zu verwässern, die Grenzen der Materie zu überwinden, Spiralen oder Kanten zu bilden, Muster zu bilden, uns selbst zu „spiegeln", uns zu erheben, zu levitieren, aber auch zu verkalken, zu vertrocknen. Es hebt den Magnetismus auf und wird selbst zum Magnet. Wird es gebündelt und mit Druck verbunden, kann es vertreiben, was es an Schmutz mitgebracht hat.

In alten Chemiebüchern soll das Wasser übrigens noch als „flüssiges Eisen" bezeichnet worden sein. Ich weiß leider nicht mehr, wo ich das gelesen habe, aber das gefiel mir, denn der Siedepunkt von Eisen ist der gleiche wie der von Wasser, dessen feinste Form übrigens kugelig, aber unsichtbar ist. Also muss es im Universum unzählige Kügelchen geben, die diese große Kugel füllen – Vorlage für die BLUME DES LEBENS? Den QUANTENSCHAUM? Auf der Erde in Form von Goethes „Dunst" wiederzufinden?

Wasser, die rätselhafte Verbindung – H_2O – von Wasserstoff und Sauerstoff. Es schließen sich zwei Wasserstoffatome mit einem Sauerstoffatom zusammen, und es entsteht das pure Leben, auch wenn es – Wikipedia sagt es – genau genommen „Asche" aus oxidiertem, also verbranntem Wasserstoff ist. Wasser ist H_2O, Wasser- und Sauerstoff, nur die Kombination lebt! Die Trennung in Wasser und Sauerstoff geht nur durch UV-Strahlung, also Neutrinos, und diese gehören zur Betastrahlung von Uran. Ist der „Teilende" der „Beobachter" aus der Heisenbergschen Unschärferelation? Ist URAN der „Schöpfer"? Das Teilende der Wille des Naturwesens URAN, des Urahns unseres Universums?

Seit über 70 Jahren ist Wasser offiziell und inoffiziell Forschungsgegenstand. Es rückte in den Mittelpunkt des Interesses, weil unter anderem das Wissen um Wasseraufbereitung in unserer verschmutzten Wasserwelt und der Schutz des Weltklimas immer dringlicher werden. Aber auch, weil die Suche nach freier Energie durch die Wasserexperimente des genialen Wasserforschers Viktor Schauberger neue Rätsel auftürmte. Dazu kam, dass die auf Wasserverschüttelung basierende Homöopathie mit ihren erstaunlichen Heilerfolgen eine Herausforderung für die Schulmedizin wurde. Die große Wirksamkeit hoher Potenzen, die homöopathische Heilbotschaft ohne Nachweis materieller Substanzen in reinem Wasser, brachte schließlich sogar Quantenphysiker zu der Vermutung, dass Wasser die elektromagnetischen Wellen der Urarznei speichern kann. Wasser als Kodeträger? Eine Revolution bahnte sich mit dieser Entdeckung an.

Ohne Wasser gäbe es uns Menschen und die Erde nicht. Die Erdoberfläche besteht zu drei Vierteln aus Wasser, zu 94 Prozent aus Salzwasser, zu 2,6 Prozent aus Süßwasser. Wie wir weiter oben festgestellt haben, ist das alles kein Zufall, sondern perfekte Planung innerhalb eines wohl ausgeklügelten Spiels, dessen Komponenten nur innerhalb eines bestimmten Spektrums so und nicht anders zusammenpassen.

Der Mensch besteht zu mindestens 70 Prozent aus Wasser, das der Zusammensetzung der Weltmeere entspricht. (Wie unser Universum zu 70 Prozent aus dunkler Energie.) Er ist ein Kolloid, das sich aus dünn- und dickflüssigen Teilen zusammensetzt, aus Sol und Gel, und um einen mittleren Zustand pendelt (pH-Wert). Wasser ist das perfekte Transportsystem des Körpers. Es bringt Nahrungsbestandteile und Sauerstoff mit dem Blut (täglich über 6.000 Liter, zu 92 Prozent aus Wasser bestehend) vom Darm und aus den Lungen in die Körperzellen. Gleichzeitig werden Stoffwechselschlacken und Kohlendioxid über die Lymphflüssigkeit zu den Ausscheidungsorganen geleitet und verlassen den Körper als Atem, Schweiß und Urin (1,8 bis 2 Liter täglich). Jede unserer ca. 70 Billionen Körperzellen besteht vor allem aus Wasser, unser Gehirn zu 90 Prozent. Trinken wir gesundes, klares und vitales

Wasser, sind wir selbst vital. Verbrackt es, werden wir krank und aggressiv.

Meerwasser enthält die gleichen Mineralstoffe (zum Beispiel Kalium, Kalzium, Magnesium und Natrium) und Spurenelemente (vor allem Jod, Brom, Silizium) wie die Flüssigkeiten des menschlichen Körpers. Bei der für alle Meerwasseranwendungen vorgeschriebenen Wärme von 35 Grad Celsius entfalten sich diese Nährsubstanzen und erweitern die Gefäße, die es dem Organismus ermöglichen, seine natürlichen Abwehr- und Gleichgewichtskräfte wiederherzustellen und so ganz nebenbei auch Ruhe und Gelassenheit ins Gemüt zu bringen.

Warum aber diese „nach dem Bild Gottes" konstruierte wässrige Einheit Mensch (ein 60 kg schwerer Mensch hat cirka 40 Liter Wasser!) dazu tendiert, immer kränker und aggressiver zu werden und seine Umwelt zu zerstören, wenn er nicht ab und zu aus seiner Trägheit und Selbstgefälligkeit herausgerissen wird? Wie gesagt: „Weinerliche Wesen müssen lernen durch Leiden", war einer der brutalsten Sprüche, die ich in meinen Morgen-Meditationen hörte. Das hieß für mich: Wasserwesen lernen nur durch emotionalen Stress, der das, was gelernt werden soll, richtig einätzt. „Lerne zu teilen, um die Teilung zu überwinden", war der andere Spruch. Wie das alles zusammenpasst?

Ich verstand irgendwann: Je mehr wir teilen/fragmentieren, desto kleiner werden die Teilchen, bis sich schließlich ihre Wasserstoffbindungen immer mehr erweitern und zur Kugel runden, zur kleinsten und feinsten Form des Wassers mit der sogenannten größten Bildekraft werden.

Wie Wasser Kraft entwickelt

Die Autoren von www.kristallklar.de und der geniale Wasserforscher Wilfried Hacheney[88] verrieten mir die wichtigsten Dinge zum Wasser. Es las sich für mich wie ein Krimi, und ich recherchierte. Ich bitte um Verzeihung für diese etwas länger geratene Abhandlung, aber ich habe das Gefühl, dass das alles sehr wichtig für uns Menschen und unser Verständnis unseres Universums ist, ohne dass ich Ihnen bei allen Zitaten die dazu passenden esoterischen und quantenphysikalischen Erklärungen immer geben kann. Wer auch immer hier mitliest, wird es vielleicht schon können. Dann bitte ich um Ihre Interpretationen.

Verfolgt man den Weg des Wassertropfens, stellt man fest, dass er auf dem Weg nach oben immer kleiner wird. Wenn er eine Höhe von 80 bis 100 Kilometer erreicht hat, hat er nur noch einen Durchmesser von 10 Micron. Bei diesem Durchmesser hat das Wasser seine Tropfengestalt verloren und Kugelgestalt angenommen. Heute wissen wir übrigens durch die Raumfahrt, dass das Wasser nicht nur bis in Höhen von 100 Kilometern aufsteigt, sondern Höhen bis zu 600 Kilometern erreicht. Aus diesen Messdaten kann erforscht werden, dass ein Vielfaches der Wassermenge, die die Erde bedeckt, sich noch über der Erde befindet; dieses Wasser ist ein wichtiger Bestandteil der Erde. Vielleicht sogar des Weltraums?

Der berühmte Vitamin-C-Papst Linus Pauling studierte in den Sechzigerjahren an der Berkley Universität/Kalifornien den Weg des Wassers von der Erde zum Himmel. Mit entsprechenden technischen Sonden folgte er dem Wasser weit über die Ozonsphäre hinaus bis in eine Höhe von 80 bis100 Kilometern. Ihm gelang es wiederholt, feinste Wassermengen von nicht mehr sichtbaren Dunstschleiern von dort oben auf die Erde herunterzubringen. „Dieses Wasser war so hoch mit Bildekräften aufgeladen, dass es in Kontakt mit amorphen (nicht-kristallinen) Mineralien die Bildung einer großen Fülle von Kristallen auslöste. Nach mehrfacher Reproduktion nannte Pauling dieses Phänomen: Das Verbinden des Wassers mit galaktischen Kräften", zitiert der deutsche Wasserforscher Wilfried Hacheney.[89] Wir gehen davon aus, dass das Wasser dort oben seine Wasserstoffbrücken verliert beziehungsweise diese Verbindungen ihre Winkelstruktur erweitern und sich auf diese Art zur Kugel runden.

Der Wasserkörper vor uns im Glas ist keine feste Masse, sondern besteht aus unzähligen kleinsten Tröpfchen beziehungsweise Clustern. Je klein-clusteriger das Wasser ist, desto größer ist daher die innere Oberfläche. Sie kann im Fall eines sehr klein-clusterigen Wassers Hunderttausende von Quadratmetern pro Liter Wasser ausmachen. Stellen Sie sich das einmal vor: Ein einziges Glas gutes Wasser hat Flächen von Dutzenden von Fußballfeldern an seiner inneren Oberfläche!

Logischerweise sind die aus solchen inneren Oberflächen resultierenden Zug- oder Saugkräfte ebenfalls immens. Anders ausgedrückt, dementsprechend ist auch die Anziehungskraft im Wasser insgesamt höher, je kleiner die einzelnen Wassercluster sind. Sie können so stark sein, dass Substanzen, die ins Wasser gelangen, glattweg auseinandergerissen werden. Die Saugkräfte in klein-clusterigem Wasser nehmen astronomische Werte an. Somit kann man sagen: Je größer die innere Oberfläche des Wassers, desto höher ist seine physikalische Qualität. Das erklärt vielleicht auch das bereits erwähnte Zwitterverhalten, die Druck- und Sogwirkung der dunklen Energie, die unser Universum ausfüllt.

Durch die Nanoforschung hat man die Untersuchungen des deutschen Physikers und Wasserforschers Wilfried Hacheney bestätigen können, dass Tröpfchen, die kleiner als 150 nm sind, eine besonders ausgeprägte Fluktuationsdynamik aufweisen und praktisch einer ursprünglichen Wasserqualität entsprechen. Daher nennt Hacheney das nach seinem Verfahren besonders klein-clusterig gemachte Wasser, also entgravitiertes, der Gravitation enthobenes Wasser, levitiertes Wasser. Das soll natürlich nicht heißen, dass das Wasser zu schweben anfängt, sondern dass alle Stoffe (auch solche, die sich normalerweise gar nicht im Wasser lösen) darin noch gelöst (= in Schwebe gehalten) werden. Modernerweise spricht man heute daher auch vom ultrakolloidalen Wasser, da es deutlich den verbesserten Lösungszustand der Stoffe im Wasser erklärt.[90]

Wie Wasser Informationen aufnimmt

Wasser – entstanden aus Wasserstoff und Sauerstoff – ist der beste Träger unserer Schwingungen, nimmt auf und kopiert, gibt weiter und verbreitet, was immer man ihm anbietet. „Wenn du das Wasser ansiehst, sieht es dich selbst an", schrieb Masuru Emoto, der Japaner, der mit seinen faszinierenden Untersuchungen über die Kristallisationen von Wasser die spirituelle Welt auf sich aufmerksam gemacht hat. Gab er dem Wasser Heavy Metal Musik, waren diese Kristalle verzerrt und hässlich, spielte er dem Wasser Mozart vor, fügten sich die schönsten Kristalle zusammen.[91]

Und genau hier, in der Fähigkeit des Wassers, Kodes aufzunehmen und zu spiegeln oder, besser, zu kopieren, steckt auch die Ursache für die menschlichen Probleme. Denn der Mensch besteht vorwiegend aus Wasser. Wie viele unerkannte Kodes hat er in seinem Körperwasser?

Die Wissenschaftsjournalistin Lynn McTaggart hat noch mehr Erkenntnisse gesammelt[92]: „In einer durchschnittlichen Zelle kommt ein Proteinmolekül auf zehntausend Wassermoleküle, diese Moleküle treiben in der Zelle wie eine Handvoll Tennisbälle im Swimmingpool." Hier noch einmal das Zitat aus McTaggarts Bericht über die Entdeckungen des Franzosen Jacques Benveniste über die Homöopathie: „Jedes Element, jedes Molekül, hat seinen speziellen Klang. Heparin, Kalzium usw. können per eMail oder CD über die ganze Welt geschickt werden... Signale von Acetylcholin wurden mit Transduktor und Soundkarte aufgenommen, dann wird normales Wasser damit bestrahlt, einem Meerschweinchen gegeben, und eine hochsignifikante Veränderung der Herztätigkeit wird sofort festgestellt." Und: „Wasser ist wie ein Kassettenrekorder, Verschüttelung beschleunigt den Speichervorgang... Wassermoleküle scheinen ähnlich wie Laserstrahlen kohärente Bereiche zu erzeugen ... diese eine Welle scheint in Gegenwart anderer Moleküle „informiert" zu werden. Sie neigt dazu, sich um ein beliebiges geladenes Molekül zu polarisieren,und dabei übernimmt und speichert sie dessen Frequenz, sodass sie auf die Entfernung gelesen werden kann."

Verstehen Sie die Konsequenzen? Haben Sie auch – bei aller Begeisterung über die Wasserkräfte auf dieser Welt – das Gefühl von einer kalten Hand im Genick? Oder, besser gesagt: einer Lücke im System? So toll und hilfreich diese Fähigkeit des Wassers ist – ein Kassettenrekorder kann alles Aufgezeichnete publik machen, sicherlich auch unsere Gefühle und Gedanken, er speichert sie, seine Aufnahmen können verkürzt, verzerrt, verkauft, aber auch vervielfältigt oder gelöscht werden. Vor allem: Sie sind Fremden zugänglich, ohne dass wir das unbedingt merken.

Die Kopien haben nur einen Nachteil: Sie werden mit der Zeit immer schlechter und verzerrter. Und: Abgestandenes und damit übersäuertes Wasser entwickelt pathogene Keime und verliert seine Lebendigkeit, weil es Stickstoff statt Sauerstoff aufnimmt.

Wie Wasser Informationen abgibt

Wir wurden bereits von Marco Bischof[93] gewarnt, wenn auch unter einem positiven Aspekt, dass unser Körperwasser sehr einheitlich reagieren kann: „Das gesamte Körperwasser kann zusammen mit den Proteoglykanen (Zucker-Protein-Verbindungen) als ein einziges flüssigkristallines Riesenmolekül aufgefasst werden, das als dissipative Struktur jederzeit durch geringste Einflüsse in eine andere Struktur umkippen kann." Und: „Die wasserreiche Zwischenzellsubstanz (Bindegewebe, Gliazellen) vermittelt jeden Flüssigkeits- und Stoffaustausch zwischen Organzellen, Blut, Lymphkreislauf, Hormonsystem und vegetativen Nerven. Wasser ist der Träger der Ganzheitsfunktion im Körper und des Elektromagnetismus."

Doch dann erwähnt Bischof einen Aspekt, der mich aufhorchen ließ: „Unsere sogenannte Ausstrahlung entsteht aus der Wechselwirkung zwischen Duftaromen und dem Biophotonenfeld. Sie ist eine Kombination von ionisierten, flüchtigen Substanzen mit elektronisch magnetisierten Feldern, also ein chemisch-elektrisches und mechanisch-akustisches Feld, das sich rund um den lebenden Menschen herum ständig verändert. Diese drei Felder sind aufs Innigste miteinander verwoben. Das chemische Feld hat elektrische Komponenten, weil es sich zum größten Teil um elektrisch geladene Ionen handelt." Das liest sich, als handele es sich hier um eine wissenschaftliche Beschreibung unseres dreigeteilten Lichtkörpers.

Jetzt käme der sechste Sinn zum Einsatz, wenn wir denn über ein funktionierendes olfaktorisches System verfügen würden. Bischof schreibt: „Die fast nicht wahrnehmbaren Körpergase und -düfte, die unseren Körper umgeben, werden durch unsere eigene infrarote „Schwarzkörperschwingung" in Bewegung versetzt. „Kohlensäure, Milchsäuremoleküle von Muskeltätigkeit und Geschlechtsdüften sind im 10-Mikrometer-Bereich ablesbar; diese infrarote Fluoreszenzstrahlung zieht nebenbei Mücken usw. an." Sexualduftstoffe lassen uns mögliche Partner riechen oder stoßen uns ab beziehungsweise unser Unterbewusstsein, das sie noch wahrnimmt.

Marco Bischof fragt konsequent, ob unsere Beeinflussbarkeit daher kommt, dass wir „Schwarzsender" in der Aura sind? Pheromone und Indole aus Pflanzen- und Tierdüften wirken über unsere Sinne vor allem auf die Nase. Pheromone liegen in natürlicher Umgebung immer als Spuren im Wasserdampf vor. Das Gemisch von Wasserdampf und Duftstoffen ist als Infrarotsender geeignet, wie gesagt: „Das gesamte Körperwasser kann zusammen mit den Proteoglykanen (Zucker-Protein-Verbindungen), der Grundsubstanz, als ein einziges flüssigkristallines Riesenmolekül aufgefasst werden, das als dissipative Struktur jederzeit durch geringste Einflüsse in eine andere Struktur umkippen kann."

Sind wir vielleicht doch „Lusch"-Tankstellen für unsichtbare Kunden aus anderen Dimensionen? Ist unser nach außen sendender Emotionalkörper, die Duftaura, um im Bild zu bleiben, die Lusch-Tankstelle? Und wird das, was uns eventuell abgezapft wird, wie mit einem Kassettenrekorder aufgenommen und als hochenergetisches Exportprodukt von irgendwelchen unsichtbaren Mächten weggeschickt? Können wir einfach durch gezielte Licht/ Photonenbotschaften manipuliert werden? Übrigens: Wassermoleküle sind am besten bei einer Temperatur von 37 °C beeinflussbar, unserer Körpertemperatur.

Die Spirituellen Annie Besant und C.W. Leadbeater haben bei ihren hellsichtigen Experimenten am Beginn des 20. Jahrhunderts den Sauerstoff als Oval in Form einer gegenläufigen Spirale gesehen und gezeichnet[94], und mitten in dieser Spirale erkannten sie das „Vitalitätskügelchen", das in aller Welt diese besonderen Namen trägt: Chi, Orgon, Prana usw. Diese Spirale hatte übrigens die gleiche Form wie der Wasser-„Vortex" Schaubergers, durch den die Forelle ihre Sprungkraft erhält und das verschmutzte Wasser seine Vitalität zurückgewinnt.

Wie Wasser gereinigt wird

Die Menschen früherer Zeiten kannten bereits das Problem, lebendiges, gut schmeckendes Wasser vor der Verwandlung in eine grüngraue, Leben erstickende Kloake zu bewahren. Ganz selten gelang es ihnen, diesen Verfallprozess aufzuhalten. Noch heute ist der Griff zur Chlortablette die verbreitete Lösung. Wahrscheinlich ist verseuchtes oder lebloses Wasser die Todesursache Nr. 1 unserer menschlichen Geschichte.

Doch erst heute hat man bei der Trinkwasseraufbereitung entdeckt: Die Gedächtnisfähigkeit des Wassers birgt für uns eine bisher völlig unbeachtete Problematik. Die im Wasser enthaltenen Schadstoffe hinterlassen auch nach ihrer Entfernung ihre Spuren. Diese Schadstoffinformationen können auch in einem ursprünglich stark verunreinigten, aber danach gründlich gereinigten Wasser nachgewiesen werden (sogar noch im Destillat!).

In der westlichen Welt wächst daher die Angst vor einer heimlichen Vergiftung durch Trinkwasser, das mit seinen ungefilterten Medikamenten-Restbeständen Männer unfruchtbar und Frauen krebskrank macht.

Da Wasser heute immer kostbarer wird, sind Wilhelm Reichs Orgontechnik[95] oder die Entdeckungen von Schauberger im Begriff, die konventionelle Chemie der Trinkwasser-Filteranlagen abzulösen. Ein Markt, in dem der Beweis erbracht werden muss, dass nicht nur entkalkt wird und die richtigen pH-Werte entstehen, sondern vor allem, dass die gefürchteten Legionellen und der immer wiederkehrende

Biofilm im Wasser restlos aufgelöst werden. Da geht es um die Frage, ob Karbonfilter, Keramik- oder Silberpartikel oder Chlor und Sauerstoff erzeugende Membranbeschichtungen die Qualität des Wassers anheben. Es wird mit Osmose, Elektrolyse, mit Laser oder neuerdings der Wasserverwirbelung von „Vortex"-Geräten à la Schauberger gearbeitet. Wer die richtige Technik anwendet, den erwarten Aufträge in Milliardenhöhe, doch ist die richtige Wasseraufbereitung immer noch ein Experimentierfeld mit mehreren gefährlichen Unbekannten. Dazu Benjamin Seiler[96]:

„Viktor Schauberger erschloss der Menschheit mit seiner Wirbeltechnik völlig neue Energiequellen. Für Schauberger war nicht nur das harmonische Zusammenspiel von laminarer und turbulenter Bewegung für den Stoffwechsel des Wassers wichtig, sondern auch die positive Temperaturbewegung. Damit meinte er die Annäherung des Wassers an +4° Celsius. Bei dieser Temperaturwanderung und einer gleichzeitig zykloiden Spiralbewegung (Wirbel) steigt die Energie des Wassers, es wird frisch und lebendig. Dabei bildet sich durch die Emulsion neues Wasser, wobei der Sauerstoff vom Wasserstoff gelöst wird. Bei der negativen Temperaturbewegung wird das Wasser hingegen über +4° Celsius erwärmt, was zu einer Abnahme der Energie und zu einer schlechten biologischen Qualität führt. Der Wasserstoff wird vom Sauerstoff gebunden, und das Wasser zerfällt langsam; es büßt seine Tragkraft ein und entwickelt pathogene Keime."

Hohe Aufmerksamkeit verdient das bereits erwähnte levitierte Wasser, das durch ein besonderes Verfahren der

Erdgravitation entzogen ist. Gründe seiner Wirkkraft sind die Kugelform, die Reinheit und seine kosmischen Bildekräfte. Gutes Trinkwasser, das diese Funktionen erfüllt, kann den Kolloidalzustand der Körperflüssigkeiten stabilisieren und so zur Gesundung erheblich beitragen. Ob ein Wasser diesen Aufgaben gerecht werden kann, lässt sich übrigens nicht ausschließlich über die quantitative Analyse der im Wasser gelösten Stoffe feststellen.

Denn die Stoffwechselprozesse aller lebendigen Organismen (Lymphe, Blut, Pflanzensäfte usw.) laufen auf der Grundlage kolloidaler Lösungen ab. Man kann den Gesundheitszustand eines lebendigen Organismus über die Beobachtung des Kolloidalzustands seiner Bestandteile beurteilen. Im Kolloidalzustand wird die Wirkung der Gravitation durch Gegenkräfte kompensiert, sodass die kolloidal gelösten Bestandteile sich trotz ihres unterschiedlichen spezifischen Gewichts nicht entmischen und absinken, sondern im jeweiligen Medium in Schwebe bleiben.

Dieses Geheimnis des Wassers wurde wiederum vom Wissenschaftler Wilfried Hacheney aufgedeckt.[97]

Wie Wasser spiegelt

Es gibt inzwischen immer mehr Methoden, die noch eine andere Qualität des Wassers nutzen: seine Fähigkeit, zu „spiegeln". Zahlreiche Therapeuten arbeiten mit spirituellen Methoden, die Gefühle und Gedanken spiegeln, in Resonanz mit unserem Emotional- und Mentalkörper gehen und damit die jeweilige Schwingung (Glaubenssätze, Gefühle) löschen. Neue Technologien im alternativen Bereich spiegeln, indem sie dem Körperwasser mit speziellen Bioresonanz-Verfahren zeigen, wie es aussieht und schwingt. Sie bewirken damit quasi spiegelverkehrte Heilung. Einige Therapeuten spiegeln dem kranken System auch die Schwingung von gesunden Organen und Zellen ein und haben den gleichen Effekt.

Es geht auch rabiater: Die amerikanische Biophysikerin und Physiologin Dr. Hulda R. Clark hat nach langen Forschungsjahren herausgefunden, dass die Ursache vieler schwerer und chronischer Krankheiten Parasiten sind, die von der Allgemeinmedizin nicht festgestellt werden können. Sie informiert, „dass jedes Lebewesen seine Präsenz wie eine Rundfunkstation, wie die Sonne oder die Sterne sendet".[98] Sie entwickelte ein elektronisches Heilverfahren, mit dessen Hilfe Parasiten, Viren und Bakterien durch ihre eigene Resonanzfrequenz, also von elektrischen Schwingungen, billig und einfach abgetötet werden können. „Innerhalb von Minuten senden sie nicht mehr auf ihrer typischen Bandbreite (zwischen 290.000 und 470.000 Hertz) und werden von den weißen Blutzellen eliminiert."

All das hat natürlich auch mit den Schwingungen unserer Elemente, unserer Materie zu tun, und damit, wie sich die Atome in ihr gruppieren und der Wasserstoff ihre einzelnen Bestandteile miteinander verbindet und unser Zellwasser zu lernen und zu kopieren in der Lage ist. Doch um das ganze System Mensch auf Vordermann zu bringen, kann man ein Leben lang technisch spiegeln, ohne allzu viel zu erreichen.

Jede Art von Schwingung, die innerhalb und außerhalb seines Körpers existiert, beeinflusst den Menschen: seine Ernährung, seine Getränke, Medizin, Töne, Farben, Blüten, Tiere, Minerale, Sonne, Mond und Sterne, die Planeten, Engel und Naturgeister. Sie machen ihn sogar erst zu dem, was er ist, und bringen ihm gleichzeitig alles, was ihn von Gesundheit, Glück und Gottesnähe fernhält.

„Hunderte von wissenschaftlichen Studien haben in den letzten 50 Jahren festgestellt, dass die unsichtbaren Kräfte aus dem elektromagnetischen Spektrum eine tief greifende Wirkung auf alle biologischen Regelsysteme haben. Zu diesen Kräften gehören vor allem Mikrowellen, akustische Frequenzen und die frisch entdeckten Skalarwellen. Aber auch Frequenzen, die über- oder unterhalb unserer Bewusstseinsschwelle zwischen UVA und Infrarot existieren und als Elektrosmog bezeichnet werden. Und die vielen Sendetürme mit ihren Mikroschwingungen, Radio- und TV-Wellen, Radar, ELF, HAARP usw., und dazu noch das breite Spektrum natürlicher Radioaktivität aus der Erde. Sie kontrollieren, aber irritieren auch unsere Gene, unsere Zellteilung, die Hormonausschüttung und

Nervenfunktion, sie machen uns gesund, unruhig oder verrückt."[99]

Darum ist es immer wichtiger, außer den miesen Spiegelungen im Zellwasser auch die geistigen in unserem Leben zu beobachten. Dabei helfen uns die Photonen, die kosmische Strahlung (Gammastrahlung), die uns jetzt vor dem Dimensionswechsel erreicht hat. Sie bringt in unser Leben genau die Ereignisse und Menschen, die uns zeigen, wo es noch Baustellen gibt, bevor ein Aufstieg unseres Lichtkörpers möglich ist.

„Aufstieg heißt, seine Schwingungen auf die Ebene des Lichts zu bringen", schreibt Diana Cooper in „Dein Aufstieg ins Licht": „Da jedes Wort, jeder Gedanke, jedes Gefühl und jede Handlung eine Schwingung ist, die unsere Aura formt, bedeutet Aufstieg das Klären unserer Gedanken, Gefühle und das Ausüben liebevoller Taten für das höchste Wohl, bis wir in dieser höheren Frequenz strahlen."[100] So einfach ist das. Oder ist es nicht so einfach?

Nein, so einfach ist es nicht, denn auf unserer eigenen Ebene sind wir vor allem Opfer. Wenn es beispielsweise um ein Massenbewusstsein geht, das uns plötzlich überfällt und aus dem wir uns nur mit viel Kraftaufwand ausklinken können. Das einfachste Beispiel ist die traurige Stimmung bei einer Beerdigung – auch wenn wir den Toten nie gekannt haben. Die schlimmste „mass entity" (so nannte das Maureen St. Germain in unseren Merkabah-Seminaren) ist in einem Staat, der zum Krieg aufrüstet und seine Bürger in den Blutrausch propagiert. Die übelste *mass entity* ist, wie wir über die Medien in Ängste bezüglich internationaler Terroristen oder Klimakatastrophen versetzt werden. Da können wir noch so clean sein in unserer Energie. Massenbewusstsein ist die klebrigste Emotion, die wir kennen.

Um zu begreifen, warum das Wassergeschöpf Mensch jeder Art von Strahlung von innen und außen wenig entgegensetzen kann (außer dem Klären der Gefühle), muss es erst einmal lernen, verantwortlich mit den Elementen in seinem Körperwasser umzugehen. Der menschliche Körper ist ein fließendes System, die miesen Schwingungen scheinen ihn immer dichter zu machen. Die Schwingungen, die überhaupt nicht in seinen physischen Körper und in seine feinstofflichen Körper gehören, wenn es nach der „gottgewollten Form" geht.

Wir sollten lernen, selbst auszustrahlen, hat uns einst Alice Bailey[101] verraten. Doch wie geht das?

Wir müssen unsere eigene Form zu leben und zu lieben erkennen, die Verantwortung für das übernehmen, was mit uns geschieht. Bereit sein, auch karmische Gründe in unserem Leben zu akzeptieren, wenn wir denken, alles getan zu haben, was wir tun konnten, um Konflikte zu lösen. Am besten ist es, sich ab und zu „auf den ersten Rang" zu setzen, um das eigene Theater am Boden besser beurteilen zu lernen und nicht immer nur von Gedanken und Gefühlen hin und her geworfen zu werden. Das hilft zumindest schon einmal, dass unser Körperwasser erkennt, wie es sich selbst befreien und irgendwann levitieren kann.

Wie Wasser aufsteigt

Ich fasse unser neues Wissen noch einmal zusammen: Materie ist verdichtete Energie. Diese Energie ist Wasserstoff. Seine energetische Form in einer höheren Dimension ist der Davidstern/die Merkabah, und damit die Liebe. Materie aus Wasserstoff entsteht durch die teilende Kraft von Neutrinos, die auch Felsen in Wasser und Humus trennen. Materielle Substanzen, also das Periodensystem der Elemente, ließe sich in Wasserstoff ausdrücken und ist „aufgewickeltes" oder „verwesendes" Licht. Treibende Kraft ist Uran – der UR-AHN. Auf der Erde (der Bibliothek des Weltalls) sollte sich ursprünglich jedes Element entfalten.

Jedes Materieteilchen (Element) trägt Emotion, Farbe, Ton, Duft und seinen Planeten in sich. Es baut sich auf und ab. Treibstoff und die teilende Kraft ist dabei das Neutrino/die Betastrahlung von Uran. Was wir nicht sehen können: Jedes Teilchen strömt Radioaktivität aus – natürliche Strahlung, von der sich seine Photonen beziehungsweise Naturwesen tragen lassen. Sie tanzen, singen, bilden Muster und kooperieren mit anderen Mineralien, um die Welt zu formen, wie sie ist. Und wenn sie einen Punkt größter Dichtigkeit erreicht haben, wird ihre Radioaktivität für uns Wasserwesen gefährlich: Sie verwesen. Es sei denn, wir, die Naturwesen der Erde, sind in der Lage, Mineralien und Radioaktivität zu transformieren beziehungsweise zu transmutieren, das heißt, sie in ein höherwertiges Element zu verwandeln. Und das geht erst, wenn wir lernen, mit unserem Körperwasser und der Hilfe unserer ATP-Kraftwerke, den Mitochondrien, das Niveau unserer körperlichen, geistigen und seelischen Schwingungen anzuheben.

Die ganze Welt ist voller Photonen. Sie erinnern sich? Sie kommen von oben und von unten, tragen unterschiedliche Farben, Ladungen, Dichtigkeit, Gewicht und strahlen sie auch aus. Denn unser Körper lebt nicht nur von Mineralien, Nahrung und Bewegung, sondern zu über 60 Prozent aus einer natürlichen Umgebungsstrahlung innerhalb unserer Atmosphäre. Sie treibt überall in unserem emotionalen, mentalen und physischen Körper, und dort vor allem in den kleinen Zellkörperchen, den Mitochondrien, die biochemischen Abläufe an.

Diese Zellkörperchen sind die Kraftwerke unserer Zellen und leben quasi in Symbiose mit uns (und bilden auch das CHI, ORGON, PRANA – in ihrer Gesamtheit das ägyptische KA – unseren Lichtkörper). Sie sind Naturwesen der besonderen Art, die die gute Strahlung genießen und unter der schädlichen Strahlung am meisten leiden. Sie melden sich, wenn sie im schlimmsten Fall den Betrieb einstellen, den Stickstoff nicht mehr entgasen können und die Arbeit an die Zellen zurückgeben. Diese können dann nur noch gären und verschlacken, statt gesunde und kräftige Energie zu produzieren. Doch wenn sie genügend Prana erhalten, führen sie uns zum Aufstieg.

Orgon, Chi und Prana werden die höchsten Energien genannt, die uns auf den Rhythmus höherer Biofelder bringen, mit einem Sprung von einer Oktave. Dahin, wo unsere Krankheiten verschwinden und unser Geist höher schwingt. Wo wir an Gott angebunden sind. Diese Substanz kommt aus dem Nullpunktfeld beziehungsweise der Fünften Dimension. Sie bringt uns Stück für Stück dem Aufstieg unseres Lichtkörpers und der sogenannten Erleuchtung näher. Näher zu Gott, oder wie auch immer Sie die Urquelle nennen möchten.

Aber wir wissen von den Aufgestiegenen Meistern, die immer noch an sich arbeiten: Auch die Erleuchtung kennt mehrere Stufen. Die wichtigste Voraussetzung für die erste Stufe ist offenbar, dass wir gesund, also unser Bauchhirn[102] und damit das Immunsystem, in Ordnung sind. Sonst würde der Kundalinistrahl, der bei der Erleuchtung durch unser Rückgrat fährt, die kranken Organe und den ganzen Körper zerstören. Er ist (positive) Radioaktivität in stärkster Potenz. Das sagen mir meine Freunde von der Wega, die den Umgang mit Radioaktivität im gesamten Universum bewachen.

Es gibt Pflanzen (wie beispielsweise Kurkuma und Noni), deren stark schwefelhaltige Sirtuine/Polyphenole (sekundäre Pflanzenstoffe und hochwirksame Enzyme) uns bei der Sanierung unseres Bauches helfen. Sie regen in der Zelle die Entgasung des Stickstoffs an. Wenn sie fehlen, geht die Entgiftung nicht weiter, die Zelle schaltet auf Gärung um, und Schlacken entstehen. Sirtuine sind vor allem hochkonzentrierte Antioxidantien.

Diese Substanzen weisen nach Angaben des genialen AIDS- und Krebsforschers Dr. Heinz Kremer[103] alle einen Frequenzbereich von 415 bis 420 Nanometer im für den

Menschen sichtbaren Lichtspektrum auf. Interessant daran: Schwefel und Sauerstoff haben ähnliche chemische Abläufe. Uran und Eisen übrigens auch. Es scheint Punkte zu geben, an denen sie sich überlappen beziehungsweise wo der eine die Arbeit des anderen übernimmt.

Hilfreich sind auch hochkonzentrierte Oxidantien wie MMS, das ist Mineral Miracle Supplement ($NaClO_4$), hoch sauerstoffhaltige Substanzen. Sie helfen unserem Immunsystem auf die Sprünge, ihre Entdeckung ist das Verdienst von Jim Humble, einem Mann, der seinen malariakranken Mitreisenden helfen wollte und dabei das wohl billigste Antibiotikum entdeckte.

Der alchemistische Prozess, der dahinter steckt: Rot und Violett werden zusammengeführt. Wer seinen Urin mit dem Lakmus-Papierstreifen testet, weiß, dass der alkalische/Stickstoffbereich von Gelb bis Rot reicht. Wenn der ph-Teststreifen von Gelb nach Grün wechselt (normalerweise bei ph 7), ist unser Körperwasser gesund. Blau zeigt hohen Sauerstoffgehalt an, unseren basischen Ausgleich. Bei Lila und Rot kippt die Reihe um, wir wären theoretisch tot beziehungsweise unsere Körperwasser gehen in die nächste Spiralebene/Dimension hoch, in eine höhere Dimension. So entsteht Gold, sagen die ORMUS-Forscher[104].

Hier befindet sich der Frequenzbereich der UV-Strahlung an der Grenze zum kosmischen Licht. Die „violette Flamme der Transformation" haben es die Esoteriker genannt. Dieses farbige Licht wurde an den Händen von Heilern beim Handauflegen festgestellt. Darüber hinausgehendes Gold war wohl in der Aura der Heiligen enthalten. Gold: eine Farbe, die von den alten Weisen als „geronnenes Licht" bezeichnet wurde.

Noch einmal Marco Bischof: „Ursache/Wirkungslinearität hat ausgespielt. Man darf sich der Möglichkeit weit reichender Feldwirkung und Feldinteraktion der Biophotonen nicht mehr verschließen. Die Intelligenz der Materie (Lipide, Kohlenhydrate, Nukleinsäuren, Biophotonen) zeigt, dass nicht Evolution, sondern Kooperation bei der Materie eine Rolle spielt, um gemeinsam ein höheres Ziel zu erreichen."[105]

Die Macht der Mitochondrien

Unsere Bibel erzählt uns von einem Gott namens JAHWE. Die esoterischen Bücher der letzten Jahre haben uns über ihn aufgeklärt[106]: Ein Gott, der ein Volk bevorzugt: das hebräische. Jahwe, der mit diesem Volk „aus der Zukunft" zu den Atlantern kam und immer wieder mit Zorn und Krieg regierte, um seinem Volk Vorteile und eine neue Heimat zu verschaffen. Die Thora, der Atbash-Kode, die Kabbala und Numerologie, das Wissen um die Wiedergeburt, die Engelhierarchien und ähnliches esoterisches Wissen kommen von den Hebräern. Aber auch das Wissen, wie es weitergeht mit unserer Welt und im „Bibel-Kode" versteckt wurde. Da muss man doch – bei allem Respekt vor der Religion dieses Volkes und der deutschen Schuld an seinem unendlich großen Leid, das ihm von vielen Nationen in den vergangenen 2.000 Jahren zugefügt wurde – auch einmal skeptisch werden.

JAHWE soll vielen der neueren spirituellen Autoren zufolge in unseren Genen in Atlantis oder vielleicht schon früher Ordnung geschaffen haben, das berichtet auch der kluge, aber manchmal etwas naive US-Autor Gregg Braden. Er beschreibt in seinem Werk „Der Gottes-Code"[107], wie er durch penible Berechnung mithilfe des Atbash-Kodes (Numerologie) herausfand, dass unser genetischer Kode mit dem Namen dieses Gottes YHVH (=YodHeVauHe) deckungsgleich ist und bestaunt unser gesamtes Genom als göttliche Matrix. Wenn wir nach ihr leben, sind wir gottgefällig, sagt Braden. Nicht göttlich.

Mich hat diese Erkenntnis sehr ernüchtert, und ich habe mich gefragt, ob das denn in unserem Sinne war? Ob vielleicht dieser Gott dafür verantwortlich war, dass unsere ursprünglich wohl zwölf Genstränge auf zwei reduziert wurden, wie die Plejadier in verschiedenen Channelings behaupten? Ist das der Grund, warum wir uns alle qualvoll abstrampeln müssen, ehe auch nur eine Spur des Lichtkörperaufstiegs wie ein Streifen am fernen Horizont aufgeht? Dass da nur selten ein Schimmer von Göttlichkeit in unseren Genen erkennbar ist?

Die verbliebenen vier Basen in unserer zweisträngigen DNS heißen Adenin, Cytosin, Guanin, Thymin, gleichbedeutend mit Sauerstoff, Stickstoff, Wasserstoff, Kohlenstoff. Vier Elemente, aus denen die ganze Menschheit geformt wurde.

Das Problem ist: Jahwe YHVE hat laut Braden den Menschen „nach seinem Ebenbild" geformt, dabei aber statt des göttlichen vierten Anteils (ein zweites Sauerstoffelement) nur „Lehm" genommen, hebräisch „Gimel", beziehungsweise den Kohlenstoff/Karbon. „Wir sind also zu 75 Prozent göttlich", freut sich Greg Braden. Und ich frage mich: Warum fehlen uns 25 Prozent zur Göttlichkeit? Wo sind die hin? Und wie ändern wir das? Können wir selbst unseren Kohlenstoff in Sauerstoff verwandeln, ohne weiterhin durch tiefes Leid gehen zu müssen? Ist das von J.J. Hurtak angekündigte Silizium in unseren Mitochondrien wirklich die Lösung? Die Computerspezialisten klagen darüber, dass dieses Element auch nur binär arbeiten könne, sie wenden sich immer mehr sogenannten Biochips zu, um den Wechsel von analog zu digital zu beschleunigen.

Neuerdings erfahren wir von Kryon beziehungsweise Lee Carroll, der dieses Wesen channelt, dass unsere fehlende DNS bereits in unserem Lichtkörper angelegt ist und seine Quanteninformationen durch Bewusstheit und planvolle Absicht von uns selbst aktiviert werden können. Und – man höre und staune – auf das Kommando von hebräischen Namen hören, mit denen diese nur multidimensional funktionierenden DNS-Schichten entschlüsselt werden. Alle 100 Billionen Moleküle würden über sich überschneidende Magnetfelder zusammenarbeiten. „Euer Körper ist ein riesiger Transformator voller kabelloser Informationsübertragungssyteme über den Pfad der DNA-Konfluenz", werden wir informiert. (S.135, Lee Carroll,KRYON: „Die 12 Stränge der DNA", KOHA-Verlag). Auch dass wir es den Plejadiern zu verdanken haben, dass wir Kinder Gottes sind.

Kryon verrät alle Aktivierungskodes, zum Beispiel der ersten Schicht: KETER ETZ CHAYIM (der Baum des Lebens).

Mir wurde am frühen Morgen meiner Empörung über diese neue/alte Art der Manipulation der Wind aus den Segeln genommen mit dem Hinweis, dass „eine Kartierung keine Manipulation" ist. Die Hebräer kamen eben aus unserer Zukunft und hatten alle Möglichkeiten, ihr zukünftiges Wissen in unserer Gegenwart zum eigenen Nutzen anzuwenden, was sie offensichtlich auch taten.

KRYON sagt auch, dass die neunte Schicht, die unsere Gesundheit und Wunderheilung steuert, mit SHE-CHINAH-ESH aktiviert wird und aus der Zeit Lemuriens stammt. Dass wir uns damals noch selbst heilen konnten, ohne jeden Eingriff von außen. Und dass das schwarze Loch im Zentrum unserer Galaxis eigentlich eine Zwillingsform ist, die mit Sog und Druck zusammenhängt!! (S.337)

Wie schön, dass wir immer mehr Puzzlesteine dieses vertrackten Menschheitsspiels in die Hände geliefert bekommen!

Um von all dem unabhängig zu werden, müssten wir wahrscheinlich unsere Ernährung auf Licht umstellen. Umgekehrte Photosynthese. Das geht aber nicht, weil unser Bauch (noch) nicht mitmacht. Und dort befinden sich 80 Prozent unseres Immunsystems. Nur eine hauchdünne Schicht der Menschheit ist Lichtesser.[108] Aber immer mehr leben vegetarisch. Das macht Hoffnung!

Dazu passt, dass in spirituellen Kreisen ein Geheimnis immer offener diskutiert wird: Der „Zitronensäurezyklus" genannte Ablauf in unseren Mitochondrien, den Zellkraftwerken und ganz besonders wichtigen Naturwesen in uns, soll angeblich im Wandel sein. Wer meditiert, fastet, Yoga, Leistungssport wie Marathon usw. macht oder jahrelang schrecklich leidet wie die Heiligen und Märtyrer früherer Jahrhunderte, integriert den fehlenden Sauerstoff auf besondere Art: Mit der jahrelangen Leidenszeit bildet sich bei der Entgiftung der Zellen angeblich eine kristalline Zwischenmembran zwischen der äußeren und inneren Zellwand der Mitochondrien (Vilis). Fragen Sie mich nicht, wie das physiologisch genau vor sich geht. Auch J.J. Hurtak, der in seinem „Schlüssel des Enoch" diese Information channelte, drückt sich nicht klar genug aus. Diese Siliziumschicht soll – ähnlich wie bei Chips – aus Halbleitern bestehen, die uns für mehr kosmisches Licht leitfähig machen, sodass wir nicht im Photonensturm verbrennen.

In den Mitochondrien (in Pflanzen sind es die Chloroblasten) werden die Wasserstoff-Brückenbindungen dazu genutzt, in fünf sogenannten Komplexen zwischen den Vilis/Lamellenschichten der Hülle Mineralien, Fette und Eiweiße zu ATP-Energie umzuwandeln. Das sind feste Abläufe. Wie die sogenannte Organuhr, das taoistische PAKUA[109], nach der wir leben, essen und schlafen sollten. Was wir natürlich nicht tun. Diese planmäßigen Abläufe sind in unserer Zivilisation völlig überfordert, und die Vergiftung unserer Darmzellen und chronische sowie geistige Krankheiten sind die Folge davon.

Wenn mehr Licht beziehungsweise Sauerstoff in unsere Zellen beziehungsweise Mitochondrien gelangt, können diese mehr Kraftstoff (ATP) produzieren, und in der Zelle wird Stickstoff besser entgast, die Gärung hört auf, und damit ist ein besserer Abtransport der Schlacken und weniger Krankheit gewährleistet. Doch wie kann unser Körper das schaffen? Gibt es irgendeine Kraft, die uns dabei hilft? Es sieht fast so aus, als würden die Mitochondrien selbst diesen Quantensprung in uns antreiben. Ich hoffe, sie beeilen sich, denn die Zustände auf dieser Erde sind gotterbärmlich!

Die Mitochondrien sind meine Freunde geworden, darum schenke ich ihnen auch so viel Platz in diesem Buch. Sie sind für mich die „Transportriemen" unserer Evolution oder, besser, unserer Transmutation, der Veredelung. Nur weil diese Kleinstlebewesen irgendwann in unserer Welt eingegriffen haben, konnte überhaupt Leben in der Form, wie wir es kennen, entstehen. Der Heilpraktiker Ralf Meyer schreibt: „Es sind evolutionsbiologisch betrachtet Bakterien, lebendige Zellbewohner, Zellorganellen genannt. Das heißt, sie sind unsere Endobionten, also lebendige Gebilde in unseren Zellen, die die Energiegewinnung mit Hilfe von Sauerstoff aufrechterhalten, also sind sie lebenswichtig – zu uns gehörend!... Wir haben in all unseren Zellen jeweils cirka 1.500 dieser Zellorganellen ... wir werden von guten Bakterien regiert... Und diese kleinen Zellkörperchen produzieren unsere Energie: ATP genannt."[110]

Damit Sie wissen, warum diese Kleinstlebewesen und ihr ATP-Produkt[111] so wichtig für die Zukunft der Menschheit sind, hier noch einige Erklärungen über ihre Aufgabe: Gehen Sie davon aus, dass diese Ex-Bakterien mehr Nähe zu Prana und der göttlichen Energie haben als wir selbst. Und dass sie sich in unser System eingebracht haben, um uns den Weg zurück zu Gott wieder zu öffnen. Wir müssen „nur" lernen, ihr Verarbeitungssystem zu begreifen und mit ihnen den Weg zurückzufinden, damit wir lernen, Licht genauso zu verarbeiten wie die Pflanzen.

Im Pflanzenreich entstehen Wohlgerüche und Farben aus Licht und wachsen damit nach den Gesetzen des Elektromagnetismus. Das ist die pflanzliche Form, Liebe zu zeigen. Im Tierreich sind es die vielfältigen Emotionen, die von Gedanken und Intellekt nicht verwirrt und entkernt werden. Sie sind direkte Umformer des vitalen Prana-Fluidums im Licht. Das gibt ihnen eine Fähigkeit, die dem Menschen nicht (mehr?) gegeben ist: Die Lichtprozesse in unseren Pflanzen geschehen nach dem Prinzip der Kernfusion. Mit unglaublicher Leichtigkeit vollbringen sie, was in unseren Forschungsstätten nur unter Millionenaufwand geschehen kann.

„Pflanzen sind lebende Konverter mit ausgeklügelten Regelungssystemen, die sich seit Millionen Jahren auf den energiespendenden Rhythmus hoher Energiefelder kosmischen Biophotonenlichts einstellen", berichtet Ernst Meckelburg in seiner „Geheimwaffe PSI".[112] In ihren zerbrechlichen Samen, Wurzeln, Stängeln, Blättern und Blüten finden ständig Kernschmelz ähnliche Prozesse statt – Reaktionen, die Kernphysiker in aller Welt nachzuahmen versuchen.

Zum Beispiel in Gänseblümchen: Dort wird Silizium in Kalzium oder in Leguminosesamen verwandelt: Mangan in Eisen; in anderen Pflanzen Phosphor in Schwefel, Natrium in Magnesium usw. Wobei sie in die Kerne ihrer Phosphor- beziehungsweise Natriumatome jeweils einen Wasserstoff-Atomkern (Proton) integrieren. Das ist eine kalte Transmutation wie im Kernkraftwerk. „Es gibt Pflanzenspezies, die wie bei einer Umwandlung von Magnesium in Kalzium sogar relativ große Kerne, zum Beispiel den des Sauerstoffs (Atomgewicht 16), einzubauen vermögen."

Der Biokernverschmelzungsprozess:
Leichtere Elemente werden in schwerere umgewandelt und arbeiten dabei nach dem Kernfusionsprinzip. In unseren Mitochondrien läuft der umgekehrte Prozess ab:

Es werden die Wasserstoffbindungen abgebaut, um die wichtigste Energie in unserem Körper zu gewinnen: ATP-Adenosintriphosphat. Wenn wir es erhöhen können, sind wir Gott näher und haben zusätzlichen Sauerstoff, nämlich die fehlenden 25 Prozent.

Sie haben richtig gelesen: Lichtesser wie die Pflanzen sollten wir werden, um das zu schaffen. Das hört sich schwieriger an, als es ist. Und kann uns vielleicht glücklicher machen als ein 12-Gänge-Menü im feinsten Restaurant dieser Welt. Es gibt einige Menschen, die genau das bereits in aller Konsequenz trainieren (unter anderem die Australierin Jasmuheen[113]). Und wir alle werden vielleicht irgendwann gar nicht mehr anders können, als auf diese Art Photonenernährung zurückzugreifen. Aber keine Angst! Wir wollen Ihnen das Vergnügen einer guten Mahlzeit nicht wegnehmen. Wir werden hier und heute nicht auf alle Leckereien dieser Welt verzichten müssen, sondern das Licht in unserer Ernährung gezielter und bewusster suchen und uns in Zukunft auf lichtvollere und bessere Nahrung einstellen.

Doch zunächst müssen wir die Vorgänge in den Mitochondrien begreifen, um zu erkennen, wie sehr Licht unser Leben bestimmt. Sie müssen unsere Energie bis in ihre dichteste Form „verwalten", damit die Schöpfung nicht zusammenbricht. „Mitochondrien sind als lebendige Zellorganellen das Licht wandelnde Informationsmedien. Pro Sekunde laufen in den Zellen mehr als 100.000 chemische Prozesse ab, was nur durch Übertragung und Aktivierung von Licht möglich ist", schreibt der Heilpraktiker und Mitochondrien-Spezialist Ralf Meyer.[114]

Diese komplexe Arbeit der Mitochondrien läuft bei den meisten Menschen immer noch nach festen chemischen Programmvorgaben. Wenn es „Schmutz im Getriebe" gibt und Schlacken nicht mehr entfernt werden können, schalten sie ab, und der Mensch wird krank, seine Zellen gären dann vor sich hin und werden nicht mehr entgiftet. Klare Bedingungen garantieren ein perfektes Funktionieren der Abläufe. Eine davon ist gesunde Ernährung, gesundes, sauerstoffhaltiges Zellwasser, und die wichtigste: genügend Licht. Denn es ist die Lichtgeschwindigkeit, die den Takt vorgibt. Das heißt, Licht ist notwendig, um die Sauerstoff angetriebene Energieversorgung, also die Arbeit der Motochondrien, in der Zelle aufrechtzuerhalten und die schädlichen freien Radikalen dabei zu reduzieren.

„Die Mitochondrien sind praktisch das Gegenstück der Chloroplasten in den Pflanzenzellen, sie kehren den Prozess der Photosynthese um. Entscheidend ist die Richtung des Elektronenflusses", schreibt Renato Dulbecco.[115]

Photosynthese:

Chloroplasten und Mitochondrien sind sich ähnlich in der Struktur aus gefalteten Membranen. Sie waren ehemals Bakterien, die mit der Zelle eine Symbiose eingegangen sind. Der Prozess, mit dem sie für die Energetik des Lebens sorgen, sieht so aus:

Sonnenlicht + Wasser + Kohlendioxid = Sauerstoff + Zucker in Pflanzen.

Dann umgekehrt in den Mitochondrien:

Sauerstoff + Zucker = Wasser + Kohlendioxid + Energie (ATP).

Diese grundlegende Chemie des Lebens produziert aus dem Kohlendioxid, das es schon vor Beginn des Lebens in der Erdatmosphäre gab, den Sauerstoff, den die biologische Welt braucht.

Unsere Erde, die Natur, wir Menschen und unsere Zellen – wir alle sind also lichtabhängig. Der Gott, der Wasserstoff erfand, hat auch aus Licht und „Lehm" den Menschen geformt. Hat das Licht eingefangen, um in uns Wassergeschöpfe Struktur und Leben zu bringen, die Zellen zu Wesen aus Fleisch und Blut zusammenzufügen und den ununterbrochenen Lichtgesteuerten Informationsfluss zu ermöglichen, der uns leben lässt. Das konnte er vor allem, weil Licht, sprich Photonen, die Fähigkeit besitzen, zu strukturieren und Formen entstehen zu lassen. Das ist ihre „Ladung", und aus dieser besteht unser Elektromagnetismus.

Mit der immer stärkeren Photonenstrahlung aus dem Herzen der Galaxis erleben wir Menschen und unsere Erde zurzeit noch großes Leid. Wiebke Grützmacher fragte mich irgendwann: „Wer sind eigentlich die Mitochondrien und die Lichtumwandler für unsere Erde? Sind wir das? Die Menschen? Sind wir nicht theoretisch die besten Leiter mit der besten Verbindung zu Gott/der Urquelle, der Urenergie?"

Wir erfuhren in einer unserer Sitzungen, dass wir erst mithilfe der neuen Siliziumschicht lernen, Licht zu essen und damit der Erde die Verarbeitung von Gammastrahlen zu ermöglichen. Ein inneres Magnetfeld aufzubauen, um genügend Schutz zu haben. Das macht Sinn und gibt Raum für interessante Gedankenspielereien:

Bei der Arbeit unserer Mitochondrien und dem Aufbau von ATP geht es vor allem um Wasserstoff-Brückenbindungen, also das „H". OHM ist der Name des Forschers, der den Widerstand, das Hindernis, bei elektrischen Verbindungen gefunden hat. Schauen Sie sich diesen Namen einmal genauer an und spielen Sie mit den Buchstaben im Sinne des „Bibelkodes": Das H ist der Widerstand, der eine OM-Direktverbindung (mit dem Ton!) zu Gott verhindert. O ist symbolisch die Elektrizität und M die Frequenz, der Elektromagnetismus. Das H trennt die Leitung und uns von Gott und verhindert, dass das OM (der Urton, der in allen Meditationen die Hauptrolle spielt) erklingt.

Wiebke und ich haben damals in unserer therapeutischen Arbeit irgendwann begonnen, den Naturgeist des Wasserstoffs selbst um Kooperation zu bitten, um unser Körperwasser gesunden zu lassen. Das war der Auslöser für unseren „Königsweg", den Weg des Karma- und Energie-Clearings. Ein zusätzliches Wasserstoffatom in die molekularen Prozesse bei der geistigen Putzarbeit integriert, lässt implodierende Kernverschmelzungsprozesse zu, die (rechtsdrehend) viel mehr Energie produzieren als der (linksdrehende) Aufbau von Wasserstoffbrückenbindungen. Jetzt durften wir plötzlich monoatomisches Gold, Silber, Kupfer, auch Platin in unsere Organe, ins Blut oder endokrine System visualisieren. Mit erstaunlich vitalisierendem Effekt.

Dabei spielen die klugen Mitochondrien die Hauptrolle. Sie sind sozusagen die Entwicklungshelfer in diesem Prozess und bringen unser Körpersystem in einen Zustand, der uns hilft, die zunehmende kosmische Strahlung nicht nur zu transformieren, sondern zu transmutieren. Das wäre dann eine kalte Kernfusion wie bei den Pflanzen.

Doch zurück zum Licht.

Die Urkodes des Universums

Wer meinen Recherchen, Informationen, Eingaben und Rückschlüssen bis hierher folgen konnte, darf sich jetzt bei den folgenden Seiten über Lösungsansätze freuen, die – wenn sie denn stimmen und eines Tages beweisbar sind – helfen könnten, unser großes Schöpfungspuzzle zu verstehen. Ich kann aber auch verstehen, wenn Sie sich jetzt nur noch den Kopf kratzen und denken, dass ich völlig durchgeknallt bin.

Ich erzählte Ihnen bereits, dass ich auf einer Insel im Mittelmeer wohne, die einst nach Aussagen des amerikanischen Spirituellen Jan van Etten[116] eine der Bergspitzen des untergegangenen Atlantis darstellte. Zu atlantischen Zeiten soll das Mittelmeer eine große Ebene gewesen sein. In der Tiefe rund um mein Grundstück in der Inselmitte bilden angeblich sehr starke atlantische Kommunikationslinien ein großes Dreieck. Sie ziehen sich von Talayot zu Talayot, das sind prähistorische Kultstätten auf der Insel Mallorca: Ses Paisses bei Arta im Süden, Ses Fornes vor meiner Haustür und Son Fred bei Sencelles. Diese Linien erklären die erstaunlichen Informationen, die ich immer wieder aus der Geistigen Welt erhalte. Es könnte sein, dass ich sie in einem früheren Leben in Atlantis hier selbst eingegeben habe, um sie für mich und die Nachwelt zu bewahren.

Strahlung enthält Photonen, Bilder, Farben, Töne und Düfte. Ich empfange sie täglich. Jeden Morgen wache ich mit Botschaften auf, die mich mehr und mehr die Zusammenhänge der Schöpfung erkennen lassen. Ich muss dann immer schnell zu meinem Schreibtisch laufen, um sie aufzuschreiben – im Wettstreit mit meinen Tieren, die denken, das Frühstück sei schon angesagt.

Aber es hat viel Zeit gebraucht – genauer gesagt dreizehn Jahre – bis ich alle Puzzlesteine dieser „Sendungen" zu einem Ganzen zusammenstellen konnte. Tausende von Jahren lagen sie verborgen in einer versunkenen Welt.

Sie können diese Informationen in Ihr Wissen integrieren oder nicht, der Erde von Mallorcas Inselmitte ist das egal. Aber vielleicht wird so mancher Forscher nicht nur aufjaulen, sondern auch nachdenklich. Könnte ja sein, dass etwas dran ist!

Die ganze Welt ist radioaktiv

Auftritt eines der mächtigsten und schwersten Elemente, eines Elementargeistes mit explosiver Kraft ohnegleichen, der zudem noch in der Lage ist, mit allen anderen Elementen zu reagieren, sich in alle Prozesse einzuklinken, in die eigentlich das Eisen gehörte – vor allem in das Mineralreich der Zweiten Dimension und in das Wasser: flüssiges Eisen. Sie erinnern sich: Uran ist ein „Simile": Es reagiert ähnlich wie Eisen. Und der Wasserstoff hilft ihm dabei – mit all seinen Wasserstoff-Brückenbindungen.

Die Erdkruste enthält tonnenweise Uran und Thorium, die ältesten radioaktiven Stoffe. Fast alle Atome auf dieser Erde sind radioaktiv, genauer gesagt: Nur 200 von 2.000 Nukleotiden sind nicht radioaktiv. Wir ernähren uns davon und leben damit. Radioaktivität entsteht nämlich auf der Ebene der Atome als natürlicher Vorgang und wird erst in den Kernreaktoren vom Menschen „künstlich" eingeleitet. Auch unser Körper strahlt.

Strahlung treibt damit eine Entwicklung vorwärts, die laut Alice Bailey übrigens nichts Schlimmes ist, sondern durchaus gottgewollt, weil Radioaktivität zum siebten Strahl gehört und Radioaktivität für alle mineralisch atomischen Formen und selbst den Menschen das Endziel ist. „Die dynamische Kraft, alle Substanzen in der Umgebung ungehindert zu durchdringen."[117]

Wenn ein Atom zerfällt, sendet es Strahlung aus: Strahlung besteht bei Uran aus Alphastrahlung (Helium), Betastrahlung (Elektronen) und Gammastrahlung (Photonen).

Wir gehen später noch genauer auf diese Dreiteilung ein. Wichtig ist zunächst, dass wir begreifen, dass Strahlung – wenn sie nicht in unseren Kernreaktoren künstlich beschleunigt wird – etwas Natürliches ist und sogar einen kraftvollen Effekt auf Menschen haben kann. Die sogenannten Kraftplätze sind voller radioaktiver Strahlung (CHI, ORGON), und ihre Bewegungsenergie hat morphogenetische Formen hervorgebracht, die zu den wichtigsten Geheimnissen unserer mystischen Welt gehören.

„Elektromagnetismus ist Radioaktivität", wurde mir in den frühen Morgenstunden gesagt. Ich kann das als naturwissenschaftlicher Laie nur registrieren und versuchen, es zu verstehen und weiterhin mit meiner naturwissenschaftlichen Assoziationskraft nach ungewöhnlichen Lösungen Ausschau halten.

Dann hätten wir bei den bekannten physikalischen Naturkräften eine kleine Korrektur vorzunehmen:

die STARKE KRAFT,
die SCHWACHE KRAFT,
die RADIOAKTIVITÄT (Elektromagnetismus)
und die GRAVITATION.

Diese Aussage ist ein wichtiger Hinweis in unserem irdischen Geschehen. Wenn Elektromagnetismus und Radioaktivität identisch sind, haben wir es hier direkt mit der wichtigen Aussage der amerikanischen Visionärin Barbara Hand Clow zu tun. Sie erfuhr in tiefer Trance, dass „die Eisen-Elementarwesen im Zentrum der Erde beschlossen haben, alle Elemente im Universum zu erfahren. Das hatte schmerzvolle Erfahrung zur Folge. Alle radioaktiven Elemente sind darin gebunden. Der menschliche Körper ist wasserzellular und kann mit Strahlung nicht umgehen. Aber wir müssen das Umwandlungspotenzial radioaktiven Materials selbst beherrschen, darum brachten die Sirianer es auf die Erde. Sterne sind nuklear Die Strahlung saugt stellare Intelligenz auf und macht sie sterblich. Es ließ Verhaltensmuster in unseren Genen entstehen."[118]

Ich halte das für einen wichtigen Hinweis und frage mich: Wenn Gaia URAN kennenlernen wollte, ist darin vielleicht der Schlüssel zu finden, warum es für uns alle so schwer ist, „ins Licht" zu kommen...

Nun erhält auch Walter Russels Aussage eine völlig andere Bedeutung: In der Schweizer „Zeitenschrift"[119] wurde Walter Russell (1871 bis 1963) zitiert, der für seine visionären Veröffentlichungen 1941 den Doktortitel der Naturwissenschaft erhielt, obgleich er eigentlich Künstler war. Er behauptete, dass es die eigentliche Aufgabe von radioaktiver Strahlung in der Erde sei, hartes Felsgestein in Humus und in Wasser zu verwandeln. Und er warnte vor der massenhaften Entfernung radioaktiver Stoffe von ihrem ursprünglichen Standort. Das heißt im Klartext, dass die Erde zu vertrocknen droht, wenn wir immer mehr Uran an die Oberfläche bringen. Grundlage dieser Behauptung war seine Neuinterpretation des Periodensystems der Elemente.

Russell sagte, dass „die verschiedenen chemischen Elemente des Periodensystems eigentlich nur verschiedene Alterungs- und Verdichtungszustände des Lichts sind, ein immerwährender Prozess der Aufwindung und Konzentrierung von Licht – die Erschaffung von Materie; dann der Vorgang von Ausdehnung und Abstrahlung von Licht, die die Wiederauflösung ins All bedeuten, das Sterben von Materie. Wirbel und Gegenwirbel".

Sie erinnern sich? Russels spiralförmige Elementetafel zeigt konsequenterweise in der Mitte der Auflistung den Kohlenstoff, dessen dichtestes und härtestes Produkt, der Diamant, facettenreich und die maximale Verdichtungsform dieser Welt ist. Kohlenstoff ist die Grundlage allen irdischen Lebens und hat die größte Vielfalt chemischer Verbindungen. Je weiter die Elemente sich dann vom Kohlenstoff entfernen, desto „verwester" sind sie – als „Alterungszustände" des Lichts.

Doch Licht ist „nur" Gammastrahlung, also Photonen, und damit nur ein Teil der Radioaktivität. Hier haben sich also die „Herrschaftsverhältnisse" verschoben, wenn ich das einmal so ausdrücken darf. Und mit ihren drei Kräften ist die Radioaktivität offensichtlich mächtiger als das Licht. Aber das gehört auch zu den ewig wechselnden Zyklen unseres Universums.

Im Mittelpunkt einer von der Radioaktivität beherrschten Tabelle würde auch nicht der Kohlenstoff (Nr. 6 in der Elementetafel) mit dem härtesten irdischen Element, dem Diamanten, stehen, sondern das Blei (Nr. 90 in der Elementetafel) mit seinem Zustand, der sozusagen das Ende des radioaktiven Zerfalls verkörpert. Das wäre dann die „Verwesungsreihe" von Uran. Die Halbwertzeit von Uran: 4,5 Mrd. Jahre, von Thorium, so alt wie die Welt: 14,5 Mrd. Jahre.

Das, was Uran mit Kohlenstoff verbindet, ist das Atom. Radioaktivität entsteht wie das gesamte irdische Leben (und sogar unsere Luft) auf der Ebene der Atome. Protonen und Neutronen bilden den Atomkern, Elektronen die Hülle, wie wir wissen. Die Anzahl der Protonen bestimmt den Stand im Periodensystem der Elemente. Elektronen umkreisen den Kern auf festgelegten Bahnen und können nur durch Energiezuführung (Photonen) auf andere Bahnen gelangen oder sich selbst befreien. Das ist natürliche atomare Energie, aus deren „Lichttanz" sich unsere gesamte belebte Welt entwickelt hat.

Die Alten gaben uns präzise Hinweise für die Organisation und die Bildsprache des Gesamtsystems Mensch und Natur. Diese Organisation fand und findet auf der Ebene des Elektromagnetismus beziehungsweise nuklearer Kräfte statt – entstanden aus der natürlichen Strahlung von oben, dem kugelförmigen Schall des Urknalls (das O), und der Abstrahlung von unten (das M), ein Symbol für unsere Frequenzen, wurde mir gezeigt. Das ergibt zusammen den Urlaut OM, die Urformel für den Tanz der Quanten. Urknall und Quant sind der längste und kürzeste Zeitraum der Geschichte, verbunden durch Wasserstoff, das H. Das H, also Wasserstoff, trennt den Urlaut OM (OHM – das Maß für den elektrischen Widerstand) und macht ihn zum kreativsten und gleichzeitig widerstandsfähigsten Element dieses Universums. Es regiert das Wachstum, indem eine Wasserstoff-Brückenbindung nach der anderen Energie aufbaut. Und es baut wieder ab, was sich soeben geformt hat: Es lässt verwesen.

Mit Hilfe des (linksdrehenden) allgegenwärtigen Wasserstoffs, (der allgegenwärtigen dunklen Energie mit ihrem Sog und Druck) und dessen Wasserstoff- Brückenbindungen „verkleben" radioaktive Stoffe wie Uran, Thorium oder Cäsium wahrscheinlich feinstofflich mit allem, was elektromagnetisch/radioaktiv reagiert. Und lassen dabei Muster entstehen, die zum wichtigsten Wissensschatz der esoterischen Welt gehören: die URKODES dieses Universums. Das Yin und Yang-Zeichen, das Pakua des TAO, den I GING, den Lebensbaum, den TAROT mit seinen klassischen Gestalten usw. Und bestimmen damit die zeitlichen, physischen und psychischen Abläufe auf dieser Erde.

Die Form unserer Mitochondrien ist übrigens rund wie ein O, und ihre Lamellen sehen aus wie viele winzige OMs. Wie passend! Die Mitochondrien sind Transformatoren, mit deren Hilfe Quantenbewegungen ablaufen. Sie werden mit Sicherheit zurzeit darauf präpariert, mit Radioaktivität, der kosmischen Gammastrahlung und den eigenen Strahlungen unserer Erde immer leichter umzugehen. Aber all das braucht ein wenig Zeit, weshalb die Mitochondrien auch bisher wie organische Uhren den Abbau unserer Ernährung zu Energie organisiert haben. Demnächst arbeiten sie hoffentlich wie Chips mit Lichtgeschwindigkeit oder mehr.

Die Schwarze Sonne

Es kommt eine weitere, bisher unbeachtete Information in unser Schöpfungsspiel. In früheren Zeiten gab es bereits geheime Zirkel, in denen von einer Schwarzen Sonne gesprochen wurde (siehe oben), die im Gegensatz zu oder zusammen mit unserer goldenen Sonne unsere Geschicke lenken soll. Der Nationalsozialismus leistete erhebliche Vorarbeit und hinterließ uns mit seiner heute verpönten Symbolik ein klassisches Zeichen, das jenseits von Hass und Zerstörung eine wichtige Bedeutung erhält in unserem Spiel der irdischen Evolution.

Die Schwarze Sonne taucht heute nicht mehr als Symbolik teuflischer Ideologie und des erträumten deutschen Übermenschen auf, sondern als riesige, neu entdeckte Blasenstruktur im Herzen der Galaxis.

Gehen wir einmal davon aus, dass die Gründer der SS nur in Ansätzen wussten, was sie taten, als sie die Schwarze Sonne mit zwölf Speichen in der umgekehrten „Zilrunen"-Form in ihrer Wewelsburg bei Paderborn verewigten. Ihre ideologischen Vorkämpfer waren in Kontakt mit der Schwarzen Magie und der gemeinsamen Quelle von Gut und Böse, als sie die Symbole der neuen Weltreligion schaffen wollten.

Zwölf Urstrahlen unserer Galaxis: Gammastrahlen aus dem schwarzen Loch oder der Riesenblase darin. Zwölf Seinsebenen, die unser Universum beherrschen und Formen und Frequenzen dieser unserer Schöpfung prägen. Zwölf Daseinsformen, die sich im Tyrkreis wiederfinden.

Die Ursprünge der gottgewollten Ordnung in unserem Quantenspiel?

Wikipedia bestätigt meine Vermutung, darum sei diese populäre Quelle in aller Dankbarkeit mal wieder in Auszügen wiedergegeben:

„Die ältesten Hinweise auf die Schwarze Sonne stammen aus Babylonien und Mesopotamien. Es wird gemutmaßt, dass der Mythos vor ungefähr 10.000 Jahren aus dem Norden nach Mesopotamien gelangte. Das älteste archäologische Zeugnis der Schwarzen Sonne wird allerdings auf das 3. Jahrtausend vor unserer Zeit datiert. Es handelt sich dabei um eine Schrift mit dem Titel „Ilu Ischtar", welche aus der Zeit Sargons des I. stammt.

Die „Ilu Ischtar" berichtet, dass es am Anfang, noch bevor es irgendeine manifestierte, göttliche Kraft gab, nur Geistkräfte männlicher und weiblicher Art (ILU-Kräfte) gegeben hatte. Als diese sich sammelten, kam es zu großen Anziehungskräften zwischen beiden Polen, wodurch letztendlich die Vereinigung bewirkt wurde. Aus dieser Vereinigung entstand Gott (IL), der alles geistige Leben zeugte. Anschließend schuf er das Universum, in dessen Mittelpunkt er eine Leben spendende Zentralsonne setzte, die als die gleiche Urkraft zu verstehen ist wie die aus den weiblichen und männlichen ILU-Kräften resultierende.

Die Schwarze Sonne ist nach dieser Darstellung also eine Art „Sonne", die sich im Zentrum des Universums befindet, von wo aus sie schöpferische Urlichtstrahlen sendet, die unter anderem das Leben erschaffen haben sollen."

Die Schwarze Sonne war zu Zeiten des Nationalsozialismus höchstes Kultobjekt. Für den SS- Brigadeführer Karl Maria Wiligut, der Himmler als Berater in religiösen Fragen zur Seite stand, war die Schwarze Sonne ein Himmelskörper, der die Erde außerhalb der Ekliptik umkreist. Sie ist der passive Gegenpol zur aktiven goldenen Sonne, die zusammen ein Sanduhr ähnliches, dualistisches System bilden, bei dem jeweils die aktive Sonne Artharteilchen (Äther) aussendet und die passive Sonne diese Energie absorbiert. Sobald die aktive Sonne keine Energie mehr hat, kommt es zur Umpolung. Die passive Sonne wird zur aktiven und umgekehrt.

Vor Hunderttausenden von Jahren soll die Schwarze Sonne einmal die aktive Sonne und damit das Zentrum des Sonnensystems gewesen sein. Vor 1,5 Millionen Jahren soll es zur Umpolung gekommen sein, bei der die goldene Sonne die Schwarze Sonne als aktive Sonne ablöste. Dabei sei es zu einem Stillstand der Massen und einer Verwirbelung des Sonnensystems gekommen. Der gesamte Vorgang habe 800.000 Jahre gedauert.

Die Schwarze Sonne ist als 12-speichiges Sonnenrad im Obergruppenführersaal beziehungsweise der Säulenhalle im Nordturm der Wewelsburg als Bodenmosaik dargestellt. Es ist anzunehmen, dass der Entwurf dafür von Karl Maria Wiligut stammt. Dafür spricht unter anderem die Tatsache, dass die zwölf Speichen des Sonnenrads aus zwölf Zilrunen bestehen. Die Zilrune ist die Spiegelung der Sigrune und stellt deren dämonische Umwendung dar. Wiligut ist der einzige Runenmystiker, der die

Zilrune erwähnt. Für Wiligut symbolisiert die Sigrune die schöpfende Kraft. Die Zilrune ist demzufolge das Symbol der Zerstörung und die Schwarze Sonne ein destruktives, zerstörerisches Symbol.

Zwölf Monate hat das Jahr, von zwölf Asen, die zu den Richterstühlen fahren, ist in der Edda die Rede, zwölf Jünger saßen beim letzten Abendmahl, und zwölf Ritter saßen an Artus' Tafelrunde. Darauf basierend wird von einigen angenommen, dass bei den Treffen im Obergruppenführersaal auch immer zwölf Offiziere anwesend waren, mit Himmler als 13. und Großmeister. Dies ist jedoch nicht hinreichend belegt. Eine größere Bedeutung dürfte die Zahl Zwölf in Bezug auf die zwölf Tierkreiszeichen haben.

Der Naziforscher Rüdiger Sünner schreibt: „Interessant hierbei ist die Erkenntnis, dass der Mensch – wie alles Leben im Sonnensystem – aus dem Feuer der normalen Sonne geschaffen wurde... Eine weitere Kuriosität können wir darin sehen, dass unsere Sonne in gewissem Sinn wirklich zum überaus größten Teil eine dunkle, schwarze Sonne ist... Schließlich wird die hochenergetische Gamma- und Röntgenstrahlung des Kerns und der Strahlungszone erst in der Photosphäre so weit abgebremst, dass sie als sichtbares Licht wahrgenommen werden kann. Natürlich ist es physikalisch komplett egal, in welchem Bereich des Spektrums die Sonne nun strahlt. Gammastrahlen, Röntgenstrahlen, sichtbares Licht und Infrarotstrahlung sind ja nur Ausdruck für die jeweilige Energie des beobachteten Photons."[120]

Die lange Zählung des Hunab Ku ist auf anderen Zahlenkodes[121] aufgebaut. Das 13-mal 20 Raster der Nahuales und des Synchronisationsstrahls lassen im Gegensatz zu der (festgefahrenen) 12er-Ordnung den Wandel zu. Die numerologische Zahl der Spirale ist die Dreizehn, sie öffnet den Weg in höhere Dimensionen. Die Maya hielten Entwicklung für möglich – Entwicklung des Menschen zurück zu den Göttern.

Gemeinsam ist beiden Ordnungssystemen, dass es um eine geheimnisvolle Urquelle geht, die uns mit ihrer Gamma-/Photonenstrahlung eine Matrix mitschickt, die unser Leben in allen Einzelheiten vorgibt: das Raster für die Bibliothek des Weltalls, deren Hüter wir Menschen sein sollten. Es wird Zeit, dass wir es begreifen.

Die Matrix der dunklen Materie

Ich gehe davon aus, dass die Erkenntnisse der esoterischen Welt die Gesetze und Abläufe der geheimnisvollen DUNKLEN MATERIE und der DUNKLEN ENERGIE wiedergeben, auf deren Spur sich zurzeit die Quanten- und Astrophysiker in aller Welt befinden. Sie werden mich auslachen für meine Behauptungen, das ist mir klar, aber ich befinde mich in guter Gesellschaft:

Für den britischen Schriftsteller und Astrologen A.T. Mann ist die Verbindung alter Weisheiten mit den neuen Einsichten der Naturwissenschaft eine Sache der Sprachentwicklung. Das Problem, stellt er fest, „ist nur die Definition der benutzten Begriffe, da die Wissenschaft die von früheren Kulturen erkannten Einsichten neu entdeckt hat und nun mit anderen Namen versieht." Er beschreibt beispielsweise das Geheimnis der Zwölf aus seiner astrologischen Sicht als Parallele zum genetischen Kode: „Die zwölf Sternzeichen des Horoskops sind Symbole für den zwölffaltigen Fortlauf der Entwicklungsstadien im Leben auf verschiedenen Daseinsebenen. Sie sind symbolische Darstellung der Art, wie potenzielle Lebensmuster sich entfalten können... Sobald man die Geschichte des Universums nach astrologischen Gesichtspunkten rekonstruiert, wird nicht nur die Identifikation mit zyklischen Vorgängen auf jeder Seinsebene möglich, sondern zum ersten Mal bietet sich auch ein Einblick in den Ursprung unseres Universums. Eine Sprache, die den Strukturen der Himmelskörper und denen des DNS-Kodes gerecht wird."[122]

Was ist zunächst die dunkle Materie? Die Bewegungen von Galaxien deuten darauf hin, dass das Universum neben Materie in Gestalt von Sternen und Gaswolken noch etwas anderes enthält. Diese dunkle Materie gibt keine Strahlung ab und macht sich allein durch ihre Schwerkraft bemerkbar. Für die Entwicklung des Universums, insbesondere für die Bildung von Galaxien, scheint sie von zentraler Bedeutung zu sein. Sie gibt offenbar Formen vor, Gravitation und Bewegungen, nach denen sich die sichtbare Materie richtet. Doch woraus besteht diese dunkle Materie? Theoretiker tippen auf bislang nicht nachgewiesene „supersymmetrische" Teilchen. Die Wissenschaftsjournalistin Lynn McTaggert drückt das in ihrem neusten Werk „Intention" so aus: „Auf der Quantenebene ähnelt Realität sozusagen einer noch nicht fest gewordenen Götterspeise."

Diese dunkle Materie ist zwar wie ein Netz im Weltall, in dem sich alles sammelt, entzieht sich aber der direkten Einsicht. Gefunden wurde sie durch die Entdeckung, dass sich unser Weltall an den Rändern ausdehnt und sich das Tempo nicht durch die alles beherrschende Schwerkraft abfällt. Somit musste auch der neue Begriff „dunkle Energie" eingeführt werden. Sie erinnern sich : die Zwillingskraft, die aus dem schwarzen Loch mit Sog und Druck unser Universum im Lot hält und den beiden entgegengesetzten Spiralen des TaoYoga entspricht, mit denen wir uns CHI aus Himmel und Erde holen.

Die Masse unserer Sterne und Planeten erzeugt normalerweise Gewicht und damit Gravitation. Die Ausdehnung wirkt entgegengesetzt, und niemand weiß, ob unser Universum nicht irgendwann auseinanderfliegt. Alle anderen Kräfte unseres Universums funktionieren über den Austausch von Elementarteilchen. Das im Genfer CERN-Zentrum heiß ersehnte „Higgs-Teilchen" oder die String-Theorie sollen demnächst die Lösung bringen, wie sich das DUNKLE zusammensetzt. Bitte schauen Sie hier selbst im Internet nach, denn Wikipedia kann das besser erklären als ich.

Aber vielleicht ist die Lösung naheliegend. Sozusagen „nur" in der nächsten Dimension zu finden? Ich gehe davon aus, dass die unbekannte dunkle Materie auch unsere geheimnisvolle Astralwelt enthält, die Vierte Dimension, in der die gesamten Gesetze unserer esoterischen Welt den Ton angeben. Mit der Astralwelt zusammen sollen wir Menschen in die Fünfte Dimension gehen. Oder sind wir schon drin und warten jetzt darauf, dass endlich die Sechste Dimension erreichbar ist? Keine Ahnung, aber die ganze Aufregung mit den Dimensionen müssten wir in Zukunft gemeinsam lösen: Wissenschaftler und Spirituelle. Denn darum geht es beim Aufstieg. Die Aufhebung des Dualismus, der Polarität. Ich bin gespannt, ob wir das schaffen...

Dunkle Energie macht 70 Prozent unseres Weltalls aus, dunkle Materie 30 Prozent, davon sind nur unsere 5 Prozent sichtbar. Ich kann beide nicht so präzise auseinanderhalten, aber ich weiß: Beide sind für Form und Struktur des Universums verantwortlich. So, wie unser Unterbewusstsein für das, was wir denken. Feste Gesetze, die Urkodes, sind geschlossene Systeme, deren Form wir nur mit bewusster Reinigung des Emotional- und Mentalkörpers verändern, überwinden und erhöhen können. Um in den Genuss des Aufstiegs zu kommen und damit jede Art von Kode abzulegen.

Nicht nur biologische, chemische und physikalische Gesetze und der Elektromagnetismus beherrschen unsere Erde, sondern auch und vor allem die nuklearen Kräfte von Explosion und Implosion. Von radioaktiver Strahlung, die uns schaden oder heilen kann, je nachdem, welcher Worte, Zahlen, Muster, Symbole, Rituale oder Frequenzen wir uns bedienen. Sie sind unsichtbar in unsere Wirklichkeit eingeprägt und folgen ihren eigenen Gesetzen, die von der Esoterik bereits vor Jahrtausenden erkannt wurden.

Meine Behauptung: Die dunkle Materie lässt sich wahrscheinlich nicht in die Quantentheorie einfügen, weil sie sich nicht messen und quantifizieren, sondern nur fühlen lässt. Ihre Teilchen sind keiner bipolaren Wechselwirkung oder der Heisenbergschen Unschärferelation unterworfen, sondern reagieren in den festen uralten Mustern der GEFÜHLE, dunkle oder lichte „Wolken", die von der Wissenschaft übersehen wurden, weil sie nicht messbar sind. Und weil die Wellen der Gefühle und des Glaubens von mächtigen Naturwesen getragen werden.

Damit befinden wir uns in einer anderen Frequenz: der Astralwelt. Sie ist größer als unsere normale Welt und existiert um uns herum, ohne dass wir sie sehen können. Sie besteht aus mehreren Schichten, die von Elementarwesen, Toten und Untoten, Vampiren und Dämonen bewohnt werden, von Märchengestalten wie Feen, Elfen, Zwergen und Kobolden, aber auch Seelen in der Wartestation für ein neues Leben, Naturgeistern, Aufgestiegenen Meistern, Engeln und anderen göttlichen Gestalten, die nicht zu unserer nüchternen Welt passen. Die dunkle Materie, das wissen wir, ist keine Antimaterie. Die Leere ist ein volles Universum, ein Meer von Quantenschaum, Parallelwelten und potenziellen Möglichkeiten.

Die erleuchteten Meister hören nicht auf zu betonen, dass es nur eines Fingerschnipps bedarf, um uns aus der Illusion (Maya) dieser Welt hinauszuschwingen und den Weg der Erleuchtung selbst zu finden – sicherlich nicht durch Ansteckung. Er soll dort sein, wohin sich unsere Augen in der Meditation richten: im 90 Grad Winkel über uns. Doch so leicht ist das Göttliche offensichtlich nicht erreichbar.

Gehen wir auf die Suche, wie sich die dunkle Materie aus ihren Ursprüngen zur Matrix und den allgegenwärtigen Urkodes geformt hat. Und sehen wir diese uralten Formeln wie Gebrauchsanleitungen für die Menschheit, die sie auf der Suche nach sich selbst entdeckt und gesammelt hat.

Die dunkle Materie enthält scheinbar die gottgewollte Form, nach der wir gesucht haben: Das Zwölfersystem ist das ursprüngliche Programm, auf das unsere Erde und unser Universum, ausgehend vom (Tyr-)Tierkreis, abgestimmt beziehungsweise radioaktiv geprägt wurden: 12 Tierkreiszeichen, 12 Planeten, 12 Töne, 12 Farben, 12 Chakren, 12 Meridiane, 12 Helices, 12 parallele Welten und 12 Seelenanteile soll es geben. Die Zahl Zwölf stellt im Rahmen der Zahlenmystik die vollkommene Zahl unseres Universums dar, und aus der spirituellen und außerplanetarischen Sichtweise (der Hathoren und Sirianer) ist die Erde in ihrer kristallinen Form ein Dodekaeder.

In der Zwölf enthalten sind die Drei und die Vier, drei Formen der radioaktiven Strahlung und vier alchemistische Kräfte der Natur: Feuer, Wasser Luft, Erde. Daraus bilden sich die stellaren Muster und Glaubenssysteme, die uns und unsere Welt prägen.

Der ursprüngliche Mensch soll – als man ihn als Hüter der Erde auswählte –ein Wasserwesen aus dem Wega-System gewesen sein, das mit radioaktiver Strahlung seine Schwierigkeiten hatte. Immer wieder bekam er hier auf der Erde Hilfe von den Abgesandten seiner Schöpfer, die ihm Tipps und Tricks hinterließen, wie er besser mit sich und seiner in doppelter Hinsicht gefährlichen Umwelt zurechtkommen konnte.

Dieses Wissen war nicht für alle zugänglich. Manche wussten mehr: Geheimes Wissen um (besonders CHI-haltige, also radioaktive) Kraftplätze, Leylines, um Symbole, Rituale, Kräuter, die Kraft der Kristalle und die Zyklen der Natur oder auch das Wissen um den Aufbau einer Zivilisation waren nicht für jeden bestimmt.

Die Weisen und Eingeweihten kannten diese Gesetze und haben sie bis in unsere Zeit untereinander weitergegeben. Bis sich die Bucharchive öffneten und auch uns Uneingeweihten bekannt wurde, was im Hintergrund und nur unter Menschen, die auf der Suche waren und ihre „Meister" fanden, weitergegeben wurde. Sie sind auch heute nur denen bekannt, die sich mit allen alternativen

Methoden auskennen oder einfach nur die Wahrheit erfahren wollen – über sich selbst, den Sinn des Lebens und das göttliche Gesetz, das uns lenkt. Das ist auch unsichtbar. Es gibt unserer Welt und dem Weltall auch Struktur, ein Netz, eine Form, die sich an Zahlen, geometrischen Regeln, Symbolen, Ritualen und immer wiederkehrenden Zyklen orientiert. Lichterscheinungen und „verschränkte" Biophotonen, die von einer Dimension von der sichtbaren in die dunkle Materie „wechselwirken", aber eben nur auf der einen Seite sichtbar sind.

In der ganzen Welt wurden jedoch in frühen Zeiten Rituale und Religionen eingeführt, um die Menschen bei ihrer schwierigen Menschwerdung zu begleiten. Unzählige Übungen wie das Beten, Yoga, Schweigen, Fasten, die Selbstkasteiung, permanente geistige oder körperliche Kraftakte im Leistungssport und vor allem das Abschalten von ständigem Grübeln in der Meditation sollten ihn langsam zu dem machen, was er eigentlich war: ein liebe- und friedvoller Hüter der Erde. Er sollte ohne überflüssigen Stress und Kriege leben. Stattdessen wurde das irdische Leben ein ständiger Kampf ums Dasein. Erst heute sind all die geheimen Wissensschätze an die Öffentlichkeit geraten, mit deren Hilfe man Aggression und Stress abbauen kann. Doch das Gesamtbild der gesammelten Hilfsmittel ist noch nicht erfasst, und noch weniger seine Relevanz für uns Menschen und die wissenschaftliche Welt. Hier besteht ein enormer Forschungsbedarf.

Unsere Menschwerdung war und ist ein schmerzlicher Prozess, der immer noch von globalem und persönlichem

Leid begleitet wird und noch nicht abgeschlossen ist. Ich gehe davon aus, dass all das Anweisungen sind, mit der radioaktiven Strahlung in unserem Körper besser umgehen zu können. Diese abartigen Sätze („Lerne teilen, um die Teilung zu überwinden" oder „Weinerliche Wesen müssen lernen durch Leiden") wollen uns etwas sagen: Teilen, das heißt, abgeben tut weh, aber es dient dem Ganzen. Weinen spült Stressstoffe aus den Augen. Leiden öffnet für höhere Welten. Beten führt die Fingerspitzen zusammen, wo sich die Enden der Akupunkturlinien befinden und die Spannung durch Aneinanderlegen ausgeglichen werden kann. Die Gebetsbewegungen der Muslime öffnen ihre Chakren. Reuevolles „Mea culpa" – Klopfen auf die Brust – lässt die Thymusdrüse wachsen. Viele Beispiele kleiner Lebenshilfen.

Schmerzen zu ertragen, Weinen und Leiden sind konkrete Bestandteile des Aufstiegsprozesses, alles für unsere Transformation zu Lichtwesen. Übersäuerung bei Stress und Schmerz soll unseren Körper, vor allem die Mitochondrien, auf die stärkere Strahlung vorbereiten. Schmerzen und Leid ertragen, um in unseren Zellen nicht nur Transformation, sondern ab jetzt die Transmutation der Mineralien zu erreichen, das heißt, die Kernfusion in unseren Zellen anzuregen, den Prozess, bei dem unsere Gefühle bewusst umgewandelt werden, um Aggressivität in Liebe, Blei zu Gold zu verwandeln und dann selbst mit dem Ausstrahlen unserer emotionalen Kräfte zu beginnen. Die innere Alchemie wird Thema der kommenden Jahre sein, denn unsere DNS strahlt und will loswerden, was sie von Gott abhält. Es ist nicht mehr an der Zeit, Karma aufzubauen.

Ein weiteres Thema der kommenden Jahre wird sein, wie wir die dunkle Materie nach unserem Willen formen, damit sie für uns erkennbar wird: Die Kunst, das zarte Gewebe eines Traums, eines Wunsches, einer Hoffnung zunächst mit unserer Imagination, mit Glauben, Gefühlen der Freude und unserem Willen in die Wirklichkeit unserer realen Materie zu ziehen. Das nennt man dann Schöpfertum. So sind unsere Welt und der Mensch entstanden. Eine wahrhaft göttliche Aufgabe.

Doch eine Frage bleibt unbeantwortet: Was ist geschehen, dass diese wohlgeordnete 12er-Harmonie zerstört, wir von Gott und den Planeten abgeschnitten oder unsere elementare Ordnung durcheinandergebracht wurde? Was hat so unendlich viel Leid, Krieg und Elend in diese theoretisch harmonische Welt gebracht? Oder war es direkt und immer in unser Spiel eingebaut?

Die Veden sprechen von Zyklen und vom Kali Yuga – der dunkelsten Zeit, die wie der Winter automatisch dem Herbst folgt. Sie sprechen vom Chaos, das seinen natürlichen Verlauf nimmt, bis es wieder im Goldenen Zeitalter landet, dem wir jetzt entgegensehen. Also doch eine Automatik, die letztendlich in das große Schöpfungsspiel eingeplant ist?

Der Moment, in dem das Chaos, die dunklen Mächte von Krieg und Zerstörung in unserer Welt die Herrschaft übernahmen, war vielleicht vor oder nach den Zeiten von Atlantis. Als Schwarze und Weiße Magie so selbstverständlich eingesetzt wurden wie heute unsere Medizin. Irgendwann spaltete sich auch die Vierte Dimension von unserer Dritten ab, das wird auch in den Legenden und Märchen (zum Beispiel „Der Herr der Ringe") erzählt. Das Unsichtbare tauchte auf, das Böse wurde stärker. Den genauen Zeitpunkt werden wir nie erfahren, wahrscheinlich eine gleitende Entwicklung.

Aber jetzt, in unseren Zeiten, wollen diese Wesen der dunklen Welt mit uns gemeinsam in die Fünfte Dimension gehen, wird gesagt. Sie sind bereits heute immer stärker zu spüren und wollen beachtet und akzeptiert werden.

Ich warte auf den Tag, an dem wir sie alle besser sehen können. Dann können wir Licht in die dunkle Materie bringen und mit ihrer Hilfe eine neue Welt für uns alle bauen.

Die Heilige Dreifaltigkeit

Um zu wissen, wie wir eine neue Welt in der Fünften Dimension bauen, müssen wir erst die Gesetze der alten (Dritte und Vierte Dimension) genauer kennen. Dazu gehört außer dem Zwölfersystem auch das Dreieck, die Heilige Dreifaltigkeit, wie das Christentum Vater, Sohn und den Heiligen Geist nannte. Im irdischen Leben sind Körper, Geist und Seele als Dreifaltigkeit akzeptierte Weisheit, wenn man unsere Atheisten einmal außer Acht lässt.

Das Dreieck zeigte sich in den letzten Tagen zur frühen Morgenstunde am Ende meiner Träume in dieser Augenform, die uns auch von den Freimaurern und der US-Dollarnote her bekannt ist. Das Auge im Dreieck ist von höchster Aussagekraft, wenn es um die unsichtbaren, aber lenkenden Kräfte in unserem Universum geht. Das wussten auch die Templer, Freimaurer und amerikanischen Gründungsväter.

Das Auge ist wie Licht gebaut, sagt Drunvalo Melchizedek. Das Dreieck ist in den indischen Tattwas das Zeichen für das Feuerelement, der Kreis im Dreieck steht für Wasser (Gefühle). Die Pupille ist ein großes schwarzes Loch. Das schwarze Loch im Zentrum der Galaxis, aus dem die Strahlung kommt, die uns den Wasserstoff brachte und das gesamte Universum entstehen ließ. Drei Strahlen stehen für Radioaktivität: Alpha-, Beta-, Gammastrahlung, vier Strahlen für die vier Elemente Feuer, Wasser, Luft und Erde.

A.T. Mann schreibt: „Jede Lebensform auf der Erde nutzt dieselbe genetische Struktur für ihre Fortentwicklung.

Die Unterschiede ergeben sich aus der differentialen Anwendung des Grundprogramms in zeitlicher Reihenfolge. So, wie in der Physik alle Partikel aus demselben Satz von vier Quarks und drei verschiedenen Erscheinungsformen bestehen (3 x 4 = 12), benutzt der genetische Kode vier Säurebasen in ihren drei Formen (ebenfalls eine Kombination von 3 x 4 = 12). Die Parallele zu den astrologischen vier Elementen mit ihren drei Erscheinungsformen ist unübersehbar." Sein Fazit: „Der genetische Kode ist nur der Widerhall der großen Formation der Himmelskörper und Planetenbahnen und existierte als energetisches Grundmuster schon am Anfang der Erdgeschichte."[122]

Nach den uralten Lehren der Alchemie hat nicht nur der Mensch Körper, Geist und Seele, sondern ebenso jedes Metall, jeder Kristall und jede Pflanze. Sogar das Naturreich als Ganzes zeigt diese Dreiheit: In ihm bilden die Metalle den Körper, die Pflanzen mit ihren Blüten die Seele und die Edelsteine den Geist. Nach altem Heilwissen besitzen daher die Metalle eine stärkere Wirkkraft auf den Körper, die Blüten auf die Seele und die Edelsteine auf den Geist – und so gibt es auch bei den original alchemistischen Essenzen die Dreiheit von Metallessenzen, Edelsteinessenzen und Blütenessenzen. Mit ihnen stellt die Alchemie uns gleichsam das Konzentrat, die Quintessenz von „Körper, Geist und Seele des Naturreichs", zur Verfügung. Der moderne Alchemist Ulrich Arndt geht ins Detail dieser Abläufe und bestätigt damit meine Vermutung:

„Nach dem Chakramodell der Alchemie senden die Planeten drei verschiedene „Strahlen" zur Erde, die –

vereinfacht gesagt – der Schwingung von Körper, Seele und Geist (in der Alchemie als Sal, Sulphur und Mercurius bezeichnet) des jeweiligen Planeten entsprechen. Diese Strahlen können nun im Menschen wiederum auf drei verschiedene Arten mit den „Siegeln der Planeten", den Chakren, in Resonanz treten. Dabei entsprechen Sal-, Sulphur- und Mercuriusschwingung der Planeten im Menschen jeweils einer energetischen Entwicklungsstufe, nämlich einer der sogenannten „Wandlungsphasen" Nigredo (= Schwärze, Salschwingung), Albedo (= Weiße, Sulphurschwingung) und Rubedo (= Röte, Mercuriusschwingung)."[123]

Die Alchemistische Wunderformel:

Körper: Sal	Asche	– Metalle, Mineral
Geist: Mercurius	Alkohol	– Edelsteine
Seele: Sulfur	Öl	– Blüten

Die Alchemisten erfanden eine komplizierte und blumige Sprache, um ihre Entdeckungen geheimzuhalten. Ihre chemischen und medizinischen Experimente dienten nicht nur dazu, den „Stein der Weisen" (für ewiges Leben) oder das „Aurum potabile" (trinkbares Gold) zu erfinden, sondern in ihrer besten Form waren sie eine Übung, in der sich auch ihre Seele entwickelte, um schließlich mit Gott, also dem höchsten Unsichtbaren, vereint zu sein. Sie schrieben viele Bücher und malten die schönsten Tafeln, um das Geheimnis hinter Gott, Natur und Mensch festzuhalten. Es gab allerdings auch einige unter ihnen, die ihr Wissen um die Naturgeister und deren Wirken hinter den Kulissen zu ihrer Machterweiterung und schwarzmagischen Zwecken nutzten.

Die Beobachtung der Sterne, Steine, Kristalle, Blumen und Gesetze der Natur ließ ein weiteres Ordnungssystem wachsen und schon vor Jahrtausenden Kodes und Symbole der „Eingeweihten" entstehen. Es waren die geometrischen Formen, die Heilige Geometrie, die den Kristallisationsgebilden der Natur folgten und unter anderem von den griechischen Weisheitslehrern in ihren Schulen weitergegeben wurden.

Aus dieser Art von Naturbeobachtungen entwickelten sich schon zu Urzeiten in aller Welt die Urkodes für uns und die ganze Erde, symbolische Gebrauchsanleitungen wie das Yin und Yang-Symbol, der astrologische Zodiac, I Ging und der Lebensbaum der Kabbala, die Runen, das Tarot, das Enneagramm, Feng Shui oder gar der Mayakalender Tzolkin. Sie gaben uns präzise Hinweise für die Organisation und die Bildsprache des Gesamtsystems Mensch und Natur.

Alles entwickelt sich auf dieser Welt in Mustern, die letztlich aus dem Dreier-, Vierer- und Zwölfersystem entstanden sind: Selbst eine Eizelle braucht zwölf Samenzellen, die erst durch ihr Muster einen einzigen ihrer Sorte in die Eizelle bringen, damit sich daraus ein Mensch entwickelt.[124]

Diese Organisation fand und findet auf der Ebene der nuklearen Strahlung und des Elektromagnetismus statt – entstanden aus der natürlichen Strahlung von oben und unten. Ihre ordnende Kraft wurde mit dem Sternenstaub auf unsere Welt gebracht und kann letztendlich den zwölf Strahlen zugeordnet werden, wenn man sie zurückverfolgt. Sie sind den chemischen und physikalischen Prozessen vorgeordnet, weil sie die Sprache des Lichts, der Photonen und der Farben sind. Sie sind auch unseren Chakren wie Biochips vorgeordnet: elektromagnetische Filter, die unsere Hormone und Botenstoffe nach ihrer Melodie tanzen lassen. Eine festgelegte Rhythmik unseres Lebens, Spielregeln des großen Menschheitsspiels.

Die nuklearen Kräfte

Nukleare Kräfte pendeln zwischen Aufbau, Spaltung und Zerstörung. Mittler ist der Wasserstoff (H). Die Strahlung trifft dabei in dieser Welt auf Wasser. Dieses Medium spiegelt, kann kopieren, ist übertragbar, verdunstet, verdichtet, verwässert, macht Farbe möglich, ist durchsichtig oder trüb, kann kopieren, übertragen, wegnehmen, vereisen, heiß werden, kristalline Formen und Kugeln bilden. Wasser soll flüssiges Eisen sein (gleicher Siedepunkt wie Eisen).

Nun ist es an der Zeit zusammenzustellen, was unsere Wissenschaftler von Strahlung wissen – ich gebe wieder, was das Internet hergibt. Fest steht: Die drei Strahlungsformen (Alpha-, Beta-, Gammastrahlung) steigern mit ihrer Reihenfolge ihre Durchdringung der Materie.

Die Beschreibung ihrer Kräfte gleicht einem erstaunlichen Puzzlespiel:

ALPHA-Strahlung:

Alphastrahlung ist Helium, unser allgegenwärtiger Kohlenstoff besteht aus drei Heliumatomen. Die Alphastrahlung soll den Tunnel (Wurmloch-Effekt) ermöglichen, weil sie die Energiemauer zu anderen Dimensionen kraft senkrechter Skalarwellen durchbrechen kann. Sie baut als explosive Kraft die Struktur von Hüllen auf, sie ist die STARKE KRAFT, Bewegung. Sie ist auch das VATA-Dosha der Veden, und sie ist SCHALL. Sie lässt sich durch Magnetismus beugen (und baut damit wahrscheinlich die eben beschriebenen URKODES" auf).

BETA-Strahlung:

Betastrahlung sind emittierte Elektronen, sie schwärzt die Fotoplatte und ist, wie Ruß, klebrig. Sie ist aber auch Neutrinos, das heißt, sie ist das universelle LICHT, bewirkt Transformation, trennt als Neutrino Humus von Wasser, baut Materie auf durch Stoffwechsel, ist PITTA-Dosha und kann als SCHWACHE KRAFT bezeichnet werden, bestimmt mit ihren Skalarwellen auch die ZEIT, lässt sich durch Magnetismus beugen (und baut vermutlich damit auch die URKODES auf).

GAMMA-Strahlung:

Sie ist im engeren Sinne eine besonders durchdringende elektromagnetische Strahlung, die beim Zerfall der Atomkerne vieler natürlich vorkommender oder künstlich erzeugter radioaktiver Nuklide entsteht. Sie ist kurzwellig und elektromagnetisch, ionisiert Moleküle mit ihrer Strahlung = sie ist (ungeladene) Photonen, Quanten, Frequenzen von radio- bis radioaktiv. Gammastrahlung entsteht durch elektromagnetische Wechselwirkung, transportiert Farben unseres Lichtspektrums mithilfe der Metallelemente, ist KAPHA-Dosha und rechtsdrehend, baut STRUKTUREN, wird von Aluminium absorbiert. Gammastrahlung kann Materie durchdringen, ohne reflektiert oder gebrochen zu werden. Ein Teil der Strahlung wird beim Durchgang absorbiert, abhängig von Dichte und Dicke des Mediums.

Die geheimnisvolle Gammastrahlung aus dem Herzen der Galaxis ist zurzeit das spannendste Thema unter den

Forschern. Zuerst bestand ihr Himmel nur aus Sternen. Mit bloßem Auge, seit 400 Jahren auch mit Teleskopen, studierten Forscher die leuchtenden Punkte. Vor etwa 100 Jahren erschlossen sie ein weiteres Universum, das von Infrarotwellen gezeichnet wird. Kurze Zeit später kam noch der Kosmos der Radiowellen hinzu, die aus Resten von Sternenexplosionen oder Pulsaren durch den Raum schießen. Die jüngste Entdeckung ist das „Hochenergie-Universum", von dem die Wissenschaftler bislang nur einen Bruchteil gesehen haben. Doch das soll sich ändern.

Für die Gammastrahlung braucht man spezielle Teleskope, denn die Gammaquanten dringen nicht bis zur Erdoberfläche vor. Sobald sie auf die Atmosphäre treffen, reagieren sie mit den Luftteilchen. Auch die vierte physikalische Wechselkraft, die dem uns bekannten Weltall die Form gibt, die GRAVITATION, ist noch nicht genau erforscht, sie hängt mit der dunklen Materie zusammen und der Schwarzen Sonne. Und wahrscheinlich auch mit der gesamten Quantenphysik, vor allem dem Suchbild der heutigen Quantenphysik:

Im Zentrum steht die Dynamik quantenmechanischer Systeme – man will heute die Molekülabläufe biologischer, chemischer, quantenmechanischer Prozesse besser verstehen können und rückt den Wellenpaketen im Grundzustand etwa mit Laser basierter Visualisierung zuleibe. Das gesamte Spektrum irdischer Bewegungen ist dabei auf dem Prüfstand: Andocken, Abstoßen, zeitliche Abläufe, Gewicht, Dichtigkeit, elektrische Ladung, Farbe, Anschwellen, Zusammenfallen, nach rechts und nach links drehen, Einrollen, Auseinanderfalten, geometrische Formen bilden, eckig, rund usw. Die Wechselwirkung geladener Teilchen erfolgt mittels (ungeladener) Photonen/ Quanten (Aufbauen, Zerteilen, Zusammenfügen, Sog und Druck).

Wie gesagt: Wir bewegen uns in der Lichtarbeit in einer Bewusstseinsebene, die jenseits der Materie liegt. Genauer gesagt: in der Quantenwelt. Das ist all das, was kleiner als 0,0025 mm ist und anderen Regeln als denen der Schwerkraft folgt, weil nicht genug Masse oder Dichte da ist, um ein Schwerkraftfeld zu erzeugen und damit in unserer Newtonschen Welt der Gravitation zu existieren. Diese neue Welt ist die der nuklearen Kräfte. Es sind unser Bewusstsein und die reine Absicht, unser Wille, die diese Quantenwelt formen können. Es ist das Geheimnis der radioaktiven Strahlung, die sich uns jetzt langsam erschließt. Aus ihr wurden die Urkodes geprägt.

Dreiecke, zu Pyramiden geformt, bringen ihre Quanten zu einer Einrollbewegung, deren Sog in der Pyramidenspitze den Weg in eine andere Dimension öffnet, in eine neue fünfdimensionale Welt. Dann lassen wir die UR-KODES unseres Videospiels vielleicht endlich hinter uns.

Wann genau finden wir diese neue Welt hinter der „Pupille" unserer Galaxis? Dem großen schwarzen Loch, das die Maya Hunab Ku nannten?

Die Urkodes des Lebens

Das Zwölfersystem wurde oben so ausführlich besprochen, weil es diese scheinbar geniale Einheit bildet, auf deren Komplettierung wir von Anfang an – bewusst oder unbewusst – mit unserer Lichtarbeit hingearbeitet haben. Bis
es immer deutlicher wurde, dass irgendetwas nicht mehr
stimmt mit diesem wunderbaren Zwölfersystem und allem,
was damit zusammenhängt. Es gibt am gestirnten Himmel
weder sichtbare Tierkreisbilder, noch ist er in zwölf Felder
geteilt. Die Einteilung des sichtbaren Sternenmeers in die
zwölf Tierkreiszeichen wurde von unseren Schöpfern mit
weiser Voraussicht getroffen. Und sie wollten damit sagen,
dass die zwölffachen Aspekte nicht nur auf der Erde Gültigkeit haben, sondern auch in jedem Punkt unseres Weltalls gegenwärtig sind.

Doch das Universum versteckt die Quelle dieser Ordnung in seiner unendlichen Tiefe: in der Schwarzen Sonne. Und dort oder, besser, hinter diesem „schwarzen Loch"
muss irgendjemand ja dieses Schema für unser univer-
selles Menschheitsspiel ausgetüftelt haben. Ein Informati-
ker namens GOTT oder JAHWE, oder gar eine ganze Göt-
terfamilie, die ihre gentechnischen Spielideen am Modell
unseres Universums auch persönlich ausprobieren wollte?

Weil die Heilkunde in allen Völkern dieser Welt die besten Kodes und Informationen bietet, um das dieser Welt
zugrundeliegende Organisationsschema kennenzulernen,
bleiben wir bei der Gesundheit des Menschen: Aus dem
ursprünglichen Zwölfersystem der universellen Ordnung

entwickelten sich im Verlauf der Geschichte der Heilkunde analoge Formen, Symbole und Schwingungskodes: ein von Zwölf auf Acht oder Sieben reduziertes Zuordnungsschema – wegen der sieben Farben des sichtbaren Regenbogens, die aus dem weißen Sonnenlicht entstehen.

Aus der Beobachtung der Parallelitäten und Analogien und ausgehend von den – damals wohl sichtbaren – sieben oder acht Planeten entwickelte sich im Osten vor etwa 5.000 Jahren unter anderem das Tao der Asiaten mit ihren, den Planeten entsprechenden acht PAKUA-Zuordnungen[125] der Organe und Sinnesorgane, Pflanzen, Tiere, Geschmäcker, Düfte, Farben und Töne. Ähnlich angeordnet ist auch das Ayurveda der Inder mit ihrer, den sieben Planeten zugeordneten Heilungslehre.

Alchemie und Ayurveda, die westliche Mutter der modernen Wissenschaften und die östliche Gesundheitslehre, bergen ein gemeinsames Geheimnis: das verborgene Wissen um die tiefere Quelle von Gesundheit und Bewusstseinsentwicklung. Es ist das Wissen um die Kraft der Planeten und der Edelsteine und um deren tiefgehenden Einfluss auf das Energiesystem des Menschen, auf die sogenannten Chakren, die Hauptenergiezentren und energetischen Steuerzentralen.

Die Kräfte der sieben Planeten sind nach uralten Lehren von Alchemie und Ayurveda in wenigen ausgewählten Edelsteinen, Metallen und Pflanzen am intensivsten wirksam. Seit vielen Jahrhunderten galten daher diese Kristalle, Planetenmetalle und Planetenpflanzen sowohl in der westlichen als auch in der östlichen Gesundheitslehre als die wichtigsten Heilmittel überhaupt. Aus ihnen wurden auf alchemistischem Weg in einem mehrmonatigen Herstellungsprozess außergewöhnliche Essenzen gewonnen, indem die Edelsteine auf geheime Weise vollständig aufgelöst und unter Beachtung bestimmter Planetenkonstellationen mehrere Monate lang bearbeitet wurden. Dadurch wurden die enthaltenen Planetenkräfte konzentriert und intensiviert. Es entwickelte sich die Signaturenlehre.[126]

Die Signaturenlehre ist die Lehre von den Zeichen in der Natur, die als äußere Merkmale auf Ähnlichkeiten, Verwandtschaften und innere Zusammenhänge hinweisen. Die Signaturenlehre fand bereits im Altertum weite Anwendung, geht aber in ihrer schriftlichen Formulierung in Europa auf Paracelsus und den neapolitanischen Arzt und Alchemisten Della Porta (1538 bis 1615) zurück, der in seinem Buch „Phytognomonica" anhand von Signaturen ein System von Zusammenhängen zwischen Pflanzen, Tieren und Gestirnen aufzeigt.

Die Signaturenlehre beruht auf der Grundannahme, dass alle Erscheinungen und Wesen in der Natur, einschließlich Mensch und Geistwesen, miteinander in Beziehung stehen und verknüpft sind. Sie bilden quer zu der Einteilung in Gattungen und Arten Verwandtschaftssysteme mit gleichartigen Eigenschaften.

Als Signaturen werden genannt: Geruch, Geschmack, Farbe, Gestalt, Struktur, Beschaffenheit, Standort, Wachstumsphasen, Lebensdauer usw., die verschiedenen Merkmalskategorien wie Elementen, Planeten oder Eigenschaften zugeordnet werden. Danach hat zum Beispiel eine bitter schmeckende Pflanze eine Beziehung zum Element Feuer, das mit der Sonne in Verwandtschaft steht und als Eigenschaft unter anderem Transformation und Anregung von Stoffwechselprozessen besitzt.

In der Chinesischen und der Ayurvedischen Medizin existieren ebenfalls ausgearbeitete Systeme der Zuordnungen nach Signaturen. So werden zum Beispiel in der chinesischen Medizin Geschmack, Geruch, Farbe, Tages- und Jahreszeiten, Elemente, Organe, Sinnesorgane und Körperteile unter anderem zu einem diagnostischen Konzept verbunden, das für jede konkret sich manifestierende Krankheit zur Auswahl bestimmter passender Heilmittel befähigt, die in einem ebenso komplexen Zuordnungsschema erfasst sind.

Es hatte allerdings weniger mit der Strahlung aus dem Himmel, der Urquelle oder den zwölf Planten als mit ihrer materiellen Umsetzung auf der Erde zu tun, dass die mineralischen Kristallisations- und Erscheinungsformen und -kodes die Herrschaft in der Geheimwissenschaft übernahmen. Auch hier hinterließen uns die „Alten" entscheidende Hinweise.

Ausgehend von den Unfarben Schwarz und Weiß und den drei Farben, Rot, Blau und Gelb, aus denen sich alle anderen mischen, entwickeln sich spezielle Symbole, die Urkodes: das Bild von Yin und Yang, das den Dualismus spiegelt, das Dreieck, die Heilige Dreifaltigkeit, die eine Entwicklung nach oben symbolisiert, aber auch die Grundlage für Hierarchien bildet und auf ein Lebensbaum genanntes kabbalistisches Evolutionsmuster übertragen wurde. Unser dreigeteiltes System von Körper, Seele und Geist, aber auch die bereits von den Alchemisten beobachteten katalysatorischen Fähigkeiten der Enzyme haben hier ihr Erklärungsschema.

Die Urkodes des Lebens sind also symbolische Gebrauchsanleitungen, Piktogramme wie das Yin und Yang-Symbol, der astrologische Zodiac mit seinen zwölf Tierkreiszeichen, der I Ging mit seinen erstaunlich bewegenden Schicksalsinterpretationen, der Lebensbaum der Kabbala, der auf die Organisation jedes Systems unserer Erde angewendet werden kann, oder die Runen, der Tarot, das Enneagramm, Feng Shui, aber auch der Mayakalender Tzolkin, das TAO- Pakua. Das alles bildet ein riesiges Morphogenetisches Feld, in dem alle hermetischen Gesetze, Doshas und Gunas ihren Platz finden. Alles, was das Gefühlsleben, unser persönliches Schicksal, aber auch die physiologischen Abläufe in unserer Gesundheit ausmachen.

Die Chinesische Medizin erfasste dieses übergeordnete Energiesystem eher als der Westen – womit auch ihre erstaunlichen Erfolge vor allem bei chronischen Krankheiten zu erklären sind. In der westlichen Forschung wurde inzwischen immerhin das Yin und Yang-Symbol als Energieprinzip in die wissenschaftliche Sprache übersetzt und die Wirkungsweise der Akupunktur mit ihren unsichtbaren Meridianbahnen anerkannt. Man spricht von sogenannten „Zweizügelsystemen", die im gesamten menschlichen Körper vorherrschen, etwa in Säuren und Basen, im Atmungssystem, dem Hormonhaushalt, dem vegetativen Nervensystem, dem Wasserhaushalt. Man spricht vom elektrischen Widerstand in der Haut, mit dem sich die Existenz von Meridianen und Punkten der Akupunktur beweisen lässt. Die Annäherung zwischen Wissenschaft und alter Weisheit geht in kleinen Schritten weiter.

Die US Forscherin Katya Walter hat, wie bereits erwähnt, die Parallelität von I Ging und dem genetischen Kode erforscht[127], der israelische Wissenschaftler Z'ev ben Shimon Halevi[128] die Übertragbarkeit des Kabbala-Lebensbaums auf den Entwicklungsprozess jeder Zelle des menschlichen Körpers, auf die Weiterentwicklung unserer Seelen – selbst auf die Abläufe unserer gesellschaftlichen Organisationen. Immer wieder dieselben Masken für ähnliche Abläufe. Ein geordnetes System, das im Hintergrund unsere Erde und uns Menschen steuert wie ein riesiges Computersystem. Die Hebräer haben dieses Wissen aus unserer Zukunft nach Atlantis mitgebracht, schrieb Drunvalo Melchizedek. Kein Wunder, dass sie es besonders geschickt anwenden konnten.

„Der Bibelcode" des israelischen Mathematikers Dr. Eli Rips[129] entdeckte in der Bibel dann auch tatsächlich einen raffinierten Computerkode, der sogar vom Pentagon und den Universitäten von Yale und Harvard überprüft wurde, und stellt fest, dass alle Personen und Ereignisse, die in Zeit und Raum auftraten, schon vor Tausenden von Jahren in der Bibel verschlüsselt genannt worden sind.

(Welche Überraschung! Und wie schnell ist diese Information wieder im Büchermarkt untergegangen!)

Auch das Wissen der Ayurveda-Ernährung mit ihrer individuellen Abstimmung der Speisen nach Typen, Farben und Geschmäckern dient als enorme elektromagnetische Unterstützung für die seelischen Prozesse des Einzelnen. Es sieht so aus, als ob die Elemente unseres Körpers nur darauf warten, nach System angereichert und angeordnet zu werden – wie ein riesiges Puzzle, das sich Stück für Stück enträtseln lässt.

Ach ja, auch das alte, Materie übergreifende esoterische Gesetz, das dem ägyptischen Hermes Trismegistos zugesprochen wird und aussagt, dass alle Materie „wie im Kleinen, so im Großen" sich in ihrem Erscheinungsbild „wie oben, so unten" und „außen wie innen" formt, entspricht neuerer Forschung, nämlich den Ergebnissen der Kybernetik, der Chaosforschung und ihrer Fraktale.

Mehr Beispiele von der Übereinstimmung der alten mit der neuen Forschung brachte übrigens das Internet unter dem Stichwort „Okkulte Codes" – eine Fülle von Parallelitäten zwischen dem alten Geheimwissen und den neuen Forschungsergebnissen. Ich habe diese Webseite nicht wiedergefunden! Es ist – wie gesagt – alles eine Sache der Benennung und sprachlicher Definitionen, die aber durch die moderne Forschung und ihre Bezeichnungen für normale Sterbliche kaum noch auseinanderzudröseln sind.

Mithilfe der Entschlüsselung von Formen, Farben und Symbolen konnten eingeweihte Menschen sich über Jahrtausende die Welt erschließen und vor allem viel intensiver mit ihrer Seele arbeiten als der Rest der Welt. Viele dieser Übungsprogramme existieren jetzt wieder in der alternativen Therapie und werden eingesetzt, um unsere Seele auch in schwierigen Zeiten quasi wie im Spiel mithilfe dieser Kodes neu zu organisieren. Der logische Schluss wäre, dass diese Urkodes der Erde – in Kombination mit den Erkenntnissen der modernen Forschung – theoretisch ein System ergeben, das (wie oben, so unten) auf dieser Erde als aufbauendes, schützendes Raster für die kleinste Zelle wie für den ganzen Körper, vielleicht sogar für die gesamte Natur, gelten müsste und unsere Evolution im Synchronisationsstrahl sinnvoll begleiten und ermöglichen könnte.

Doch bei allem Bedürfnis nach sinnvoller Ordnung und harmonischen Erklärungen – bei unserer Lichtarbeit auf Mallorca wuchs im Verlauf unserer Arbeit mit diesen auf dem Zwölfersystem aufbauenden Kodes und Symbolen immer stärker die Gewissheit, dass diese alten Lehren und Symbole (und auch ihre zeitgemäßen Übersetzungen und Interpretationen) heute nur noch vorgaukeln, die Wahrheit zu kennen und den aktuellen Ansprüchen und Entwicklungen nicht mehr nachkommen. Die Welt und unser Universum sind in heftigster Bewegung. Und die alte Ordnung ist überholt!

Wir registrierten zunehmend Stillstand, manchmal sogar Rückschritt, wenn wir uns nur auf dieses alte harmonische System konzentrierten. Ja, wir kamen zu der Überzeugung, dass sie uns wesentliche Kräfte wegnahmen, die wir eigentlich für die Weiterentwicklung unseres Lichtkörpers brauchen.

In unserer Arbeit mit vielen Menschen und auch mit unserer eigenen Entwicklung stellten wir fest: Wir „schnackeln" immer wieder zurück in Fehler und Muster – wenn die einen weg sind, tauchen neue auf. Die Gefühle und

Verhaltensmuster sind wie eine zähe Gummimasse, die uns kaum aus ihrer Umklammerung entlässt, und das Karma ist eine nicht enden wollende Schleife. Warum? Was hält uns und die Welt immer noch von der gottgewollten Form, dem Goldenen Zeitalter ab?

Unsere Arbeit, das Karma-Clearing, begann irgendwann immer komplizierter zu werden. Es kam ein Tag, an dem Wiebke und ich uns vorkamen wie die Wissenschaftler im Labor, die sich in immer kleinere und kompliziertere, nicht enden wollende Details verstricken. Während die Welt immer chaotischer und die Menschen immer kranker werden.

Das wachsende Chaos hängt mit Sicherheit mit GAMMASTRAHLEN und der zunehmenden Kraft der Photonen zusammen, Hunab Ku, der Ursonne, die jetzt endlich auch für uns Menschen sichtbar geworden ist in der Form zweier 25.000 Lichtjahre messenden riesigen Gasblasen im Zentrum unserer Galaxis – einem schwarzen Loch. Wir reden von 14,5 Mrd. Jahren, dem Alter unseres Universums, und von schwarzen und weißen Löchern, aus denen wir mit unserem Universum gekommen sind und in die wir wieder zurückfallen. Die Zeit, unsere Zeit, scheint sich schneller zu bewegen, uns in einen Abgrund von Chaos zu reißen, dem der Einzelne kaum noch entfliehen kann. Oder kann er das doch?

Man sagt, dass das Chaos an einem bestimmten Sättigungspunkt automatisch wieder in die Ordnung zurückfällt. Dass es einen übergeordneten Steuerbereich gibt, einen Programmierer, der im entscheidenden Moment den Schalter umstellt. Bei J.J. Hurtak (Enochs Schlüssel) ist zu lesen, dass die „Höhere Lichtwelt" uns über das Mittel der Gravitation Informationswellen schickt, die uns ab einem bestimmten Punkt in die nächste Dimension katapultieren (S. 323). Dass unser System sozusagen endlich von analog (radioaktiv) auf digital (Gravitation?) umschaltet.

Vieles ist noch nicht bekannt von dem, was sich hinter dem schwarzen Loch, der Schwarzen Sonne, verbirgt. Ein weißes Loch? Die Schwarze Sonne (oder Santur) kreist noch heute außerhalb der Ekliptik, war aber zu Homers Zeiten angeblich noch am Himmel zu sehen. Sie wurde zum geheimnisvollen Leitbild der Nazi-Esoteriker um Himmler und seine SS, soll wie unsere gelbe Sonne Ätherteilchen (Quanten) ausstrahlen und Schwingungszahl und Wellenlänge der aktiven Sonnenneutrinos bestimmen.

Sie ist wahrscheinlich der höchsten und ältesten Form von Radioaktivität zuzuordnen. Ist das vielleicht Thorium? Der Gott des Schalls? Oder einer Energie, die wir noch nicht kennen?

J.J. Hurtak sprach in seinen Visionen (Schlüssel des Enoch) von der Gravitation als übergeordneter Kraft, die vom Hyperraum aus unser Universum steuert. Morpheus (alias Dr. Dieter Broers) griff diesen Gedanken auf und sprach (in seiner inzwischen wieder vom Markt gezogenen „Transformation der Erde") von der Gravitation, die als „treibende Kraft der Schöpfung" auch die Bildung Morphogenetischer Felder regelt. Gravitationswellen übernehmen jetzt offenbar die Regie in unserem elektromagnetischen Spiel der Kräfte, das uns zurück zu Gott bringen soll.

Alles also eine Frage der Zeit?

Das Gewebe der Zeit

Am Anfang war das Wort. Hat schon jemand heraus-
bekommen, was der liebe Gott da gesagt hat? Ich gehe
davon aus, dass es OM war oder OHM. Dann fangen wir
einmal damit an.

Die ordnende Kraft des Urwortes OM und seiner unendlich vielen Abwandlungen durch die radioaktive Strahlung
wurde mit dem Sternenstaub auf unsere Welt gebracht,
verdichtete sich zu den vier Naturkräften Feuer, Wasser,
Luft und Erde und konnte von da an den zwölf Planeten,
Tönen, Pflanzengruppen usw. zugeordnet werden, wenn
man sie zurückverfolgte. Sie sind alle elektromagnetisch
und den chemischen und physikalischen Prozessen vorgeordnet, weil sie die Sprache des Lichts, der Photonen
und der Farben sind. Wir haben bei unserer Lichtarbeit entdeckt, dass sie auch unseren Chakren wie Biochips vorgeordnet sind: elektromagnetische Filter, die unsere Hormone und Botenstoffe nach ihrer Melodie tanzen lassen.
Und uns Wassergeschöpfe vor zu starker Strahlung schützen, indem sie den Zeitfaktor einbauten: das langsame
Erstarken zu einem göttlichen Wesen, dessen Lichtkörper
immer besser mit Strahlung umgehen kann.

Zeit wird auf dieser Erde mit der sehr exakten Vibrationsrate von CÄSIUM-Atomen in Atomuhren gemessen,
deren Schwingungen bis zur Tausendstelsekunde Halbwertzeit berechnet werden können. 15 Milliarden Jahre
können wir zurückschauen, das gibt uns den Takt vor.
Doch das ist nicht das Einzige, was wir von der Zeit wis-

sen. Sie wurde immer als Last empfunden, etwas, das fast wie eine Strafe wirkte und unbedingt überwunden werden sollte. Was außerdem immer manipuliert werden konnte, wenn man Herrschaftswissen besaß:

- Unsere ZEIT ist relativ und hängt vom Standpunkt des Beobachters ab. Geschichte wird immer vom Sieger geschrieben.
- Zeit ist relativ: Sie dehnt sich in der Jugend und wird im Alter immer schneller.
- Die Zeit ist nicht in Bewegung, sondern du bewegst dich durch die Zeit, weil dein Bewusstsein sich von Ereignis zu Ereignis bewegt.
- Es war immer das Bestreben der Geheimwissenschaften, sich von der Zeit zu lösen, indem bestimmtes Wissen über Jahrtausende weitergegeben wurde.
- Die Astrologie und der I GING suchten mit ihrer Symbolsprache nach Zeitkonstanten, die den individuellen Charakter und den richtigen Zeitpunkt für Aktivitäten errechnen – in einem festgelegten Spektrum von Möglichkeiten.
- Die östliche und auch die westliche Naturheilkunde arbeiten mit dem gesamten Elementespektrum, Pflanzen, Steinen, Ernährung usw., um der Zeit Qualität zu geben.

Mit Hilfe der Meditation hat die östliche Medizin Zeit ausgehebelt, die westliche Medizin hat das inzwischen auch versucht und die Ordnungstherapie erfunden. Die

Maßnahmen der Ordnungstherapie[130] werden heute von den Erkenntnissen verschiedener Wissenschaftsrichtungen untermauert: Die Chronobiologie (Wissenschaft der inneren Rhythmen) bestätigt, wie schädlich es ist, wenn Sie gegen Ihre inneren Rhythmen, die Tages- und Jahresrhythmen, leben. Die Stressforschung kommt immer wieder zu dem Ergebnis, dass der Stress der heutigen Zeit unbedingt mit ordnungstherapeutischen Maßnahmen ausgeglichen werden muss, wenn Sie nicht krank werden wollen. Die Psychosomatik und Neurobiologie finden täglich neue Erkenntnisse darüber, wie stark Körper und Seele miteinander verbunden sind und alles – auch das menschliche Umfeld und die Lebenssituation – verwoben ist. Und versucht, uns den Umgang mit der galoppierenden Zeit zu lehren. Doch dazu gehört noch mehr, worauf ich im letzten Kapitel eingehen werde.

Wie das ganze Schöpfungstheater damals zeitlich ablief? Nach dem Prinzip von Henne und Ei, das heißt, wir wissen noch nicht so genau, was zuerst da war. Zunächst kam wahrscheinlich – wie bei der Atombombe – eine machtvolle Druckwelle, der ungeheuere pilzförmige Energiestoß mit den Strahlen, ein in senkrechten (Skalar?)Linien ausstrahlender Lichtblitz aus dem schwarzen Loch unserer Urquelle, dann der Urknall und sein Schall. Doch wer hat die „Bombe" gezündet???

Schall breitet sich mit DRUCK und KUGELFÖRMIG aus, damit haben wir die Komponenten des Gewebes unseres Universums, mit kreisförmigen Wellen, die die gesamte gekrümmte Universumskugel überziehen. Schall drückte mit Donnerhall nach dem Blitz mit unermesslich vielen Lichtpartikelchen und kugelförmigen Photonen das gesamte Material dieses (oder eines anderen?) Universums in geballter Form in die Leere, ballte es zu Sternenhaufen und formte schließlich nach Milliarden Jahren auch unsere Erde aus verdichteter Energie.

Das gesamte Morphogenetische Feld unseres Universums ist aus dem omnipotenten Wasserstoff entstanden, der wiederum enthält alle – auch kristalline – Elemente, die auch alle unser Körper enthält. Die Elemente haben Ladungen, positiv oder negativ, und deren elektromagnetische Kräfte erschaffen die Formen dieser unserer Schöpfung. Auch uns, den „Adam Kadmon" der jüdischen Überlieferungen. Diese Ladungen enthalten aber auch die strahlende Kraft unserer Elemente: die Gefühle der Moleküle. Unsere emotionalen „Dünste", entstanden aus allen unseren 118 irdischen Elementen. Und die wiederum ändern alles ab, was sich unsere Erfinder einst so ausgedacht haben.

Wenn Strahlung auf Schall trifft, gibt es Druck und zeitversetzte Schnittstellen, und das wiederum ergibt ein Netz – das Gewebe der Zeit. Es atmet, das heißt, es baut sich auf und wieder ab. Zeit pulsiert also wie der Atem. Dieses Gewebe der Zeit und der Ordnung ist gleichzeitig ein Gewebe der Gefühle und durchzieht unser Universum wie ein unsichtbares Spinnennetz. Seine Teile sind kreisförmig, linear, damit auch eckig, bilden Muster und damit die uralten Urkodes des Lebens. Ihre Basis ist das intensivste Gefühl dieser Schöpfung: die Liebe und ihr Gegenteil: der Hass.

Doch der wichtigste, alles beherrschende Urkode des Lebens ist die Spirale. Ihre links- oder rechtsläufige Rotation regiert die DUNKLE ENERGIE, die Kraft, die unser Universum auseinanderdriften lässt und mit Hilfe der DUNKLEN MATERIE zu Sternenhaufen und letztlich unsere Sonnen und Planeten formt. Doch all das funktioniert nur, wenn das System, von dem wir reden, auf Zeit aufbaut. Und den großen spiralförmigen Zyklen, welche die Maya und die Veden beschrieben haben.

Die Lichttherapeutin Sabine Theile hat für diesen galaktischen Auf- und Abwicklungsprozess übrigens ein Symbol „wie ein Blitz" durchgegeben bekommen, das Sie auf dem Titel dieses Buches sehen. Es zeigt mit seinen vielen Unterbrechungen Abzweigungen und Lücken in der großen (rechtsdrehenden) Spirale die Irrungen und Wirrungen unserer irdischen Geschichte und symbolisiert unser krankes System der Gegenwart. Inmitten dieser Spirale ist eine kleine, gesunde und kräftige neue Spirale zu sehen, die sozusagen den Impuls für eine neue Runde verbildlicht: den Sprung in die nächste Dimension.

Man kann es auch als ein Symbol bezeichnen für das von oben gesteuerte, feine Fließgleichgewicht von Aufbau und Verfall, sozusagen ein astronomischer Kode, der das Gegenstück zum genetischen Kode bildet.

Sabine Theile hat mit ihrer Tochter Sandra zusammen auf „höheren Auftrag" hin eine Firma gegründet, in der dieses Symbol in die Welt gebracht werden soll. Ganz irdisch innerhalb einer der oberflächlichen, aber wichtigen Branchen dieser Welt, der Modebranche.

Wer seinen Bewusstseinsprozess beschleunigen will, kann sich diese mit dem Lichtsymbol gekennzeichneten Kleidungsstücke also einfach über den Kopf ziehen. Die deutsche Ärztegesellschaft „Gesellschaft für biophysikalische Forschung" hat getestet, dass das Symbol auf der Wellenlänge 21,3 cm schwingt und damit einen messbaren Heilungsschub in Körper, Geist und Seele bringt.

Dieses Lichtsymbol stellt also so etwas wie einen Teilchenbeschleuniger im QUANTENZAUBER dar. Eine neue Form von Urkode, der das Yin und Yang-Zeichen ablöst und unser elektromagnetisches Programm vom analogen zum digitalen Ablauf beschleunigt. Ganz zeitgemäß!

Die göttliche Matrix

In der Elementalteilchen-Physik wird nach der „Theory of Everything" gesucht, die alle Fundamentalkräfte der Physik einheitlich erklären könnte, eine Theorie der grundlegenden Wechselwirkungen der Natur. Ich bin der Ansicht, dass die Stringtheorie, die alles in unserem Universum mit spiralförmig wirbelnden Energiefädchen erklärt, zwar den wichtigsten Aspekt der Lösung bringt, doch die Gesetze des Hermes Trismegistos sind eine noch umfassendere Beschreibung für unser System. Sie wurden auf den berühmten Smaragdtafeln für die Nachwelt zusammengefasst und in den Mysterienschulen von Lehrern zu Schülern weitergegeben. Sie kommen meines Erachtens diesem Bedürfnis nach der Weltformel am nächsten. Wie oben, so unten; wie im Kleinen, so im Großen; wie außen, so innen und wie gestern, so heute und morgen können am ehesten verbildlichen, was unsere Welt zusammenhält.

Bei meiner Suche nach den Puzzlesteinen, die diese geheimnisvolle esoterische Welt mit der Naturwissenschaft verschränken könnten wie ein Photon mit dem anderen, komme ich nun langsam zum Ende und frage mich immer noch: Ist es alles nur eine Frage der Zeit, bis wir es schaffen, die Sprache des Herzens, der Gefühle und des Glaubens in die Wissenschaft zu integrieren, um endlich die kalte Verachtung der Esoterik und ihres uralten Wissens durch kluge Zusammenarbeit zu ersetzen? Es ist eher eine Frage des Glaubens und der Gefühle, von denen wir mehr gesteuert werden, als wir ahnen, auch unsere Wissenschaftler. Eben weil sie diese so intensiv aus ihrer Arbeit heraushalten.

Die „Sucher" unter den Naturwissenschaftlern sind bereits auf dem Weg, die Beweisführung weiterzutreiben, sozusagen aus der dunklen Materie die neue gemeinsame Sprache zu entwickeln, die wir alle brauchen, um Verständnis, Wissen, Glaube und Herzlichkeit miteinander zu teilen und endlich eine Antwort auf die vielen offenen Fragen zu erhalten: Warum fühlen wir? Was fühlen wir? Was sind Gefühle überhaupt? Entstehen sie im Kopf oder im Körper? Machen negative Gefühle krank? Können positive Emotionen Krankheiten vorbeugen oder Heilungsprozesse begünstigen? Sind sie nichts anderes als „Ausdünstungen" unserer 118 Elemente und dunkle Wolken um uns und unsere Sternenhaufen herum?

Candace Pert, Medizinprofessorin an der Georgetown Universität in Washington, war als Doktorandin wesentlich an der Entdeckung der Opiatrezeptoren beteiligt, den Stellen auf manchen Gehirnzellen, an denen Morphium-, Opium- und Heroinmoleküle ihre Wirkung entfalten. In „Moleküle der Gefühle" erzählt Candace Pert vom zellulären Gehirn, von informationsverarbeitenden Rezeptoren in den Nervenzellmembranen des Limbischen Systems und des gesamten Körpers. Pert geht in allen ihren Veröffentlichungen davon aus, dass die Verbindungsbrücke zwischen Psyche und Soma Information ist. Die Frage ist also, ob sie materialisiert auf einem Informationsträger, also Materie ist, oder ob diese Information etwas ist, das sich in einem immateriellen Feld bewegt, also eine neue Energie?

Die Wissenschaftlerin erkennt, dass die Konzepte von Materie und Energie durch die Informationstheorie ersetzt werden können, „einer wissenschaftlich anerkannten Disziplin mit verifizierbaren Gesetzen und Theorien."[131] Aber dabei übersieht auch sie, dass alle materiellen Dinge eine Seele haben, auch wenn sie seelenlos wirken.

Wenn wir dem US Forscher Bruce Lipton[132] glauben, sieht es in unseren Zellen wie in einem Uhrwerk aus: Präzisionsarbeit der Proteine, die geformt sind wie ein molekulares Getriebe, bei dem ein Rädchen ins andere greift – alles eine Sache von Mikroskoptechnik und der Frequenz, die sich uns eröffnet, sofern es keinen Sand oder Rost im Getriebe gibt. Nicht viel anders geht es in unserem ganzen Körper zu: ein Präzisionswerk, bei dem – theoretisch – die Arbeit aller Organe ineinander übergeht und sich gegenseitig ergänzt, sofern es keine Schlacken, Viren oder schädlichen Bakterien gibt oder Unfälle, die von außen kommen.

Lipton entdeckte außerdem, dass einzelne Zellstrukturen, vor allem Organellen (wie unter anderem meine geliebten Mitochondrien), „wie Miniorgane in dem gallertartigen Zytoplasma angesiedelt sind und funktionale Äquivalente zu unserem Nervensystem, Verdauungssystem, Atmungssystem, Ausscheidungssystem, Drüsensystem, Muskel- und Skelettsystem, Kreislauf- und Fortpflanzungssystem, sogar ein primitives Immunsystem besitzen..."[133] Jede Zelle sei damit auch ein intelligentes Lebewesen.

Sind die Elfen und Feen jetzt doch über unsere Mikroskope in unsere Welt zurückgekommen?

Lipton: „Vor etwa 700 Millionen Jahren erkannten die Zellen auf diesem Planeten einen Vorteil darin, sich von primitiven Einzellern zu den eng geknüpften mehrzelligen Gemeinschaften zusammenzuschließen, die wir als Pflanzen und Tiere und schließlich als Menschen bezeichnen... Indem sie das Freisetzen und die Verteilung ihrer steuernden Signalmoleküle (Botenstoffe, Neurotransmitter) genau regulierten, konnten die Zellgemeinschaften ihre Funktionen koordinieren und als ein Lebewesen agieren.“[134]

Wie oben, so unten: Vielleicht ist das Weltall ein riesiger Mensch, dessen Organe zwölf Planeten sind? Im Umkehrschluss haben unsere Leberzellen wahrscheinlich ein heftiges Gefühlsleben, das – wie im TAO beschrieben – eine Farbe, einen Laut und einen Duft besitzt. Und viel, viel Sperrmüll, der beseitigt werden muss. Nennen wir den riesigen Menschen Adam Kadmom, wie die Kabbalisten, kommen wir dem Wunder unserer Welt ganz nahe: Puppe in der Puppe in der Puppe. Unser Gott nur ein riesiger Mensch?

Wo auch immer Gefühle sich entwickeln, und wer auch immer sie produziert. Sicher ist, dass sich im Verlauf der Millionen Jahre zu viel Freie Radikale durch Stress, Angst und Aggressivität in unsere Zellstrukturen und -abläufe gesetzt haben. Wie Müll, Rost und Schlacken verhindern sie harmonische Abläufe.

Wenn unsere Gefühle gesäubert werden, sind sie Ordnungsträger. Liebe säubert genauso, wie Leid verhärtet. Doch die dunkle Materie kommt jetzt ins Licht, wird zur köstlichen „Götterspeise“. Wenn Glaube zu Wissen wird, ist die neue Harmonie hergestellt.

In seinem Buch „Die Göttliche Matrix" beschreibt Gregg Braden, wie mit Gefühlen und gemeinsamen Ritualen geheilt wird,[135] und er beschreibt, wie unsere persönliche Umwelt uns ununterbrochen unsere Überzeugungen, Gefühle, Ängste und Vorlieben widerspiegelt. Das sind vor allem universelle Ängste, die im kollektiven Unterbewusstsein gespeichert sind: Angst vor Trennung und Verlassenheit, vor Minderwertigkeit oder vor Hingabe- und Vertrauensmissbrauch usw. Alles das sei in unserer „göttlichen Matrix" enthalten.

Aber Braden schildert auch die Möglichkeiten eines besseren Umgangs mit dieser göttlichen Matrix. Indem wir uns bewusst und mit dem Gefühl von Glück auf das konzentrieren, was wir uns in unserer Vorstellung erschaffen, schubsen wir es durch die Grenze zwischen Unwirklichem und Wirklichkeit: „Menschliche Gefühle (Überzeugungen, Erwartungen und Empfindungen) sind das Medium, durch das wir mit der göttlichen Matrix in Verbindung stehen."[136]

Braden sagt, dass es bei dieser Heilungsarbeit keine Vergangenheit oder Zukunft, sondern nur die Gegenwart gibt. Er beschreibt, wie Glaube wirklich Berge versetzen kann und definiert die potenziellen Möglichkeiten der dunklen Materie, die nur darauf warten, in unsere Gegenwart gezogen zu werden und dadurch von jedem von uns materialisiert, also in die Quantenwelt versetzt werden – wenn wir alle den Glauben wiederfinden.

Wichtig ist, zuerst in unserem Herzen die neue Möglichkeit mit Freude zu empfinden. Braden berichtet, dass die Wissenschaftler des HeartMath Institutes in den Neunzigerjahren Folgendes entdeckt haben[137]: Unsere Herzen haben ein Donutförmiges Energiefeld (wie auch die Zelle, die Erde und unsere Heliosphäre), das zwei Meter Durchmesser hat – und 5.000 mal intensiver ist als das unseres Gehirns. Und sie entdeckten in ihren Experimenten, dass unsere DNS über unsere Gefühle mit der Energie des gesamten Universums verbunden ist. Gibt es da noch Zweifel?

Gefühle und Glauben lassen sich den bekannten physikalischen Wechselkraftgesetzen und der bisherigen „Theory of Everything" nur begrenzt zuordnen. Sie sind unvollständig, das zeigt uns das Auftauchen von Begriffen wie dunkle Materie und dunkle Energie in unserer Naturwissenschaft. Übrigens auch die Lücken zwischen unseren Gedanken. Die Stille, die sich dort befindet, können wir hervorragend zum Meditieren nutzen.

Die bisher wissenschaftlich anerkannten Begriffe wie starke Kraft, schwache Kraft und elektromagnetische Kraft lassen die Quantenbewegungen aus, die durch Gefühle und Glauben entstehen. Die größten Kräfte dieser Welt, entstanden aus der dreifaltigen Uranstrahlung und den zwölf elektromagnetischen Urkräften dieses Universums und den daraus geformten Urkodes. Quanten und Photonen transportieren uns und unsere Welt, die sich in Farben, Bildern, Mustern, Raum und Zeit zusammenfügen – nach einem Plan, der göttlich genannt wird und wahrscheinlich aus einer unbekannten größeren Welt stammt. Hermes Trismegistos lässt noch einmal grüßen: Wie im Großen, so im Kleinen; wie außen, so innen; wie oben, so unten; jetzt ist gestern, heute und morgen.

Wir befinden uns an der dichtesten Stelle unserer materiellen Entwicklung und sind weit ab von der ursprünglichen Harmonie. Aber die unerbittliche Strahlung von Hunab Ku, der Schwarzen Sonne, oder wie auch immer Sie das schwarze Loch in der Mitte unserer Galaxis nennen, wird uns zurück zur Quelle bringen – ob wir das wollen oder nicht.

Die Frage ist nur: Wie gehen wir in dieser Endzeit damit um, dass wir nicht bis zum bitteren Ende immer mehr zerrissen sind zwischen Chaos und Ordnung in uns, unserer Umwelt und der ganzen Erde? Ist Gravitation gleich Glauben und Vertrauen? Ist es diese Schwerkraft, die uns auf dem Synchronisationsstrahl immer sicherer werden lässt? Kein Wunder, dass sie sich quantenmechanisch nicht erfassen lässt!

Surfen auf dem kosmischen Strahl

Was erwartet uns in den nächsten Jahren? Und wie stellen wir uns darauf ein: vor allem angstfrei? Denn die planetarischen Brüder und Schwestern, woher auch immer sie kommen, sagen: „Euer Drama wurde kreiert, damit es positiv endet!"

Wir Menschen waren eine der stärksten Mischungen aus Sternensaat und erdgebundenen Seelen, PHYSISCHE ENGEL, und von Anfang an voll empfindungsfähige und bewusste Sternenbewohner. Dieses Wissen haben wir mehrmals verloren. Das Vergessen gehörte automatisch zum Kali Yuga, das wir jetzt hinter uns lassen.

Die Erde wird zurzeit intergalaktisch als Vorzeigeplanet gehandelt, dessen Oberflächenzivilisation besonders harten evolutionären Übungen unterzogen wird und dabei die Chance hat, Karma schneller als normal abzutragen. Darum sind hier zurzeit auch so viele Seelen aus allen Jahrtausenden versammelt. Unsere Realität ist daher die schwierigste des Weltalls, sozusagen die letzte Herausforderung der Dunkelheit an das Licht. Wir sind dabei, den Kampf zu gewinnen. Aber wir verlieren das Spiel, wenn wir jetzt weiter den Verschwörungstheoretikern lauschen, nach Schuldigen für unser Elend suchen und etwa die Plejadier, die Annunaki, die Greys, Luzifer oder seine Illuminati nur noch als Feinde betrachten würden. Unsere einzige wirklich wirkungsvolle Waffe ist die Liebe. Wenn wir mit ihrer Hilfe die Polarisierung aufheben, erkennen wir den gemeinsamen Weg in die Harmonie einer neuen Welt.

Zur Erinnerung:

Der Mensch ist eine hoch entwickelte biologische Einheit, ausgestattet mit komplexen Programmen und genetisch angelegten Eigenheiten, die uns eigentlich zum manipulierbaren Biostoff machen könnten, der ohne göttlichen Anschluss durchs Leben gehen kann.

Aber wenn die Frauen ihre Männer, Vorgesetzten, Politiker, Militärs und die anderen Mächtigen immer öfter und mutiger danach fragen, wie sie sich bei ihren Taten fühlen und ihnen zeigen, wie man mit den Emotionen umgeht, die sie in sich selbst und uns provozieren, könnten sie lernen.

Wir haben dabei immer größere Unterstützung von Außerirdischen, nicht zu vergessen den Menschen von der inneren Welt (Agharti) oder den Aufgestiegenen Meistern zu erwarten.

☆☆☆

Synchronisation mit Hunab Ku

Ein letztes Mal: Astrophysiker beobachten seit 1973 eine verstärkte kosmische Strahlung, reden von sogenannten Gamma Ray Bursts. Das sind kosmische Strahlen unbekannter Herkunft, deren Energie so groß ist, dass die Grenze physikalischer Gesetze überschritten ist und eine immaterielle Quelle vermutet wird für diese Photonen überreiche „Dusche".

Und: Das Gammastrahlenteleskop FERMIT der NASA, das im Sommer 2008 auf seine Mission geschickt wurde, hat eine bisher unbekannte riesige Struktur im Herzen unserer Galaxis entdeckt: zwei riesige, Gammastrahlen emittierende Blasen, die sich 25.000 Lichtjahre weit nördlich und südlich des galaktischen Zentrums erstrecken. Sie waren bisher im Gammastrahlen-Grundrauschen verborgen, berichtet das Scinnex Wissensmagazin am 13. November 2010[135].

Die Maya beschreiben ein Zeitfenster, und unsere Milchstraße, die Sonne und die Erde sollen sich mit einem Strahl synchronisieren, der vom HUNAB KU ausgeht, dem Zentrum unserer Galaxis. Kein Meteorit, keine Eiszeit, kein kollabierender Golfstrom oder alles zusammen – all das ein Ergebnis der kosmischen Strahlung, die von einem ewigen Zyklus regiert wird. Und unsere Lichtkörper sollen sich mit diesem Zyklus ändern, sagen die unsichtbaren Wesen, die zuhauf durch mediale Menschen sprechen. Unsere physischen Körper sollen zwölf statt zwei DNS-Stränge erhalten, unsere Meridiane verlängert werden, die Mitochondrien mit Silizium mehr ATP produzieren. Ein Goldenes Zeitalter soll kommen, das uns mit unseren galaktischen Brüdern und Schwestern verbindet.

Ob das wirklich geschieht, wissen wir nicht, aber der Mathematiker und Künstler Werner Neuner („Das Mysterium der Hunab Ku") bringt uns auf den aktuellen Stand und gestattet uns einen längeren Auszug aus seinen Erkenntnissen im Jahre 2010[136]:

„Die kosmische Einstrahlung nimmt zu, was sich eindeutig auf unser Befinden auswirkt. Wir reagieren emotional, aber auch mit Schlafstörungen oder Kopfschmerzen. Wenn wir allerdings diese mächtigen kosmischen Energien verstehen, können wir beginnen, sie zu nutzen, nicht in einem persönlich-privaten Sinn, sondern in einem sehr offenen und kollektiven. Die eigene innere Mitte spielt darin eine zentrale Rolle.

Sonnenwinde

Die Heftigkeit der Sonnenwinde, die wir im Dezember 2010 auf der Erde wahrnehmen konnten, war auffallend. Es begann mit einer Sonneneruption am 6. Dezember 2010, die eine Länge von 700.000 km(!) erreichte (normale Sonneneruptionen haben etwa 150.000 km).

Die geomagnetische Aktivität auf der Erde stieg sofort an, und die Sonnenwinde erreichten ab dem 8.12. bereits hohe Geschwindigkeiten (knapp 500 km/s). Dann, am 12. Dezember 2010 kam es zu drei Sonneneruptionen gleichzeitig! Die Sonnenwinde erreichten ab dem 13. Dezember dann Geschwindigkeiten von knapp 700 km/s und sind nach wie vor sehr hoch. Die Mutter Erde reagierte in unseren Breiten darauf mit außergewöhnlich starken Schneefällen und heftigen Föhnstürmen. Und all das ereignete sich kurz vor dem „galaktischen Neujahr" am 17. Dezember 2010. Auf den Transformationsprozess 2012 brauchen wir nicht länger zu warten. Er ist bereits mit voller Stärke aktiv!

Wir beobachten seit wenigen Jahrzehnten dramatische Veränderungen in unserem Sonnensystem, für die es bislang nicht einmal in Ansätzen astrophysikalische Erklärungen gibt. Gleichzeitig treten vermehrt sogenannte Gamma Ray Bursts auf, höchstenergetische Strahlungsblitze, die offenbar in der Mitte der Galaxie ihren Ursprung haben.

Hunab Ku

Der Name Hunab Ku kommt aus der Tradition der Maya und beschreibt die Mitte von allem, was existiert, insbesondere aber die Mitte der Galaxie. Diese Sichtweise macht ein Verständnis transparent, das uns heute verlorengegangen ist, das wir uns aber für das, was uns bevorsteht, möglichst bald wieder aneignen sollten.

Nämlich: Deine innere Mitte und meine innere Mitte und die innere Mitte von jedem Menschen sind miteinander verbunden. Genauso sind wir verbunden mit der Mitte von jedem Tier, jeder Pflanze, darüber hinaus mit der Mitte des Planeten Erde, mit der Mitte unserer Sonne und mit der Mitte der Galaxie. All das ist Hunab Ku. Interessant dabei ist das Hunab Ku-Symbol von seinem Aufbau her.

Zum einen zeigt es die spiralartige Form in seiner Mitte und erinnert an die Spiralform der Galaxie.

Zum anderen zeigt es eine Vierer-Symmetrie, also die vier Winde und die vier Elemente. Aus der Quantenphysik wissen wir heute außerdem, dass alle im Universum existierenden Kräfte sich auf vier Grundkräfte zurückführen lassen. (Die starke und die schwache Wechselwirkung, die Gravitationskraft und die elektromagnetische Kraft.)

Konzentrieren wir uns aber jetzt auf die Mitte der Galaxie selbst. Unsere Galaxie besteht aus etwa 300 Milliarden Sternen, von denen unsere Sonne bloß einer davon ist. Alle diese Sterne und Sternhaufen mitsamt ihren Planeten, Monden, Asteroiden, Kometen usw. drehen sich um eine gemeinsame Mitte, um das Zentrum der Galaxie.

Wir finden dieses galaktische Zentrum auf unserem südlichen Sternenhimmel, zwischen dem Sternbild des Skorpion und des Schützen. Am besten ist diese Galaktische Mitte um den 17. Juni sichtbar, denn da erreicht sie ihren Höhepunkt, das Symbol für Hunab Ku bei den Maya. Hunab Ku als Zentralstern, als die Mitte unserer Galaxie. Sehen können wir diese Mitte nicht wirklich, wohl aber hineinschauen. Die Astronomie geht heute davon aus, dass es sich dabei um ein schwarzes Loch handelt, auch wenn diese Bezeichnung alles andere als zutreffend ist. Aus der Mitte der Galaxie kommen andauernd mächtige Impulse, die durch die gesamte Galaxie gehen.

Wenn wir uns auf die Mitte der Galaxie in einem meditativen Zustand einlassen, eröffnen sich uns berührende Bilder. Wir sehen dann diese Mitte als die „Quelle des

Lichts" und beginnen dadurch, allmählich das Mysterium unserer galaktischen Heimat zu verstehen. Dieser zentrale Sternenmeister Hunab Ku wird für uns zur zentralen Quelle aller Energie und allen Lichts, zum Licht, das in der Mitte jedes Bewusstseins existiert und über das alles mit allem verbunden ist.

Wenn wir dieses Mysterium begreifen, können wir uns endgültig von allen Gottesbildern befreien, von all jenen Bildern, die uns bislang den Zugang zu diesem reinen Licht verbaut haben. Wenn wir dieses galaktische Mysterium begreifen, können wir uns endlich jenem Licht und jener Urvater-Kraft annähern, nach der wir uns so lange schon sehnen.

Die Quelle der Gammablitze

Die Gamma Ray Bursts sind hoch energetische Blitze, die erstmals im Jahr 1967 beobachtet wurden. Sie sind durchschnittlich nur wenige Sekunden lang messbar. Manche Gammablitze können bis zu einigen Minuten lang andauern. Der bislang längste Gammablitz (GRB 060218) dauerte allerdings 33 Minuten lang und setzte in nur zehn Sekunden mehr Energie frei als die Sonne in Milliarden von Jahren.

Die Häufigkeit der Gammablitze nimmt in den vergangenen Jahren dramatisch zu. Der Ursprung galt bislang noch für ungeklärt. Es dürfte mehrere Quellen für diese Ereignisse geben. Gammablitze stammen wohl auch aus anderen Galaxien. Es deutet aber vieles darauf hin, dass die Mitte unserer eigenen Galaxie die Hauptquelle jener Gamma Ray Bursts ist, die für uns relevant sind.

Bereits 1967 entdeckte der amerikanische Satellit OSO-3, dass sich die Strahlung der Gammablitze entlang des galaktischen Äquators konzentrierte. Endgültigen Aufschluss über deren Ursprung sollte dann das Gamma-strahlenteleskop Fermi bringen, das im Sommer 2008 von der NASA in die Erdumlaufbahn gebracht wurde.

Die doppelte Gammablase

Im November 2010 konnten die Messdaten des Fermi-Teleskops schließlich ausgewertet werden und ergaben ein erstaunliches und gleichzeitig berührendes Bild. Die NASA hatte damit eine bislang unbekannte Weltraum-struktur von gigantischem Ausmaß entdeckt. Es handelte sich dabei um eine doppelte Blase aus Gammastrahlen. Ausgangspunkt dieser Doppelblase ist Hunab Ku, das Zentrum unserer Galaxie. Enorm ist die Größe dieser Struktur, denn jede der beiden Gammablasen hat einen Durchmesser von rund 25.000 Lichtjahren.

Doch das ist noch nicht alles! Nicht nur der Abstand vom Hunab Ku bis zum äußeren Rand der Blase beträgt 25.000 Lichtjahre, sondern auch der vom Hunab Ku bis zu unserem Sonnensystem. Das bedeutet, dass wir uns jetzt, in dieser Zeit, genau an der Spitze eines gigantischen, gleichschenkeligen kosmischen Kreuzes befinden.

Erinnern wir uns doch an das Maya-Zeichen für Hunab Ku: eine gleichschenkelige Kreuzstruktur mit dem spiral-förmigen (galaktischen) Zentrum in der Mitte. Wir sind also über diese enorme Gamma Ray Blase, durch die geometrische Beziehung eines gleichschenkligen Kreuzes, direkt mit der Mitte der Galaxie, mit dem Sternenmeister Hunab Ku selbst, verbunden.

Die Auswirkungen auf unser Sonnensystem

In unserem Sonnensystem geht es rund. Nichts scheint so zu bleiben, wie es war. Hier ein kurzer Auszug der wirklich dramatischen Veränderungen: Die Sonne ist bereits seit dem Jahr 1940 aktiver als in den gesamten 1.150 Jahren zuvor. Am Merkur wurde auf unerklärbare Weise auf den Polarkappen Eis entdeckt (obwohl es dazu dort viel zu heiß ist). Auch sein plötzlich erwachendes Magnetfeld wurde gemessen. Auf der Venus kam es in den vergangenen 30 Jahren zu einem 600-fachen(!) verstärkten Ausstoß von venusischem Plasma. Auch die Helligkeit an ihren Polen stieg um das 25-fache(!) an.

Auf der Erde kommt es seit Jahrzehnten zu einer starken Abnahme des Magnetfelds und dadurch zu einer Öffnung für jede kosmische Strahlung. Auch die Klimaveränderungen sind unübersehbar und natürlich keineswegs durch einen vom Menschen erzeugten CO_2-Ausstoß verursacht.

Auf dem Mars kommt es zu einer globalen Erwärmung (auch ohne menschliches CO_2!) und zu einem Anstieg des Luftdrucks um 200 Prozent! Am Jupiter steigt die Helligkeit in den Plasmawolken um 200 Prozent an! All das und mehr ergab sich aus dem umfangreichen Datenmaterial der NASA.

Eine wirklich plausible Erklärung für diese massiven Veränderungen sind die Impulse, die aus der Hunab Ku kommen: der Anstieg der Gammablitze. Denn ein einziger dieser Gammablitze kann eine Energie entfalten, die die Sonne in Milliarden von Jahren nicht zustande bringt.

Die Auswirkungen auf uns

Es ist inzwischen klar, dass dieses Feuerwerk an Gammablitzen und unsere besondere kosmische Position in der Galaxie nicht ohne Auswirkungen für uns sein werden. Kosmische Strahlung gibt die entscheidenden Impulse für das Evolutionsgeschehen auf unserem Planeten, das gilt inzwischen als allgemein anerkannte wissenschaftliche Erkenntnis.

Im schlimmsten Fall steht uns eine drastische Reduktion der menschlichen Population bevor, im besten Fall aber ein weitreichender Evolutionssprung im menschlichen Bewusstsein." (Ende des Auszugs aus www.WernerNeuner. net)

Das Surfen beginnt

Wir Menschen sind Wassergeschöpfe, die nicht resistent gegen die kosmische Strahlung sind. Einige Medien (zum Beispiel Lee Carroll/Kryon und Sheldon Nidle) haben uns die Information vermittelt, dass die Erde sich seit einigen Jahren in einer Art Notkapsel befindet, die von Engeln und Aufgestiegenen Meistern gebaut wurde und uns sogar in den nächsten Jahrzehnten in die Nähe von Sirius katapultieren soll. Wir wissen nicht, ob das stimmt oder reinem Wunschdenken entspricht. Wäre ja schön, auf einmal aufzuwachen und um einige Lichtjahre entfernt gerückt zu sein. Dahin, wo es vielleicht sichtbare planetarische Brüder und Schwestern gibt, die uns helfen, mit der neuen Lage umzugehen. Wir auf der Erde gehören angeblich zum großen Experiment, in dem materielle Schöpfung aufsteigen soll. Angeblich weiß keiner genau, ob das wirklich klappt.

Inzwischen müssen wir mit dem fertig werden, was wir können und erkennen. Die Sonne wird uns immer mehr Probleme bereiten. Die Aktivitäten der Sonnenflecken steigen in einem Zyklus von elf Jahren an und flachen dann wieder ab. Zurzeit steigen sie an – nach längerer Pause als normal. Das Ergebnis ist, dass der Erdmagnetismus sich reduziert. Unser Gedächtnis und das der Tiere schwinden gleichzeitig, die Orientierung nimmt mit der Abnahme der Leylines ab, nach denen sie sich ausrichten. Aber etwas Neues beginnt. Das ist für uns alle spürbar.

Der Biophysiker Dr. Dieter Broers berichtet, dass bei Experimenten mit magnetischen Feldern, die niedriger waren als das Magnetfeld der Erde, die Testpersonen Gott sahen, die körpereigene Droge DMT in ihren Gehirnen produzierten und ihr Bewusstsein automatisch erhöht wurde. Und dass die Testpersonen danach gesund wurden. Das kommt vielleicht auf uns zu. Wir werden einen Bewusstseinssprung trotz Gedächtnisschwund erleben. Einen wahren Quantensprung. Wir werden lernen (oder haben bereits gelernt?), auf diesem kosmischen Synchronisationsstrahl zu surfen.

Der amerikanische Bestseller Autor und Computer-System-Designer Gregg Braden hat in seinem neuesten Buch „Fraktale"[137] eine neue Perspektive für uns und die Erde entdeckt. Es geht um die weltweiten Meditationen, die immer öfter über das Internet angeregt werden. Er behauptet, dass diese Meditationen messbar dem Erdmagnetfeld helfen, den Verfall des Erdmagnetismus aufzuhalten.

Beim Anschlag auf das World Trade Center am 11. September 2001 wurde etwa 36.000 km über dem Äquator ein Anstieg des globalen Magnetismus von geostationären Wettersatelliten (GOES) registriert, etwa 50 Einheiten höher als normal. Auch Prinzessin Dianas Tod hatte den gleichen Effekt. Diese Korrelation initiierte viele wissenschaftliche Untersuchungen (zum Beispiel an der Princeton University, beim Heart-Health Institute). Der verbindende Faktor ist offenbar das menschliche Herz. Es hat, wie schon erwähnt ein apfelförmiges Magnetfeld – 5.000-mal stärker als unser Gehirn – genau die gleiche Form wie die von Allan Gürtel genannte Schicht rund um die Erde und die Heliosphäre.

Auch die Wissenschaftsjournalistin Lynn McTaggart berichtet von sogenannten PALMREG-Geräten, die Messungen als Schicht von Intelligenz, die diese Erde umgibt, wiedergeben.[138] Diese Geräte erfassen den Zustand des kollektiven Bewusstseins in seinen emotionalen Schwankungen: Freude und negatives Bewusstsein, Lady Di's Tod und Beerdigung, der Schrecken des Golfkriegs, die Mitgefühlswelle nach dem Tsunami, der Schrecken der Schwarzen Freitage, sozusagen eine Gruppenquantenstrahlung, die diese Schicht besonders intensiv aufnimmt und festhält. Es sind auch diese emotionalen Ereignisse wie die Inquisition oder zahllose Kriege, die sich dort offenbar eingeprägt haben und für die Erde ablesbar sind wie ein EEG.

Wir sagen auch Akasha-Chronik dazu, und jeder hat seine eigene Schreckensgeschichte dort aufgezeichnet. Wir vermuten, dass diese Schicht für die Erde die Ionosphäre ist, und wir wissen, dass auch die Ionosphäre des Menschen sein Kausalkörper ist. Wie im Großen, so im Kleinen. Wenn es um das Ablesen dieser Aufzeichnungen des Schreckens geht, sind immer mehr Menschen in der Lage, ihr Karma selbst zu löschen. Jetzt und auf dieser Erde. Gaia wäscht sich frei. Und wir helfen dabei.

Diese Schicht von Geschichten und Gefühlen ist bewegt wie das Meer – mit allen Tiefen und Höhen seiner Wellenberge und -täler. Unsere Medialen sagen: Sie registriert bereits die Trends der Menschheit: Wir wollen umdenken, wollen Menschlichkeit, Liebe, Abrüstung, Frieden und Achtsamkeit in unser Leben bringen. Auch wenn wir immer mehr von Hektik und Panikmache überschwemmt werden.

Ich kann nur bitten: Fallt nicht auf diese Hetzgeschichten herein! Imaginiert die größten Ängste und desensibilisiert euch dadurch, bereitet euch auf Katastrophen in der konventionellen Art vor, macht auch Erste-Hilfe-Kurse, schafft euch sinnvolle kleine Vorräte an, bleibt ruhig, schließt euch zusammen, bleibt bei euch. Kooperation auf hohem Niveau ist angesagt, wie bei unseren Zellen.

Lichtarbeiter bewegen Quanten, wir bauen eine neue Welt!

Löscht euer Karma

Beginnt, Parallelen zu ziehen zwischen den Bildern, die aus der karmischen Vergangenheit auftauchen, und versteht, was sie uns für unsere Gegenwart sagen wollen. Wir haben uns in dieses 21. Jahrhundert inkarniert, weil es eine Zeit ist, die sozusagen im Galopp Karma befreien kann. Darum treffen wir auch gerade in unserer Familie auf die schwierigsten Fälle vergangener Leben.

Es gibt Seelen, die nur einige Minuten, Stunden, Tage oder Monate leben, um unsere Erde oder bestimmte Menschen in dieser Zeit zu unterstützen. Dann gibt es welche, die sich in einer anderen Dimension entschlossen haben, beim Karmaabbau der Erde, bestimmter Länder und Regionen zu helfen, indem sie sich freiwillig in der Zeit schlimmster Katastrophen oder Kriege inkarnieren. Und es gibt sogenannte Walk-Ins, galaktische Seelen, die sich zurzeit auf der Erde befinden und Körper übernommen haben, um den Prozess des Übergangs anzuschieben.

Es gibt Seelen, die denken, alles würde mit einem kräftigen Sprung geschehen, dabei sind die kleinen Schritte das Wichtigste. Es ist das Erkennen und Benennen, damit die schrecklichen Bilder vom Unterbewusstsein ins Bewusstsein gelangen, entschlüsselt und dann geheilt werden können. Es muss viel karmischer Müll abgetragen werden auf dieser Erde, bevor sie leicht genug ist für die nächste Dimension.

Radioaktivität gibt den Zeittakt vor, Halbwertzeiten, vergessen Sie das nicht. Unsere Geschichte ist voll von selbst produzierten Schrecklichkeiten, die es zu löschen gilt. Sie hinterlassen ihre Spuren in der Körperweisheit, sozusagen mit einer überdosierten Adrenalinmenge. Es sind diese Ereignisse, die uns den karmischen Schmutz von alten Seelenverträgen, Flüchen, falschen Glaubenssätzen usw. hinterlassen haben. Es sind keinesfalls die lustvollen Erinnerungen aus den Leben von Cleopatra oder der schönen Helena. Und es sind immer die willentlichen Entscheidungen, schlecht, hasserfüllt und gegen das bessere eigene Wissen zu handeln, die uns in die karmische Wiederholungsschleife bringen.

Dabei schälen sich immer wieder bestimmte Zeiten heraus, die offenbar für unser aller Karma besonders eindrucksvoll, weil besonders „ätzend" waren: die Völkerkriege, der Holocaust, die Inquisition, die Kreuzritter-Zeiten, die Schlachten der Alten Griechen oder der Mongolen, die Gräueltaten an eingeborenen Völkern wie den Indianern, die Kämpfe um und mit Drogen, die Qualen der Haremsdamen, die Machtkämpfe der Priester im Alten Ägypten oder im Zweistromland Ur usw. – Gruselstücke aus den Eroberungsfeldzügen, Hexenverfolgungen, berufliche und Familienfehden. Hass, Eifersucht, Gier – sie werden die drei „Gunas" in den Veden genannt, die drei Gefühle, deren Macht den Frieden, die Freude und die Liebe in der Welt verdrängt und der Angst den Platz freigemacht haben. Die dunklen Mächte nähren sich davon. Und wir haben ihnen oft genug in früheren und dem jetzigen Leben hilf- und hoffnungslos gegenübergestanden. Nur der kontinuierliche Prozess intensiver Arbeit an uns selbst, das

Verzeihen und Verstehen und die Hilfe der Engel lässt uns aufsteigen. Und die Arbeit, die uns in unserer Mitte hält. Damit bauen wir uns unsere eigene Schwerkraft.

Sucht in den Konflikten mit eurer Familie, euren Freunden und Feinden das, was sie euch zeigen wollen: die Spiegel eurer größten Ängste, eurer dunklen Nacht der Seele, eurer größten Verluste, eurer Kontrollwut. Wir haben alles überlebt und sind dabei stärker geworden! Dankt all den Menschen, die in euer Leben gekommen sind, um euch zu zeigen, was ihr selbst falsch macht und wo ihr noch lernen könnt, euch zu vervollkommnen.

Segnet sie! So bekommt ihr das Roboterhafte und gleichzeitig Manipulierbare in uns Wassergeschöpfen in den Griff. Unsere größte Kraft ist die des positiven Denkens, das Abstellen des Verstandes – zumindest zeitweise –, die Fähigkeit, die sorgenvollen Bilder unseres Unterbewusstseins mit fröhlich-leichten Bildern nach einem schlechten Traum oder beim Aufwachen zu transformieren.

Hört auf, zu jammern und euch selbst zu bedauern. Spult eure Lebens-Videokassetten zurück und findet neue Lösungen – ja, auch karmisch! Zapft die Parallelwelten an, dort findet ihr andere Lösungen, oder imaginiert sie einfach. Konfrontiert das Sorgenprogramm mit Bildern toller Alternativen, damit das Unterbewusstsein sich daran gewöhnt, dass es auch anders geht.

Das ist Quantenheilung, der Punkt, an dem sich Welle und Teilchen trennen und bewusst wieder zusammengeführt werden. Das Lichtsymbol von Sabine Theile hilft dabei wie ein Teilchenbeschleuniger:

Ich habe es als so machtvoll empfunden, dass ich meine eigene Kraft damit verbunden habe. Wo auch immer ich mit Wasser in Berührung komme, visualisiere ich dieses Lichtsymbol hinein: in die Wellen des Mittelmeers, das meine neue Heimat Mallorca umgibt, in den Titicaca-See in Peru, als ich im Mai dort einen höchst spirituellen Urlaub machte. Und vor allem immer wieder in mein eigenes Zellwasser. Das macht nicht nur mir Spaß sondern ich merke, dass mir das Wasser vor Freude fast entgegenhüpft bei diesem verrückten Input. Wenn Sie mein Kapitel über das Wasser aufmerksam gelesen haben, wissen Sie warum.

Es ist, als ob dieses Symbol darauf gewartet hätte, in unsere Wirklichkeit gezogen zu werden, um auf allen Ebenen die entgegengesetzt laufenden Spins des Wasserstoffs in die doppelt rechtsdrehenden Spinform umzudrehen und damit unseres und Gaias Quantensprung auch im Stofflichen zu verankern. Es ist sozusagen der Joker im Großen Videospiel der Menschheit.

Unsere Mitte finden und halten

Der Sprung in die Fünfte Dimension ist bereits vollzogen. Die Astralwelt hängt noch zwischen den Ebenen, das merken wir daran, dass immer wieder Rückschläge, Unfälle und üble Überraschungen durch die Geister und Naturwesen dieser Ebene in unserem Leben auftauchen, wenn wir selbst nicht genügend geklärt, geerdet und in unserer Mitte sind. Sie helfen uns dabei, Hausputz zu machen, manchmal sehr brutal! Das Ganze geschieht fließend. Diese neue Dimension kommt in unsere Dritte, zieht die Vierte mit, bringt Gaia sozusagen sanft und langsam zum Quantensprung – vielleicht sogar in die Sechste Dimension, denn wir wollen ja in die Nähe von Sirius.

Einige von uns werden immer ungeduldiger dabei. Aber das gehört zum System: Statt frustriert und ungeduldig zu sein, sollten wir unsere irdischen Erfahrungen und Fähigkeiten zu perfekten Handwerkzeugen umgestalten. Wir können unserer Erde helfen und sie unterstützen, indem wir unser Leben selbst auf die Reihe bringen. Denn es gibt keine allgemeine Gebrauchsanleitung für das, was jetzt geschieht. Wir können jeder nur unsere eigenen Erfahrungen weitergeben. Jeder greift sich heraus, was er am besten kann. Je schneller wir es schaffen, ein Problem nach dem anderen in unserem Leben zu lösen und die Verantwortung dafür zu übernehmen, desto weniger müssen wir uns mit uns selbst beschäftigen. So können wir unseren Mitmenschen auch immer besser helfen.

Werner Neuner hat auch diese Arbeit sehr schön geschildert:

„Wenn solch mächtige Impulse aus der Mitte der Galaxie auf uns einströmen, will das in uns etwas bewirken. Dort, in unserer eigenen Mitte, finden wir Lösungen für unser persönliches Leben, allerdings nur dann, wenn wir diese unsere eigene Mitte auch begreifen. Unsere eigene Mitte ist verbunden mit der Mitte allen Lebens. Das bedeutet, dass ein individuelles, persönlich und privat abgegrenztes Glück in diesem großen kosmischen Spiel völlig unbedeutend geworden ist. Erst wenn wir begreifen, dass wir Teil eines kollektiven Ganzen sind, Teil unseres sozialen Umfelds, Teil der Spezies Menschheit und Teil der Biosphäre des Planeten Erde, erst dann werden wir so etwas wie Zufriedenheit, Glück und Erfüllung finden.

Es geht heute nicht mehr darum zu erkennen, was ich will. Es geht vielmehr darum, Wege zu finden, die mich wieder in den Einklang mit dem Ganzen, vor allem aber in Einklang mit ihr, der großen Gaia, der Mutter Erde, führen!

Aus der Mitte der Gaia kommen Impulse, jederzeit. Diese Impulse kann ich durch meine eigene Mitte empfangen und verstehen. Und diese Impulse leiten mich in erfüllender Weise durch mein persönliches Leben. Ich wünsche uns allen, dass uns dieser Einklang mit der Mitte wieder gelingt!"[139]

Die hilfreichsten Übungen

Es gibt sehr viele Formen, den Weg in die Mitte von den vielen Stolpersteinen unseres Lebens zu befreien. Ich probiere sie alle aus und greife mir das für mich Passende heraus – wenn ich ihren Sinn verstanden habe. Sammeln Sie bitte mit mir die Erkenntnisse, die eine Brücke des Verstehens bauen zwischen den „nüchternen und logischen" Verstandesmenschen und denen, die den Gefühlen, dem Unterbewusstsein, der dunklen Materie unserer Zivilisation auf der Spur sind.

Nachstehend einige Einsichten, die ich Ihnen mit auf den Weg geben möchte, denn sie haben alle mit der Wechselwirkung zwischen Quanten zu tun:

- Der Sinn des Leidens:
  Mitochondrien stärken und sie zu „Chips" verwandeln.
- Der Sinn des Betens:
  Akupunkturlinien zusammenführen und Überladungen abbauen.
- Der Sinn des Segnens:
  Radioaktivität aus den Lebensmitteln ziehen.
- Der Sinn des Spiegelns:
  Blockaden abgeben und transformieren.
- Der Sinn des Weinens:
  Prolactin aus dem Gehirn leiten.
- Der Sinn des Lachens:
  Adrenalin aus der Bauchspeicheldrüse. Stress rauslachen, in die Mitte kommen.

- Der Sinn des Teilens:
  Das Ganze erreichen.
- Der Sinn des Schocks:
  Den Quantensprung ermöglichen.

Entsäuerung unserer Zellen und viel Sauerstoff ist angesagt, das ist die Vorstufe gesunder körperlicher Reaktionen und hilft euch, in eurer Mitte zu bleiben, den Gedanken Stopp zu sagen. Nehmt mit Mantren, Mudras usw. die Verbindung zu Parallelwelten auf und zur Blume des Lebens, der dunklen Materie und dem Herzen der Galaxis, jeder auf seine Art. Hier lernt ihr, vor allem die Kraft unserer Imagination zu erkennen und zu nutzen. Das ist die Botschaft der Quantenphysik beziehungsweise der Quantenspiritualität, des wunderbaren Quantenzaubers, den wir selbst inszenieren können. Photonen/Quanten helfen uns dabei, denn sie haben ein eigenes Gottesbewusstsein, sind in unserer Nähe und wollen Kooperation.

Hilfreiche Imaginationen:

- Mitochondrien mit Licht, Gold, Platin, Silizium füttern.
- Die Aura mit der grüngoldenen Kugel nähren.
- Vergesst nicht die Kraft der Bachblüten, Kristalle oder Töne. Jeder findet seins.
- Das Wichtigste: Glaubt eurer Intuition. Nutzt das Körperpendeln.
- Überlasst euer Leben nicht dem Ego und dem Verstand allein.

- Genießt die Kraft der Vergebungsarbeit, sie befreit eure Seele!
- Setzt neue Bilder und Filme, wenn das Karma zu sehr klebt.
- Löscht, transformiert oder transmutiert falsche Programme, ihr habt die Kraft dazu. Therapeuten, die Karma/Energy-Clearing beherrschen, helfen dabei.
- Stellt euch vor, dass Körper, Geist und Seele verschiedene Computer sind, die jetzt zusammengelegt und zur galaktischen Einheit werden.

Visionen für die Seele:

- ERDEN:
  Die Seele liebt Bilder. Das Herzzentrum der Erde und unser eigenes Herz funkeln auf der spirituellen Ebene kraftvoll grün wie Smaragde. Wir verbinden beide in unserer Vision mit einem dicken Kabel, Laser, Wurzeln oder Ähnlichem und bitten um die Kraft von Mutter Erde. Ein grüner Kraftstrom füllt unser Herz.
- STRAHLEN:
  Wir setzen uns über alle religiösen Hierarchien hinweg, verbinden uns direkt mit der Urquelle im Universum und bitten die höchste kosmische Energie, unseren feinstofflichen Körper zu durchströmen und unser Herz zu stärken. Mit der Kraft von oben und unten füllen wir uns auf wie einen trockenen Schwamm und bilden ein ovales Energieei um uns herum. Dann beginnen wir selbst, aus der Mitte des Körpers heraus Energie aus-

zustrahlen. Damit sind wir besser geschützt, als wenn wir Energie nur horten!

- KOSMISCHER PUNKT:
  Wo auch immer ihr lebt und arbeitet – in der Wohnung oder am Arbeitsplatz – schafft euch einen Lichtkanal zum tiefsten Punkt der Erde und zum höchsten des Universums. Bittet euren Schutzengel, mit dem Hüter des Lichtkanals zu kooperieren und alles, was stört – was nicht im Christusbewusstsein ist – dorthin auszuleiten.

Visionen für den Konfliktfall

Die Seele braucht Bilder, deshalb raten wir euch, im Konfliktfall folgende Visualisierungen einzuüben, sodass eine gewisse Automatik eintritt und eure Seele sich selbst helfen kann:

Stellt in eurer Phantasie vor euch einen Spiegel auf, sodass sich der Mensch, mit dem ihr Probleme habt, selbst sehen kann. Wartet die Wirkung ab (kann sehr komisch und wirksam sein) und vergesst nicht, den Spiegel anschließend mit der violetten Flamme oder dem weißem Licht in der Imagination aufzulösen.

Geht in eurer Vorstellungskraft während eines Streits vom Erdgeschoss hoch in den ersten Stock und schaut euch beiden vom Balkon aus zu. Verschiebt also die Perspektive, sodass ihr euren Streit quasi wie ein Schauspiel, eine Seifenoper, betrachten könnt. Stellt euch beide in einem weißen oder violetten Licht vor.

Imaginiert eine Jesus-, Maria- oder Engelsfigur, die zwischen beiden Streithähnen steht und ihnen die Hand auf/um die Schultern legt. Lasst den Frieden in diese Dreiecksform einziehen. Löst die Gruppe anschließend wieder in Licht und Liebe auf. Lasst euch selbst noch ähnliche schöne Konfliktlösungsformen einfallen.

Arbeitet mit eurer Phantasie und mit Farben – Regenbogenfarben, einem weißen Wirbelwind oder der violetten Flamme der Transformation. Erlaubt ist, was Spaß macht. Engel wollen angesprochen und gefragt werden – und übrigens: Sie lachen gerne!!!!

Und weiter mit den guten Tipps:

- Sei du selbst, kläre und reinige dich und dein Haus.
- Informiere dich bei guten Freunden und Sendungen.
- Teste, was für dich und deinen Körper gut ist. Gott ist im Baum und in der Küchenschabe.
- Kreatives Visualisieren mit Freude ist der Baustein der Zukunft.
- Schweigen ist Gold, schweige lieber, statt zu reden.
- Hände, die helfen, sind besser, als Hände die beten. Und vor allem:
- Glaube nicht jedem Channel, sondern sieh dir seinen/ihren Lebensstil an!
- Hilf mit deiner Phantasie, eine neue Welt zu bauen.
- Übe, mit Portalen (zum Beispiel Komplementärfarben, Wurmlöchern, Kraftorten), Kontakt zu unseren planetarischen Schwestern und Brüdern aufzubauen.

Wenn die Katastrophen heftiger werden, organisieren wir uns selbst ganz neu. Wir haben den Quantensprung längst hinter uns. Wichtig ist, dass wir unser Wissen weitergeben und uns immer mehr vernetzen. Nur so kann die Krise zur Chance werden.

Versuchen wir, eine neue Berufung zu entdecken, um anderen und damit uns selbst zu helfen. Die kommende Zeit wird eine Metamorphose bringen. Aus uns werden andere Menschen. Zwischen Wachsen und der Auslöschung der Neuen Erde in ihren Geburtswehen wird der Homo sapiens zum universellen Menschen werden. Das ist wahre Evolution, und diese bedarf des engen und harmonischen Austauschs und Zusammenhalts unter uns Menschen, um sich über uns ausdrücken zu können.

Übrigens: Manche Menschen sind TEILCHENBE-SCHLEUNIGER. Achtet auf sie und achtet sie! Ihre Nähe hilft uns, Karma abzubauen und unser Bewusstsein zu beschleunigen und zu erweitern.

Wir schaffen uns eine neue Ordnung, indem wir das ehemals geheime Wissen für uns entdecken. Friede, Freiheit und Freude am menschlichen Spielplan wünsche ich uns allen, damit wir endlich die Hüter der Erde werden können, wie es vorgesehen war. Dann kann Gaia, unsere Erde, den Sprung mit uns zusammen wagen und ins neue Goldene Zeitalter gleiten.

Mögen das Licht und die Liebe mit uns sein!

Literaturverzeichnis

Aivanhov, Omraan, Mikhael: *Das Licht, lebendiger Geist*, Prosveta Verlag

Arguelles, José: *Der Maya Faktor*, Goldmann

Berendt, Joachim E.: *Nada Brahma – Die Welt ist Klang*, Surkamp Verlag

Bischof, Marco: *Biophotonen – Das Licht in unseren Zellen*, Verlag Zweitausendeins

Braden, Gregg: *Der Gottes-Code*, KOHA Verlag

Brennan, Barbara Ann: *Licht-Arbeit – Heilen mit Energiefeldern*, Goldmann

Brewer, Anne: *Lichtkörper-Prozess* und *Schöpferische Macht*, Nietsch Verlag

Carroll, Lee: *KRYON – Die 12 Stränge der DNA*, KOHA Verlag

Chia, Mantak: *TAO Yoga – Praktisches Lehrbuch zur Erweckung der heilenden Kraft CHI*, Ansata, Zürich

Clark, Hulda R.: *Heilung ist möglich*, Droemer Knaur

Cooper, Diana: *Dein Aufstieg ins Licht*, Nietsch Verlag

Ditfurth, Hoimar von: *Im Anfang war der Wasserstoff*, Deutscher Taschenbuch Verlag

Drosnin, Michael: *Der Bibel-Code*, Heyne

Dulbecco, Renato: *Bauplan des Lebens*, Piper Verlag

Emoto, Masaru: *Die Antwort des Wassers*, KOHA Verlag

Essene, Virginia/Nidle, Sheldon: *Der Photonenring*, Ch. Falk Verlag

Essene, Virginia/Kenyon, Tom: *Die Hathor-Zivilisation*, KOHA Verlag

Frissell, Bob: *Zurück in unsere Zukunft – Die MER-KA-BA*, ET Publishing Ltd.

George, Michael: *Das Licht Gottes versagt nie*, Ch. Falk Verlag

Hacheney, Wilfried: *Wasser, Wesen zweier Welten*, Michaels Verlag

Halevi, Z'ev ben Shimon: *Lebensbaum und Kabbala*, Heyne

Hand Clow, Barbara: *Plejadisches Kursbuch*, Goldmann

Hand Clow, Barbara: Trilogie: *Das Auge des Zentauren, Das Siegel von Atlantis, Das Herz des Christos*, Verlag Zweitausendeins

Helsing, Jan van: *Die Geheimgesellschaften*, Privat-Kopien, da diese Bücher seit Jahren aus dem Buchhandel gezogen sind (überarbeitete Fassungen im Amadeus Verlag)

Helsing, Jan van: *Hände weg von diesem Buch*, Amadeus Verlag

Holey, Johannes: *Bis zum Jahr 2012*, Amadeus Verlag

Hurtak, J. J.: *Die Schlüssel des Enoch*, The Academy for Futur Science, 2. deutsche Ausgabe 1996

Jasmuheen: *In Resonanz*, Koha Verlag

Kayser, Hans: *Lehrbuch der Harmonik*, Max Niehans-Verlag, 1938

Körbler, Erich: *Die Neue Homöopathie*, Sonderheft Nr. 3, Verlag Raum und Zeit, Ehlers Verlag

Leadbeater, C. W./Bailey: *Die Chakras*, Aquamarin Verlag

Long, Max F.: *Kahuna-Magie*, Bauer Verlag

Mann, A. T.: *Das Geheimnis der Jahrtausendwende*, Heyne

McTaggert, Lynn: *Das Nullpunktfeld*, Goldmann

McTaggert, Lynn: *Intention*, VAK Verlag

Meurois-Givaudan, Anne und Daniel: *Berichte von Astralreisen,* Droemer Knaur

Meyer, Ralf: *Die Wahrheit über Krebs und Alterserkrankungen – eine neue Dimension der Medizin*, Eigenverlag

Marciniak, Barbara: *Boten des neuen Morgens*, Schirner Verlag

Meckelburg, Ernst: Geheimwaffe PSI, Scherz Verlag

Melchizedek, Drunvalo: *Die Blume des Lebens, Band 1 und 2*, Koha Verlag.

Monroe, Robert; *Der zweite Körper,* Ansata Verlag

Morpheus: *Transformation der Erde*, Trinity Verlag

Ouspensky, P. D.: *Auf der Suche nach dem Wunderbaren*, O. W. Barth Verlag

Pauldrach Adalbert W.A.: *Dunkle kosmische Energie*, Spektrum Akademischer Verlag

Pawlik, Johannes: *Goethes Farbenlehre*, DuMont

Perth, Candace: *Die Moleküle der Gefühle*, Rowohlt Verlag

Powers, Rhea: *Heimkehren ins Licht*, CH. Falk Verlag

Regardie, Israel: *Das magische System des Golden Dawn*, Hermann Bauer Verlag

Royal, Lyssa & Keith Priest: *Sternensaat,* Verlag Zweitausendeins.

Scheffer, Mechthild/Störl, Wolf-Dieter: *Das Heilgeheimnis der Bachblüten*, Heyne

Sheldrake, Rupert: *Das schöpferische Universum*, Ullstein Verlag

Sitchin, Zecharia: *Der 12. Planet,* Kopp Verlag

Smith, Tom/Armin Risi: *Das kosmische Erbe*, Govinda/Mare Versand

Stelzl, Dr. Diethard: *Heilen mit kosmischen Symbolen*, Schirner Verlag

Tompkins, Peter: *Naturgeister verstehen lernen*, Ansata Verlag.

Walter, Katya: *Chaosforschung, I Ging und der genetische Code*, Ariston Verlag

Quellenangaben

[1] Youtube: Drunvalo Melchizedek „The Maya of Eternal time 2012"

[2] Martin Strübin „Blaubeerwald-Institut"-Newsletter: Countdown 2012

[3] Arguelles, José: „Der Maya-Faktor", Goldmann

[4] Auch Manasischer Ring, mehr im Internet unter „Transformation der Materie" www.holoenergetic.com. Der Autor Edwin Zimmerli spricht von „Gamma Ray Bursts", kosmischen Strahlen unbekannter Herkunft, die seit 1973 festgestellt wurden und Gegenstand intensiver wissenschaftlicher Forschung sind. Siehe auch Barbara Hand Clow Pleijadisches Kursbuch, S. 86ff. Auch der SPIEGEL (Nr.4/1989 S. 209.) berichtete schon vor 20 Jahren von Himmelskörpern, die „riesige Mengen von Gamma-Strahlen" aussenden: u. a. ein Sternbild mit der Bezeichnung 1E1740.7-2942 und eines mit Namen „Cygnus X-1" im Sternbild Schwan.

[5] McLaine, Shirley: „Weise aber nicht leise", S.206 ff

[6] Dr.Dieter Broers: „(R)evolution 2012", ScorpioVerlag

[7] DMT: Dimethyltryptamid

[8] Doreal: „Die Smaragdtafeln von Thoth dem Atlanter" KOHA Verlag

[9] Erdmann, Stefan: „Geheimakte Bundeslade", Ama Deus Verlag

[10] Dr. Frank Kinslow: „Quantenheilung", VAK Verlags GmbH

[11] Braden, Gregg: „Die göttliche Matrix", KOHA Verlag

[12] GEO 3/2006.

[13] Hoimar von Ditfurth: „Am Anfang war der Wasserstoff", S. 85

[14] Gravitation = schneller als Schall und als Licht = 20Mrd mal so schnell wie Licht.Ist die feste Eigenschaft von Raum-Zeit, als Welle

feststehend, keine Masse, nur Teilchen bewegen sich. Das Universum wird von Gravitation zusammengehalten.

[15] Braden, Gregg: „Fractal Time", S. 21

[16] Der Bibel-Code",Drosnin, Michael: Der Bibel-Code, Heyne 1997.

[17] PM Ausgabe 2/1993, S. 38ff.

[18] Materie-Zitate (Einstein, Planck usw.): Stelzl, S. 33ff.

[19] Adalbert W.A.Pauldrach: „Dunkle kosmische Energie", Spektrum Akademischer Verlag, Reihe Astrophysik aktuell, S.17

[20] Braden, Gregg: „Im Einklang mit der Göttlichen Matrix", S. 105ff

[21] Dr. Frank Kinslow „Quanten-Heilung", VAK Verlags GmbH Deepak Chopra „Quantum Healing", ebda: Quantum entrainment und Dr.Richard Bartlett „Matrix Energetics"

[22] DIE ZEIT vom 9.10.2005: „Heilkraft des Glaubens"

[23] Candace Perth: „Die Moleküle der Gefühle"

[24] A.T. Mann: „Das Geheimnis... ", S. 84

[25] Marco Bischof: „Licht in unseren Zellen"

[26] Erich Körbler (in „RAUM und ZEIT").

[27] Lynne Mc Taggart: „Das Nullpunktfeld"

[28] Dr. Diethard Stelzl: „Heilen mit Kosmischen Symbolen",Schirner Verlag, S. 93 ff.

[29] ebda.

[30] Marco Bischof: „Licht in unseren Zellen", im folgenden Zitate von S. 134, 146, 159, 197ff

[31] Schweizer „Zeitenschrift" (H. 27/2000, S. 22)

[32] SPIEGEL7.26.2004 (spiegel/wissenschaft/mensch)

[33] Stelzl, Dr. Diethard: „Heilen mit kosmischen Symbolen", S. 93ff.

[34] Deepak Chopra: „Quantum Healing"

[35] Dr. Frank Kinslow: „Quantum entrainment"

[36] Dr. Richard Bartlett: „Matrix Energetics"

[37] mehr Information: jaapvanetten@earthlink.net

[38] Talayots: Die Talayot-Kultur war eine prähistorische Kultur zwischen dem 13. und 2.Jahrhundert vor Chrisuts auf den balearischen Inseln im westlichen Mittelmeer. Sie ist durch die 448 Reste der Talayot-Turmbauten vor allem auf Mallorca bekannt. Ähnliche Bauten sind die Nuraghen auf Sardinien.

[39] Diese Kommunikationslinien sollen wie Datenträger funktionieren, die vor Jahrtausenden von den Atlantern in kristalline Felsstrukturen mit Lichttechnik eingebrannt wurden.

[40] **W.Miethke und W.Grützmacher**: „KARMA-CLEARING − Die Geheimnisse der Lichtarbeit", BOD-Verlag,
Brennan, Barbara Ann: „Licht-Arbeit", Goldmann,
Brewer, Ann: „Lichtkörper-Prozess" und „Schöpferische Macht", Nietsch Verlag,
Frissell, Bob: „Zurück in unsere Zukunft", ET Publishing Ltd.,
Hand Clow, Barbara: „Plejadisches Kursbuch", Goldmann,
Hurtak, J. J. „Die Schlüssel des Enoch", The Academy for Future Science, 2. deutsche Ausgabe 1996
Melchizedek, Drunvalo: „Die Blume des Lebens", Band 1 und 2, KOHA Verlag
Marciniak, Barbara: „Die Boten des Neuen Morgen", Bauer Verlag

[41] Stelzl, Dr. Diethard: „Heilen mit kosmischen Symbolen", S. 33ff.

[42] Cecilia Sifontes: www.lightflow.info.

[43] Rupert Sheldrake benannte ein Phänomen „Morphogenetisches Feld", das sich aus der Entdeckung unter anderem japanischer Wissenschaftler ergab, „The Hundredth Monkey" von Ken Keyes Jr.: „Die Japanische Affenart „Macaca Fuscata" wird seit über 30 Jahren in der Wildnis beobachtet. 1952 haben Wissenschaftler diesen Affen auf der Insel Koshima Süßkartoffeln in den Sand gelegt. Die Affen liebten den Geschmack der rohen Süßkartoffeln, aber sie fanden die Erde und den Sand, der daran klebte, unangenehm. Imo, ein 18 Monate altes Weibchen, fand heraus, dass sie das Problem lösen konnte, indem sie die Kartoffel im nahe gelegenen Fluss reinigte. Sie zeigte diesen Trick ihrer Mutter. Ihre Spielgefährten lernten diese neue Methode ebenfalls kennen und zeigten sie ebenfalls ihren Müttern... Dann geschah etwas Überraschendes. Im Herbst 1958 wuschen bereits eine bestimmte Anzahl Affen die Kartoffeln – wie viele genau ist unbekannt. Nehmen wir an, dass es eines Tages bei Sonnenaufgang 99 Affen auf der Koshima Insel hatte, die ihre Süßkartoffeln wuschen. Und nehmen wir ferner an, dass im Verlauf dieses Morgens der 100. Affe lernte, seine Kartoffeln zu waschen. Am selben Abend begannen praktisch alle in der Sippe, ihre Süßkartoffeln vor dem Verzehr zu waschen. Die hinzugekommene Energie des 100. Affen hatte irgendwie einen ideologischen Durchbruch erzeugt. Doch das Überraschendste für die Wissenschaftler war, dass die „Mode", Süßkartoffeln zu waschen, über das Meer sprang. Affenkolonien auf anderen Inseln und die Affenpopulation von Takasakiyama auf dem Festland begannen ebenfalls, ihre Süßkartoffeln zu waschen. Wenn eine kritische Anzahl ein bestimmtes Bewusstsein erreicht, kann dieses neue Bewusstsein von Geist zu Geist kommuniziert werden. Wenn auch die genaue Anzahl verschieden sein kann – das 100. Affe-Phänomen bedeutet, dass das Erkennen eines neuen Weges durch eine kleine Anzahl von Menschen auf deren Bewusstseinsfeld begrenzt bleiben kann. Es gibt aber den Punkt, an dem ein Einzelner, der hinzukommt, den nötigen Unterschied ausmachen kann, bei welchem das Feld auf andere überspringt.

[44] Knaur Esoterik TB: Berichte von Astralreisen S. 63ff.

[45] REIKI soll nach den statistischen Beobachtungen eines amerikanischen Ärztepaares langfristig zu Energieverlust, sogar Krebs führen, da sich ein unerkanntes mächtiges Astralwesen langfristig von der Kundalinienergie der Reiki-Praktizierenden nährt − sozusagen als Gegenleistung für seine eigenen Energiedienste. Der Artikel ist in der Zeitschrift WEGE erschienen: „Ist Reiki wirklich wunderbar? Oder die Bauernfängerei des Jahrhunderts", von Dr. jur. Sai Ramananda und Brahmarishi Sita Maria.

[46] Katya Walter: „Chaos-Foschung, I Ging und der genetische Code"

[47] Shimon Halevi: „Lebensbaum und Kabbala"

[48] McTaggert, Lynn: „Das Nullpunktfeld", Goldmann

[49] DIE ZEIT vom 9.10.2005, S.48: „Heilkraft des Glaubens"

[50] Stelzl, Dr. Diethard: „Heilen mit kosmischen Symbolen", S. 33ff.

[51] Hand Clow, Barbara: Plejadisches Kursbuch, S. 368, sie spricht von der „lebendigen Bibliothek der Galaxis", siehe auch Barbara Marciniak: „Boten des Neuen Morgen" (S. 107.), Armin Risi, S. 358: „Die Erde sollte ein universaler Speicher von Wahrheit, Weisheit und Wissen werden".
Hand Clow: Plejad.Kursbuch S. 150, 96f.
Virginia Essene/Tom Kenyon: „Die Hathoren-Zivilisation", S. 75

[52] Jan van Helsing: „Geheimgesellschaften und ihre Macht im 20.Jahrhundert: inzwischen im Internet unter www.vho.org/D/Geheim 1/

[53] David Icke: www.davidicke.com

[54] Zecharia Sitchin: „Der 12.Planet", Kopp Verlag

[55] www.gwup.org: Fehler und Fehlinterpretationen
www.mysteria3000.de Markus Poessel: „Sitchin und die altorientalischen Sprachen"

[56] Frank Joseph: „Atlantis und 2012", Trinity Verlag
und W. Scott-Elliot: „Lemuria und Atlantis", Aquamarin Verlag

[57] Chladnische Experimente sind „Klangmuster schönster Ordnung, die durch Saitenstrich auf den Membranen entstehen und immer feiner werden, je höher die Frequenz ist" (Licht in unseren Zellen: S. 223ff.)

[58] Drunvalo Melchizedek: „Die Blume des Lebens, Band 1, S. 100ff.

[59] Robert Monroe: „Der zweite Körper", S. 181ff.

[60] Hand Clow: „Plejadisches Kursbuch", S. 148ff.

[61] J. J. Hurtak: „Die Schlüssel des Enoch", S. 502

[62] HP Günther Harms: „Der Tierkreis und die Geheimnisse des Lebens" in www.Freie Heilpraktiker e.V.com

[63] Wikipedia: Hermes Trismegistos

[64] Goethe Johannes Pawlik: „Goethes Farbenlehre", S. 11.

[65] Berendt, Joachim E.: „Nada Brahma – die Welt ist Klang", S. 106ff.

[66] ebda., S. 129ff.

[67] Hans Kayser: „Lehrbuch der Harmonik", S. 128

[68] ebda.

[69] Urblatt: Lynn McTaggart: „Nullpunktfeld", S. 114

[70] Joachim E. Behrendt: „Nada Brahma – die Welt ist Klang", S. 107

[71] Hoimar von Ditfurth: „Am Anfang war der...", S.180

[72] ebda., S. 182

[73] Unter normalen Bedingungen ist Wasserstoffgas H2 ein Gemisch zweier Molekülzustände, die sich durch die ‚Richtung' ihrer Kernspins unterscheiden. Diese beiden Formen werden ortho- und para-Wasserstoff benannt (kurz o- und p-Wasserstoff). Bei o-Wasserstoff haben die Kernspins die gleiche (parallele) Richtung, während sie beim p-Wasserstoff entgegengesetzte (antiparallele) Richtung aufweisen. o-Wasserstoff ist die energiereichere Form.

[74] Drunvalo Melchizedek: „Die Blume des Lebens", S. 2 ff.

[75] Viktor Schaubergers „Forellenturbinen-Technik", siehe auch Wikipedia

[76] ebda.

[77] Mann, A. T.: „Das Geheimnis der Jahrtausendwende", S. 38

[78] Oudspensky: „Die Suche nach dem Wunderbaren", S. 244 ff.

[79] Wikipedia Definition: Wasserstoffbrückenbindung.
Eine wichtige Eigenschaft des Wasserstoffs ist die sogenannte Wasserstoffbrückenbindung, eine anziehende elektrostatische Kraft zwischen zwei Molekülen. Ist H an ein stark elektronegatives Atom, wie zum Beispiel Fluor oder Sauerstoff, gebunden, so befindet sich sein Elektron eher in der Nähe des Bindungspartners. Es tritt also eine Ladungsverschiebung auf, und das H-Atom wirkt nun positiv polarisiert. Der Bindungspartner wirkt entsprechend negativ. Kommen sich zwei solche Moleküle nahe genug, tritt eine anziehende elektrische Kraft zwischen dem positiven H-Atom des einen Moleküls und des negativen Teils des jeweiligen Partners auf. Das ist eine Wasserstoffbrückenbindung. Da die Wasserstoffbrückenbindung schwächer ist als die Bindungskraft innerhalb eines Moleküls, verbinden sich die Moleküle nicht dauerhaft. Vielmehr bleibt die Wasserstoffbrücke nur Bruchteile einer Sekunde bestehen. Dann lösen sich die Moleküle voneinander, um erneut eine Wasserstoffbrückenbindung mit einem anderen Molekül einzugehen. Dieser Vorgang wiederholt sich ständig. Die Wasserstoffbrückenbindung ist für viele Eigenschaften verschiedener Verbindungen verantwortlich, wie etwa DNA oder Wasser. Bei

Letzterem führen diese Bindungen zu den Anomalien des Wassers, insbesondere der Dichteanomalie.

[80] Mann, A. T.: S. 276, 38, 168

[81] Zeitenschrift Nr. 5/2007

[82] www.scinexx.de vom 15. November 2010: „Radioaktivität tatsächlich der Heizofen des Erdinneren"

[83] Peter Tompkins: „Naturgeister verstehen lernen", S. 155

[84] ebda, S. 160

[85] Hand Clow: „Plejadisches Kursbuch", S. 292

[86] Leadbeater, C. W./Bailey: „Die Chakras", S. 31

[87] Chladnische Experimente sind „Klangmuster schönster Ordnung, die durch Saitenstrich auf den Membranen entstehen und immer feiner werden, je höher die Frequenz ist" (Licht in unseren Zellen: S. 223 ff.)

[88] Wilfried Hacheney „Wasser – Wesen zweier Welten", Michaels Verlag, zitiert in www.kristallklar.de.

[89] ebenda

[90] ebenda

[91] Masaro Emoto: „Die Antwort des Wassers"

[92] Nullpunktfeld, S. 112, 114

[93] Marco Bischof: „Licht in unseren Zellen", S. 298 und 284

[94] Leadbeater: S. 31 ff.

[95] Wilh.Reich: „Orgon" aus Wikipedia: ...Nach Reich ist die Orgonen-energie auch im Erdboden, in der Atmosphäre und am pflanzlichen und tierischen Organismus visuell, thermisch und elektroskopisch nachweisbar. Daher musste er von seiner ersten Hypothese abrücken und später formulieren, es handele sich nicht um Sonnenenergie, sondern um eine eigene, universell vorhandene Energieform.
Reich versuchte, das atmosphärische Orgon in seinem Laboratorium in eigens dafür konstruierten Apparaten zu akkumulieren (lat. „ansam-meln") oder konzentrieren und durch bestimmte Materialanordnung sichtbar zu machen. Er beschreibt die Farbe der Orgonenergie als blau oder blaugrau. Die Orgonstrahlung enthält nach Reich drei Arten von Strahlen: blaugraue, nebelähnliche Schwaden, tief blauviolette expandierende und kontrahierende Lichtpünktchen und gelbweiße, rasche Punkt- und Strichstrahlen. Die blaue Farbe des Himmels und das Graublau des atmosphärischen Dunstes an heißen Sommertagen gäben die Farbe des atmosphärischen Orgons unmittelbar wieder. Das Flimmern am Himmel, das von manchen Physikern dem Erdmagnetismus zugeschrieben wird, und das Glitzern der Sterne in klaren, trockenen Nächten seien unmittelbarer Ausdruck der Bewegung des atmosphärischen Orgons.
Reich meinte, dass auch die damals unverstandene Wolken- und Gewitterbildung von Konzentrationsänderungen des atmosphärischen Orgons abhänge, was sich durch Messungen der elektroskopischen Entladungsgeschwindigkeit nachweisen lasse. Laut Reich enthält der lebende Organismus in jeder seiner Zellen Orgonenergie und lädt sich mittels der Atmung unausgesetzt orgonotisch aus der Atmosphäre auf. Auch das Chlorophyll der Pflanzen, das dem eisenhaltigen Eiweiß (Hämoglobin) des tierischen Blutes verwandt ist, enthalte Orgon, das es direkt aus der Atmosphäre und der Sonnenstrahlung aufnehme. Reich behauptete, dass auch Protozoen, Krebszellen etc. durchweg aus orgonhaltigen, bläulichen Energiebläschen bestünden. Das Orgon wirke vagoton und lade lebendes Gewebe, im besonderen die roten Blutkörperchen, auf. Es töte Krebszellen und viele Arten von Stäbchenbakterien. Der menschliche Körper sei von einem „orgonotischen Energiefeld" umgeben, das sich, je nach vegetativer Lebendigkeit, in verschieden weiten Grenzen bewege.

[96] Benjamin Seiler: www.wasserstelle.de

[97] Wilfried Hacheney: „Wasser – Wesen zweier Welten"

[98] Hulda Clark: „Heilung ist möglich", S. 37, 42

[99] Zeitenschrift Nr. 5/2007

[100] Diana Cooper: „Dein Aufstieg ins Licht", S. 11

[101] Alice Bailey: " Eine Abhandlung über die sieben Strahlen",
Verlag Lucis, Genf, S. 227

[102] Siehe zum Thema Bauchhirn: „Karma Clearing", S.142 ff.

[103] Mehr dazu bei Dr. Heinz Kremer: „Die stille Revolutio der Krebs-
und Aids-Medizin"

[104] MMS/mineral-miracle-supplement: www.jimhumblems.de
ORMUS: www.nexus-magazin.de

[105] Marco Bischof: "Licht in unseren Zellen", S. 34

[106] u. a. Tom Smith und Armin Risi: „Das kosmische Erbe", S. 175

[107] Gregg Braden: „Gottes Code"

[108] z. B. Die Australierin Jasmuheen: „In Resonanz", Koha Verlag

[109] Mantak Chia: Tao-Yoga. Das PAKUA ist ein energetischer Code,
eine Zeichnung, die das Yin und Yang-Zeichen mit dem I Ging verknüpft und über dem Nabel auf der Höhe der Bauchspeicheldrüse
imaginiert wird.

[110] Hp. Ralf Meyer: „Die Wahrheit über...", S. 135

[111] Adenosintriphosphat (ATP) wird von den Biochemikern als die Energie des Lebens betrachtet. Es ist das energiereichste und effizienteste
Molekül, das die Energie speichert und welches der Mensch selbst
synthetisieren kann. Es ist im Zytoplasma und im Zellkernplasma je-

der Zelle vorhanden. Das ATP ist im Wesentlichen in der Lage, alle physiologischen Einheiten, die Energie für ihren Betrieb erfordern, zu erreichen. ATP ist bemerkenswert, weil es seine Fähigkeiten an vielen komplexen Reaktionen zeigt. Diese Reaktionen benötigen Nahrung, aus der dann in Form von ATP Energie gewonnen wird. Diese Energie wird durch Oxidation weiter verarbeitet. In allen tierischen/menschlichen Zellen, die Energie benötigen, wird das ATP in kleinen Energiefabriken synthetisiert, den Mitochondrien.

Die Energie für z. B. sportliche Leistungen wird nicht unmittelbar aus der Nahrung (Kohlenhydrate, Fette, Eiweiße) gewonnen. Das in allen Körperzellen gespeicherte Adenosintriphosphat (ATP) liefert die notwendige Energie. Je nach Beanspruchung können dabei unterschiedliche Phasen der Energiebereitstellung durchlaufen werden. Wichtig dabei ist, ob dies mit ausreichender Sauerstoffaufnahme (aerob) oder unzureichender Sauerstoffaufnahme (anaerob) geschieht und ob dabei Milchsäure (Laktat) entsteht oder nicht.

[112] Ernst Meckelburg: „Geheimwaffe PSI", S. 231

[113] Jasmuheen: „In Resonanz", Koha-Verlag

[114] Hp. Ralf Meyer: „Die Wahrheit über ...", S. 135

[115] Renato Dulbecco: „Der Bauplan des Lebens", S. 84

[116] www.jaapvanetten.@earthlink.net

[117] Alice Bailey: „Eine Abhandlung über die sieben Strahlen", Verlag Lucis, Genf, S. 227

[118] Hand Clow: „Kursbuch", S. 142 ff.

[119] Zeitenschrift Nr. 5/2007

[120] zitiert in Wikipedia: „Schwarze Sonne: Entfesselung und Missbrauch der Mythen in Nationalsozialismus und rechter Esoterik" von Rüdiger Sünner

[121] (13 hier wird der 12 ein zusätzliches Element zugeteilt, und die 20)

[122] A.T. Mann: „Das Geheimnis der Jahrtausendwende", S.83

[123] Ulrich Arndt www.edelstein-essenzen.de und „Antimon 33"

[124] ARD-Medizinsendung im Febr. 2007 (Eizelle u. Samenzelle), diese Information taucht auch in „Sakrileg" von Dan Brown auf.

[125] Mantak Chia: Tao-Yoga. Das PAKUA ist ein energetischer Kode, eine Zeichnung, die das Yin und Yang-Zeichen mit dem I Ging verknüpft und über dem Nabel, das auf der Höhe der Bauchspeicheldrüse imaginiert wird.

[126] Wikipedia: „Signaturenlehre"

[127] Katya Walter: „Chaos-Foschung, I Ging und der genetische Code"

[128] Shimon Halevi: „Lebensbaum und Kabbala"

[129] Michael Drosnin zitiert Dr. Eli Rips-Forschungen in: Der Bibelcode

[130] newsletter@fid.gesundheitswissen.de Ordnungstherapie
Mittlerweile gibt es auch eine ganze Reihe von Kliniken, die Ihnen eine Ordnungstherapie als Standardprogramm anbieten. Dazu gehören vor allem naturheilkundlich orientierte Einrichtungen und Fastenkliniken. Am Beginn der Behandlung steht meist die Regulierung Ihrer Atmung – eventuell durch gezielte Atemübungen. Wärmehaushalt, Verdauung, Ernährung und Schlaf sollten als Nächstes harmonisiert werden. Regelmäßige Bewegung steht ebenso auf dem Plan wie der Verzicht auf Rauchen und die Mäßigung bei Genussmitteln. Auch Entspannungsübungen und meditative Techniken kommen hier zum Zuge. Bei einer Therapie nach Pfarrer Kneipp gehören noch vielfältige Wasseranwendungen und bei Beschwerden die Pflanzenheilkunde dazu. All das dient dazu, Ihre Selbstheilung zum Gelingen zu bringen. Auch hinter der immer öfter angebotenen Mind-Body-Medizin (MBM) steckt nichts anderes als eine modisch aufgepeppte Ordnungsthera-

pie. Die geistigen Fähigkeiten zu aktivieren, um positiven Einfluss auf Erkrankungen zu nehmen, das ist das Kernziel der MBM. Federführend ist hier der Bereich Ordnungstherapie am Lehrstuhl für Naturheilkunde der Universität Duisburg-Essen. Bereits seit über zehn Jahren gibt es hier die Klinik für Naturheilkunde und Integrative Medizin, die Schulmedizin, Naturheilkunde und MBM zu verquicken sucht. Eine wesentliche Grundlage ist die Stressreduzierung durch das Achtsamkeitstraining nach Jon Kabat Zin, das ich Ihnen kürzlich vorgestellt habe. Hilfreich ist diese Kombination besonders bei chronischen Erkrankungen.

[131] Candace Pert: „Die Gefühle der Moleküle", S. 393

[132] Bruce Lipton: „Intelligente Zellen", S.58 ff.

[133] ebda. S. 37 ff.

[134] S.128

[135] www.scinexx.de

[136] www.WernerNeuner.net

[137] Gregg Braden: „Fraktale", S. 207

[138] McTaggart Palmregg-Geräte

[139] www.WernerNeuner.net

Patrizia Alexandra Pfister
Die göttlichen Schrifttafeln
Band 1: Auf dem Herzweg
360 Seiten, Großformat, gebunden, mit Leseband
ISBN 978-3-941363-72-4

Der Weg ist das Ziel. Diesen Satz hört man in der spirituellen Welt immer wieder. Auf diesem Weg gibt es aber Etappenziele. Doch wohin führt dieser Weg, und wie sehen diese Zwischenziele aus? Kryon, Metatron und andere Wesenheiten sprechen davon, dass die Menschheit ein neues Universum erschafft, doch was bisher noch nicht bekannt gemacht wurde ist, dass wir als Menschheit mit dieser Erde, dem Sonnensystem und sogar diesem Lokaluniversum in dieses neue Universum auswandern.
Die Erde wird in eine andere Schwingung und in eine andere Dimension gebracht, und mit ihr alle, die darauf existieren. Sie ist zwar nicht die einzige, die diese Reise antritt, aber quasi das Zugpferd. Doch warum? Auf der Erde ist die Zentralbibliothek von Allem-was-ist, das heißt, hier ist Wissen gespeichert, auf das von nirgendwo anders Zugriff möglich ist.
Tauchen wir ein in die Lebendige Bibliothek namens Erde und ihre Bibliothekare: die Menschheit!

Andrea Kraus
Lichtkörpersymptome Band 2
Dem Chaos folgt Ordnung!
248 Seiten, gebunden, mit Leseband
ISBN 978-3-941363-79-3

Wahrlich, wir sind JETZT und HIER angekommen. Die neue Matrix hat sich entfaltet!
Doch was geschieht JETZT? Was kommt nach 2012?
Unser wichtigstes Arbeitsutensil bleibt unser Werkzeugkoffer, der hier ein weiteres Mal gut bestückt werden kann. Doch das Drehkreuz, wodurch wir dies in effizienter Weise bewirken, ist unser HERZ.
Liebe Seele, du kannst nun teilhaben an der Energie meiner Erfahrungen. Ich möchte dich einmal halten und trösten und dann wieder im Vertrauen ziehen lassen. Denn wir sind hier, weil wir es vereinbart haben! Sei von Herzen offen und frei, dann werden dich inspirierende Wellen erreichen, die wir in wundervollen Schwingungsräumen erschaffen haben.
Und: Vergessen wir in aller Transformationsbenommenheit nicht das Wichtigste: UNSER LEBEN. Das LEBEN ist schlicht das Spirituellste, das es gibt!